人性说明书

改变命运的思维暗器

风里 ◎ 著

电子工业出版社
Publishing House of Electronics Industry
北京·BEIJING

图书在版编目（CIP）数据

人性说明书：改变命运的思维暗器 / 风里著 .

北京：电子工业出版社，2025. 9（2025. 10 重印）. -- ISBN 978-7-121-51198-1

Ⅰ. B038-49

中国国家版本馆 CIP 数据核字第 2025UC8510 号

责任编辑：王欣怡　　文字编辑：刘　甜　　特约编辑：刘　露
印　　刷：三河市鑫金马印装有限公司
装　　订：三河市鑫金马印装有限公司
出版发行：电子工业出版社
　　　　　北京市海淀区万寿路 173 信箱　邮编：100036
开　　本：720×1000　1/16　印张：17.5　字数：254 千字
版　　次：2025 年 9 月第 1 版
印　　次：2025 年 10 月第 2 次印刷
定　　价：78.00 元

凡所购买电子工业出版社图书有缺损问题，请向购买书店调换。若书店售缺，请与本社发行部联系，联系及邮购电话：（010）88254888，88258888。

质量投诉请发邮件至 zlts@phei.com.cn，盗版侵权举报请发邮件至 dbqq@phei.com.cn。

本书咨询联系方式：424710364（QQ）。

目录

CONTENTS

一

◎

人性缺个
说明书

哲学家关心形而上学、本体论、认识论、伦理学、美学，但是严重忽视人性[1]。心理学从哲学脱离出来，开始用科学的方法专门研究人性。

我从本科一直读到博士，对心理学研究倾注了十多年心血，并以将心理学应用于管理作为毕生事业。心理学的历史比管理学的历史更悠久。心理学的历史，从 1879 年威廉·冯特（Wilhelm Wundt）在德国莱比锡大学建立心理学实验室算起[2]；管理学的历史，从 1911 年弗雷德里克·泰勒（Frederick Taylor）出版《科学管理原则》（*The Principles of Scientific Management*）算起[3]。

然而，作为一门学科，心理学确有一些超出常识和哲学的发现（例如，智力的本质及测量方法、心理疾病与主观幸福感的解码等），但是这样的成果并不多。最让我失望的是，心理学欠我们一个人性说明书。

所以，我要写一本人性说明书。

探讨人性的思维盛宴

关于人性，我希望在人类卓越的思想者中间，寻找这四个问题的答案。

问题一：人是感性的，还是理性的？

问题二：人性本善，还是本恶？

---

[1] 尽管有很多以人性命名的书，但是哲学界对于人性的讨论并不系统。哲学家大卫·休谟的《人性论》就是一个例子，莱斯列·斯蒂芬森（Leslie Stevenson）和大卫·哈贝曼（David Haberman）合著的《世界十大人性哲学》是另一个例子。

[2] 心理学的历史还可以从 1869 年弗朗西斯·高尔顿（Francis Galton）出版《遗传的天才》（*Hereditary Genius*）算起。

[3] 系统的管理学，也可以从亨利·法约尔（Henri Fayol）提出管理过程理论算起。法约尔把管理的基本职能进行了分类：计划、组织、指挥、协调、控制。

问题三：命运的本质是决定论（我命由天），还是自由意志（我命由我）？

问题四：人的本性是独居，还是群居？

我用想象力组织了一场囊括古今中外智者的辩论。这种假想的辩论，类似思想实验[①]，是一场思维盛宴。我希望达到的效果是：好戏连台，精彩纷呈，人性愈辩愈明。让我们借助智者的集体智慧，看清人性。

辩论共有四场，分别针对我刚刚提出的四个人性的基本问题。

第一场辩论：人是感性的，还是理性的？

人是理性的：柏拉图　笛卡儿

人是感性的：尼采　弗洛伊德

柏拉图　　　　　笛卡儿　　　　　尼采　　　　　弗洛伊德

风里：人是感性的，还是理性的？全面的看法当然是：人既是感性的，又是理性的。更深刻的追问则是：是感性支配理性，还是理性支配感性？我先给个定义：所谓感性，是受本能驱动、由无意识动机主导的心理模式，表现为情绪化、短视、常常以破坏性的行动换取一时的快感；所谓理性，则是依据经验和系统知识进行判断的思维方式，由有

---

① 思想实验是通过想象探究事物本质的一种理论研究方法，例如，薛定谔的猫，再如，爱因斯坦想象自己以光速运动。

意识的动机主导，体现为克制、有远见、以建设性的行动追求长久的幸福。

柏拉图： 人是独特的，正如中国古人将人视为"万物之灵"，古希腊哲人普罗泰戈拉认为"人是万物的尺度"。人是什么？我的定义：人是没有羽毛且两腿直立的动物[①]。地球上除了人，你再也找不出其他物种同时符合这两个特征了。在我们古希腊那个时代，有很多奇葩的事情：那时气候宜人，家务事不用自己干，有各种奴隶替我们干，连教育子女都有高学历的奴隶代劳。我们有大把时间思考人生。所以，我们古希腊哲学家（特别是我的恩师苏格拉底和我的高徒亚里士多德）说出的话，都是经过仔细思考的。人类非常独特，人类是高等动物，人类跟动物有天壤之别！人类与动物的区别在于：人的灵魂先于身体而存在，人死后灵魂脱离身体继续存在。人就是追寻意义的一种存在。灵魂受困于躯体，死反倒是一种解脱，使灵魂逃离身体的囹圄而获得自由。人的本性是灵魂，而灵魂是理性的。灵魂有三种成分：理性、精神和欲求。三者之中，理性为尊。理性负责认知，精神负责成就，欲求负责机体的生存。

笛卡儿： 我经常说的一句话，"我思故我在"，广为流传。这是我的"哲学第一原理"。什么意思呢？人之所以为人，就是因为人会思考。怀疑就是一种思考。我可以怀疑一切，但是有一样东西我毫不怀疑，那就是——我在怀疑——这件事。人是理性的，这是人与动物的本质区别。"我是一个实体，这个实体的全部本质或本性只是思想，它并不需要任何地点便可存在，也不依赖任何物质性的东西。"

尼采： 我早已受够了你们这些理性主义者的胡说八道！我不是第一个推翻理性主义的人，叔本华已经这么做了，但是，我是最彻底的一

---

① 语出柏拉图所著《政治家篇》。

个。我毕生的使命，就是把你们所有的原理推翻，从第一个原理到第一百个原理，一个不留。上帝已死，真理不过是虚构，道德根本就不道德，而不道德才是道德！"生命，本质上就是对陌生者和弱者的占有、损害和征服。""损人利己"是"有生命力的生物的本性"，这叫作"权力意志"。笛卡儿，你发明了解析几何，何等高明啊！但是，你的思维依然不过是生命需要、本能、欲望和激情的产物，你的认识只是你获得权力的手段，你的思想让你受到女王的保护，你的思想让你获得地位，这就是你思想的全部现实意义……对不起，我突然感觉脑子要爆炸了……我自己的生命就是对理性的否定，我如此智慧，但是当精神疾病发作的时候，我根本无法思考！

弗洛伊德：我不是哲学家，但是我的理论与叔本华和尼采的理论有很多共同之处。我是个心理学家，我的观点也许更加通俗易懂。作为临床心理学家，我得以分析那些癔病症状、梦境、白日梦和口误。以我对各种精神病人和正常人的理解，我认为，我们的决定和行动并非由我们的意识所控制，而是由我们的无意识所控制。我们的那点儿有限的理性，只是冰山浮出水面的一角，无意识才是支配我们行为的深层动因。人的本能有两种：生的本能（性欲）和死的本能（攻击性）。在本能得不到满足的时候，理性的作用就是让我们的内心不那么痛苦。我们那点儿有限的理性，只不过是为了保护那可怜的自我。这就是我提出的"自我防卫机制"。人类社会会限制性本能和攻击本能的自由释放，于是人们会无意识地压抑本能冲动，使之不能浮出无意识，这是很多精神症状的根源。而当面对挫折时，人们会给自己寻找一个合理的说辞，让自己显得不那么失败。我们就像《伊索寓言》里面的狐狸，吃不到葡萄，就说葡萄是酸的。这叫文饰作用（Rationalization）。或者我们用社会赞许的方式，例如，学术、科技和艺术，把本能冲动释放出来，这叫作升华。人类的辉煌文明，不过是本能冲动升华的产物。"人是一个受本能愿望支配的低能弱智的生物。"[1]

第二场辩论：人性本善，还是本恶？

人性本恶：韩非子　霍布斯　马基雅维利

人性本善：孟子　卢梭

韩非子　　霍布斯　　马基雅维利　　　孟子　　　卢梭

风里： 人性本善，还是本恶？换言之，人与人之间是竞争合作（利他、友善），还是合作竞争（自私、敌对）？全面的看法当然是：人性兼有善恶两面。而深刻的追问则是：在这善恶两面中，哪一面是设定管理制度的依据？

韩非子： "夫安利者就之，危害者去之，此人之情也。"[2] 既然自私算是人性本恶，那么人类生性自私。

在亲子、夫妻之间，都有利害冲突。"人为婴儿也，父母养之简，子长而怨；子盛壮成人，其供养薄，父母怒而诮之。子、父，至亲也，而或谯或怨者，皆挟相为而不周于为己也。"[3]

人和人之间的友善，其实都是逐利使然。"医善吮人之伤，含人之血，非骨肉之亲也，利所加也。故舆人成舆，则欲人之富贵；匠人成棺，则欲人之夭死也。非舆人仁而匠人贼也，人不贵，则舆不售，人不

---

① 弗洛伊德：《一个幻觉的未来》。

② 《韩非子·奸劫弑臣》。

③ 《韩非子·外储说左上》。

死，则棺不买。情非憎人也，利在人之死也。"

所以我总是建议帝王不要相信任何人，别说后妃们了，连亲生儿子都不要相信。"人主之患在于信人。信人，则制于人。人臣之于其君，非有骨肉之亲也，缚于势而不得不事也。故为人臣者，窥觇其君心也，无须臾之休，而人主怠傲处其上，此世所以有劫君弑主也。为人主而大信其子，则奸臣得乘于子以成其私，故李兑傅赵王而饿主父。为人主而大信其妻，则奸臣得乘于妻以成其私，故优施傅丽姬杀申生而立奚齐。夫以妻之近与子之亲而犹不可信，则其余无可信者矣。且万乘之主，千乘之君，后妃、夫人、适子为太子者，或有欲其君之蚤死者。何以知其然？夫妻者，非有骨肉之恩也，爱则亲，不爱则疏。"①

马基雅维利：韩非子，你说出了我想说的话！咱俩必须喝一杯！其实我想说的，你基本上都替我说了，我只补充一点点：其实人性不仅自私，而且很恶，"人性是肮脏不堪的"，所以不要对人太好，"人的天性是欺软怕硬，得寸进尺"。

孟子：人性向善，就像水往低处流一样。你可以把一桶水泼向天空，你可以引流灌溉让水从地低处流向高处，但是这不是水的本性。没有这些外力的作用，水还会往低处流。你们说了那么多人性之恶，都是因为社会不好，把人带坏了。世上没有不善良的人，只有使人变恶的环境。人的本性是什么？人的本性是四心：恻隐之心、羞恶之心、恭敬之心、是非之心。这四心产生四德：仁、义、礼、智。"恻隐之心，仁也；羞恶之心，义也；恭敬之心，礼也；是非之心，智也。仁义礼智，非由外铄我也，我固有之也，弗思耳矣。"②

霍布斯：人性和社会环境，谁好谁坏？我认为孟子完全将之颠倒

---

① 《韩非子·备内》。
② 《孟子·告子上》。

了。他用比喻代替逻辑，论证毫无说服力。人性本恶，多亏了社会契约和国家的存在，否则，自然状态下的人必将自相残杀，陷入一场"一切人反对一切人的战争"。本质上，"人对人像狼一样"，这就是人的本性。不要把人想得那么高贵，那么复杂。人只不过是有生命的自私的机器。人为了生存，会争夺有限的资源：食物、土地、住所和衣服。人与人之间互相猜忌，生怕对方把自己干掉，所以人总想在对方干掉自己之前把对方干掉。人爱慕虚荣，总想比别人过得好，所以争权夺利。没有国家和法律的约束，人与人之间无法平静地相处，愉快地玩耍。

卢梭：你们想多了！人性哪有那么可怕，哪有那么贪婪？自然状态下的人，其需求很简单，温饱解决了，剩下的就只是爱自己而已。人类从小爱自己，在长大过程中逐渐学会了爱别人，形成了同情心。人类非常感性，缺少老谋深算的智慧，很容易满足。人类并不需要太多的资源，这世上已经有足够的资源来满足人类的这几个简单的小心愿。儿童的天性简单而纯洁，只要社会能够按照我在拙作《爱弥儿》里面说的那样培育他们，明天将会很美好。

霍布斯：正因为人性本恶，所以集权、专制才是最理想的治国方式。具体我不解释，读读我的《利维坦》。孟子，你和孔子的用仁德治国的理念错在对人性的基本判断，所以没有君王会采纳你们的建议，也难怪你们的政治理想破灭，落得个郁郁不得志。你看，现代国家，基本都是以韩非子的法家思想和我的社会契约为基础建立起来的。谁对谁错，不辩自明。

第三场辩论：命运的本质是决定论，还是自由意志？

决定论：霍尔巴赫　叔本华

自由意志：萨特　费希特

霍尔巴赫　　　　叔本华　　　　萨特　　　　费希特

风里：决定论认为，决定人的存在状态的是生物构造（遗传基因、神经和内分泌系统的构造及未知的要素）和强化史（环境因素造就的成长经历）。自由意志的观点是：人可以决定自己的人生方向，具有主观能动性。全面的看法当然是：人的存在状态是由生物构造、环境因素及主观能动性交互作用而形成的。而深刻的追问则是：在形成人的存在的过程中，这三者中哪一个的作用力最大，哪一个次之？

霍尔巴赫："人是一个物理的东西"，物质决定肉体，肉体决定灵魂。人作为一个有感觉的东西，"就是凭着自己的本性、构造、机体来感受快乐，感觉痛苦，并且基于生命本质的内在驱动，不得不寻求快乐，逃避痛苦。"人不过是"在必然性掌握之中的一个被动的工具"。遗传和环境决定人的气质，人的气质决定人的个性。个性决定一个人在特定情境之中如何行动。"我们是好是坏、幸福或不幸福、明智或愚笨、有理性或没有理性，我们的意志无能为力。"[1]

萨特：人的存在，是一种虚无。如果说人的存在有意义的话，那么意义完全是由人自己赋予的。人的存在是一种绝对的自由。每个人的本质，完全没有固定的形式，完全由人们自己随时随地界定。你的过去无法规定你的现在和你的未来。你在任何一个时间点都可以创造出一个全

---

[1]　周国平：《人性的哲学探讨》。

新的自己。"世间并无人类本性""人，不过是由自己造成的东西"。"生活，在你未出生之前，一无所有。这时，给予生活一种意义，乃是你的责任。所谓价值，也只是你挑选的意义。""人的最重要的特性是能够超越自己的处境。"人生啊，不过是一连串的选择点，在每一个选择点上，人们可以做出不同的选择。

费希特：人归根到底是理性动物。人不仅具有经验自我，而且具有纯粹自我。经验自我是被动的，纯粹自我具有能动性。换句话说，纯粹自我能够自己决定自己。"人必须设法改变事物的形态，使事物本身同它的自我的纯粹形式一致，从而使那些取决于事物性状的事物表象也同这个事物一致……使一切非理性的东西服从于自己，自由地按照自己的固有的规律去驾驭一切非理性的东西，这就是人的最终目的。"[1]

叔本华：对于你们这些理性主义者来说，理性决定意志。但在我看来，正好相反，意志决定理性。我所说的意志，乃世界之本质，是一种无法遏制的盲目冲动和无限欲求，指向生命的生存和繁衍。世界除了意志，都是表象，都是浮云。理性主义者以人的理性为自豪，然而永恒的意志驾驭着人们短暂的人生，使人们成为欲望的奴隶，在欲望满足前备受煎熬，在满足后陷入空虚。难道理性足以让我们建立起一种相对于动物而言的优越感吗？其实我们还不如动物幸福。动物在满足了意志欲求之后就快乐，人类在满足了意志欲求之后却仍然无法快乐。人类那点儿有限的理性，让我们意识到自己终将走向死亡，于是产生焦虑感。"既然人的怀胎是一桩罪恶，诞生是一种刑罚，生活是劳苦，而且死亡是必然，他又怎么能骄傲得起来呢？"我对佛教非常感兴趣，我觉得只有消灭欲望（就是意志），人类才能解脱。

---

[1] 费希特：《论学者的使命》。

第四场辩论：人的本性是独居，还是群居？

人的本性是独居：克尔凯郭尔[1]　海德格尔[2]　卢梭

人的本性是群居：亚里士多德　马克思　杜尔凯姆[3]

卢梭

马克思

克尔凯郭尔

海德格尔

杜尔凯姆

亚里士多德

风里： 人在衣食无忧的前提下，到底是独居还是群居更符合人性？人既无法忍受孤独而希望获得他人的陪伴，又很难与他人相处而向往不被打扰的个人空间。

卢梭： 原始人的自然属性并非社会性。人类形成的社会没有必然性，而纯属偶然。文明与人的自然本性并不匹配，因而引发诸多心理失衡与精神痛苦。原始人比现代人快乐多了，他们是"高贵的野蛮人"。

克尔凯郭尔： 人只有在独自一人的时候才具有个性。社会是恶魔，

---

① 克尔凯郭尔，丹麦神学家和哲学家。
② 海德格尔，德国哲学家，存在主义哲学的鼻祖。
③ 杜尔凯姆，法国社会学家。

是罪恶，是个体的敌人，社会压抑并且磨灭人的个性。人之所以存在于社会中，并非天性使然，而是为了逃避责任。任何社会共同体，包括家庭、氏族、国家，都是外在的和非本质的。想要找到自身存在的真正意义，人必须独处，思考自己。所以，我在日记中写道："衡量一个人的标准是，在多长时间里，以及在怎样的层次上，他能够甘于寂寞，无须得到他人的理解。能够毕生忍受孤独的人，能够在孤独中决定永恒之意义的人，距离孩提时代及代表人类动物性的社会最远。"[1]

海德格尔：我尽量避免运用我在《存在与时间》里面所使用的晦涩德语。人的本质是"向死而生"，人不同于动物之处在于，人可以预料自己的死亡。但是，人不知道自己什么时候死亡，没有人可以代替自己死亡，死亡完全是个人的事情。这是人类的基本焦虑。人们在与他人交往的过程中，可以逃避死亡的问题。人们在社会中按照常人的做法行动，可以逃避自己的责任。人们必须远离世俗的喧嚣，独自面对死亡。想到人终有一死，人们会珍惜生命，立即断绝庸庸碌碌，开始寻找存在的意义，决心活出自己的个性。我是这样想的，也是这样做的。我在山上盖了一座房子，跟妻子常年深居简出。我活得很惬意，这就是我想要的隐者的生活。这也是人性所决定的人类应该有的生活。有人因为我的思想而欣赏我，也有人鄙视我，这些对我真正的存在都没有意义。

亚里士多德：我读一段我在《政治学》中写的内容："人在本质上是社会性动物；那些生来就缺乏社会性的个体，要么是低级动物，要么是超人。社会实际上是先于个体而存在的。不能在社会中生活的个体，或者因为自我满足而无须参与社会生活的个体，不是野兽就是上帝。"从现代心理学的角度来看，独居的人是人类中偏内向和神经质的那一类

---

[1]　格里戈里扬：《关于人的本质的哲学》。

极端少数，这样的人一般生活质量不高、心情不好、寿命短，没有良好的人际关系和群体生活，人不可能快乐。

人类不是不可以独居，但是独居违反人的天性，只有生活在城邦里面，人的天性才能够得到充分的发挥。我说人是社会性动物，还不足以突出人的独特性。蚂蚁和蜜蜂也是社会性动物，人的不同之处在于人的理性，理性使人们可以思考、辩论、制定制度。所以更确切地说，人是"政治动物"。

马克思："人的真正本质是一切社会关系的总和。"没有一成不变的抽象人性。前面辩论的人性本善与本恶，现在辩论的人的本性是独居还是群居，都是没有意义的。人的行为本质上都是社会行为。有些哲学家认为社会对人有害，但是这不能说明人不需要社会，只能说明社会有问题。无论奴隶社会、封建社会，还是资本主义社会，都不是合乎人性的社会，不合理的社会导致人的异化，人的异化是个必须解决的问题。消灭了私有制，消灭了阶级，各尽所能、按需分配的共产主义才是理想的社会，人的异化问题才能得到解决。

杜尔凯姆：我认为社会先于个体而存在。我认为，必须先有一群共同生活的人组成的社会，才有契约，社会塑造了个人。社会大于个体的总和。社会落后的一个标志就是社会成员之间的想法和行为趋同。社会进步的一个标志就是社会成员之间的差异扩大。所以，卢梭、克尔凯郭尔、海德格尔这些人的反社会的想法是可以理解的，是好事儿。

思想实验过后，我们是否可以得出这样的结论：人，既是感性的又是理性的，人归根到底是感性的，而不是理性的。人类可以像老虎一样奉行个体主义，也可以像蚂蚁一样践行集体主义。人是有限理性的情绪化的、以自我为中心的、假社会性动物。基于这些假设所设计的社会制度，才是合理的社会制度。

研究人性的科学方法

以上基本问题，哲学家们一直在各抒己见。人性亘古不变。古人单纯通过观察和思辨，对自身的本性进行思考，其观点对我们仍有启发。

古之圣贤，虽然智慧，但是孤独。其孤独在于没有科学。前科学时代的哲学家们，即使智慧若苏格拉底和孔子，以今天的标准来看，其人性观也比较质朴。未来人看我们现代人，或许也会觉得我们比较质朴。古之圣贤，他们知识相对贫乏：因缺少医学，他们用放血治百病；因缺少天文学，他们不知道地球是球体；因缺少地理学，他们不知道世界之大；因缺少人类学，他们不知道世界之多元化，中西方互相不知道彼此的存在，无法互相借鉴；因没有动物行为学家专门去观察、了解动物，他们严重低估了动物的个体智能和社会性。当亚里士多德定义人类是政治动物的时候，黑猩猩笑了；因没有生物学，特别是没有神经科学，他们不了解人体。由于孤陋寡闻，古之圣贤为人类的理性由衷地感到自豪。

什么是科学？科学是一种探求真理的方法，科学研究的结论却不是真理本身。科学无法给以上四场辩论当裁判，但是科学给我们的启示是空前的。

科学的特征是自我纠错。科学是迷信的反义词。

英国科学委员会花了一年的时间，给科学下了这么一个定义：科学是基于证据，通过系统方法理解自然界和人类社会的过程。系统方法，无非是客观观察、量化、实验、统计分析、归纳。在科学圈子内，研究过程和结果必须可复制，研究报告在发表之前必须经过同行评议。

科学很严谨，科学家是一群自我怀疑和互相怀疑的人。科学可能是对的，也可能是错的。但是，科学拥有自我纠错的能力，有时科学的思考方式让我们离真理越来越近。

科学超越哲学的地方不在于结论，而在于方法论。柏拉图认为脑是思维器官，因为脑在上面，离天近。他的学生亚里士多德认为心脏是思维器官，因为他观察到失血过多的人意识模糊，而心脏是血液的集散中心。柏拉图的方法论是类比，他对了；亚里士多德的方法论是客观观察，他错了。但是在方法论上，后者显然更胜一筹。

心理学采用的方法论，与科学无异。实证研究的方法论无非两种逻辑：实验和相关。实验可以操控一个因素（自变量），看看另一个因素（因变量）有没有变化。实验可以告诉我们：一个因素是否导致另一个因素，即两者之间是否有因果关系。

对于科学而言，只有实验才能证明因果关系的存在。无法做实验的研究，只能求助于统计学的相关逻辑。实验的精神体现为不轻易下结论的批判性思维，自变量对因变量的影响，只有排除了所有其他可能的解释，才能够被接受。甚至，哲学家卡尔·波普（Karl Popper）认为科学研究的过程，就是证明假设是错误的过程，即证伪[1]。不能被证伪的学说，不是科学。

以临床药物实验为例，怎样证明一种新药有没有疗效？给一大群病人吃药，吃了一个阶段，大部分病人的病情好转，这样能否证明这种新药有效？科学家说：不能。因为这不是真正的实验设计。病情好转可能不是药物在起作用，而是自然痊愈或病情自然缓解了。所谓"医之好治不病以为功"。好比感冒，你吃药感冒会好，你不吃药感冒也会好。实验设计必须排除药物作用以外的其他可能。

药物疗效和副作用的临床研究，对实验设计的要求极为严格：两组病人，一组用药，另一组不用药，只是不用药还不行，还要用安慰剂。安慰剂，就是外表跟药一模一样，其实不含药物成分的东西。然后，两

---

[1] 卡尔·波普的著作《科学发现的逻辑》。

组病人（实验组和控制组）在各方面都要通过随机分配或者匹配达到高度一致（性别、年龄等）。这还不够，还要双盲，就是实验操作员和实验对象都不知道自己在哪一组。

但是在很多情况下是没法用人来做实验的，例如，我们不可能把一个领导者的智商提高几个段位，然后观察下属对他态度的改变。为了研究领导者的智商与领导成效（例如，下属对领导者的态度）的关系，我们只好分析已经发生的事情，例如，衡量不同领导者的智商及领导成效，然后计算两者之间的相关系数。对观测到的数据进行统计分析的逻辑，就是相关逻辑。相关逻辑不能得出因果关系的结论。例如，我们发现员工满意度和组织绩效正相关，也就是说，员工满意的组织绩效好，绩效好的组织员工满意。但是我们不知道到底是员工满意使绩效好，还是绩效好使员工满意，还是某个未知的第三因素同时向着一个方向推动员工满意度和绩效向上走。这个第三因素可能是该组织有雄厚资金，既舍得给员工福利，又愿意在新的商业机会上投入。

心理学学科从 1879 年开始，展开了很多实验和相关研究，但是，这些研究结论堆在一起，并不能形成一个关于人性的完整拼图。我们还需要一种方法论，叫作"理论建设"。物理学如此，心理学亦然。

心理学研究有效吗？效度很重要。一个实验设计得好，也是内在效度（Internal Validity）好。内在效度好不等于外在效度（External Validity）、生态效度（Ccological Validity）好。例如，一个经典的儿童心理学实验，想弄清楚表扬孩子勤奋和表扬孩子聪明的效果。该实验将孩子随机分为三组，两个实验组和一个控制组。三组孩子做一样的题，做完之后，第一组孩子收到的反馈是他们很勤奋，第二组孩子收到的反馈是他们很聪明，第三组孩子没有被夸。然后，该实验让三组孩子选择下一轮题目，有高低难度可选。实验的结果是：被夸勤奋的那一组孩子选择高难度题目的比例最大，第三组次之，被夸聪明的那一组孩子选择高难度题目的比例最低。

实验设计无可挑剔，内在效度没问题。而外在效度就有问题了，生态效度更加有问题。这个实验结果能否被复制，就是外在效度的问题。很多经典心理学实验都遇到过这个难题，不同的实验得出不一致的结果是心理学实验的常态。这个实验结论很难走出实验室（生态效度）。孩子会因为被表扬勤奋而追求卓越吗？会因为被表扬聪明而放弃努力吗？我们很难下这样的结论。

研究发现的实际应用是另外一个难题。上述实验很难对子女教育有任何启迪。网传，千万不能夸孩子聪明，而要夸孩子勤奋。误导已经发生了！

我们是不是应该多表扬孩子勤奋，少表扬孩子聪明呢？我不建议家长这么做。因为孩子跟孩子不同，有勤奋的孩子，有聪明的孩子，有既勤奋又聪明的孩子，有既不勤奋又不聪明的孩子，仅凭这一个研究，我们无法指导家长教育子女的实践。无论心理学家做了多少实验，操控多少变量，实验室永远不可能像现实世界那样。这个时候，就需要"脑补"理论。理论是基于基本假设、日常观察、相关研究，以及有限实验证据对重要问题给出的系统答案。这类系统答案有待进一步实证研究的验证。

拿这个经典实验做例子，我可以提出这样的理论：孩子的自尊比他们下一轮选择什么难度的题目更重要。给孩子真实的、平衡的反馈，比怎么夸孩子更重要。对不同的孩子，一种教育方式可能有不同的效果。

所以，实验设计和相关分析做到极致，只能解决内在效度的问题；而唯有理论，才可以弥补外在效度的缺陷。实验和相关实证研究只能发现碎片，而理论可以用碎片拼图，让我们对事物有完整的理解。社会心理学之父库尔特·勒温（Kurt Lewin）说："没有什么比好的理论更实用。"

好的理论会产生好的效果。坏的理论将产生恶果。达尔文、爱因斯坦都娶自己的亲戚为妻，他们不知道近亲结婚的危害。达尔文的表弟，优生学的鼻祖高尔顿知道近亲结婚的危害，他劝达尔文不要近亲结婚，达尔文不听劝。结果，达尔文和他表姐在婚后所生的 10 个孩子，病的病，夭折的夭折，这让达尔文很痛苦。欧洲著名的哈布斯堡王朝盛行近亲结婚，其背后的理念是，通过联姻让王室的权力、财富、领土不断聚集。尽管这个王朝盛极一时，但近亲结婚导致王室成员健康情况恶化。这是导致王朝衰落的原因之一。

先不说核武器的出现不是件好事儿，理论物理学家爱因斯坦的相对论，为原子弹的研发奠定了基础。哲学，本质上是理论。科学的方法论由实证研究（实验和相关）和理论建设两部分构成。由于人性的复杂性，心理学这门渴望成为科学的学科，理论建设的必要性更为突出。科学与哲学并非相互排斥，而是互为补充。

与哲学"顺带"讨论人性不同，心理学以研究人性为己任。心理学的众多分支其实是从不同角度管窥人性，不断深化甚至颠覆人类对自身的理解。其中的四个角度对我们理解人性帮助最大。

第一个角度：比较人和动物，这个心理学分支叫作"比较心理学"。

第二个角度：从人一生的成长和变化看人。儿童的行为较少有掩饰，从儿童看成人，往往更能揭示人性的本质。其实每个成年人的心中都有一个长不大的孩子。这个心理学分支叫作"发展心理学"。

第三个角度：通过研究精神病人和人格异常的人，看到人性阴暗和脆弱的一面，这个心理学分支叫作"变态心理学"。

第四个角度：把人"拆开"，看看大脑和神经系统是怎么工作的，这个心理学分支叫作"生理心理学"（行为神经科学的一个分支）。相对以上三个角度，这个角度的进展举步维艰，有些收获，但收获有限。

下面我跟大家分享一些在心理学的研究发现中，与四个人性基本问题直接相关的内容。

情绪：人性的基本面

心理学 100 多年来的研究成果似乎提醒着我们：人归根到底是情绪性动物。

先看看人的生物构造。在我们整个中枢神经系统中，唯一负责理性的组织是大脑皮层。大脑皮层是漫长的生物进化史上最晚出现的产物。大脑皮层只有几毫米的厚度，占人脑的比重极小。虽然大脑皮层有上百亿个神经细胞，这跟人体的上百万亿个细胞相比，实在是微不足道。而大脑皮层，还要承担视听等感知觉的功能。如果我们为人类的理性定位，这个区域似乎就在额叶，面积很小。人脑的其余部分，几乎都是情绪脑。内分泌系统（甲状腺、肾上腺、性腺）则严重影响人类的情绪。

心理学研究人性的一个方法，是把人脑与电脑做比较。人脑很像电脑：CPU 和内存非常小，大部分空间都被电池、母板、连接线这些原始功能硬件占据着。电脑还好，硬盘占的空间不小，所以记忆力远远超过人脑。但是人脑与电脑有一个本质区别：人脑经常情绪化，而电脑基本不会情绪化，虽然电脑会因为过热而降低效率，也会偶尔死机。人脑则会被情绪绑架，并为情绪化找到合理的借口。这个现象被弗洛伊德称作心理防卫机制。人脑记忆力很差，不但容量小，而且受情绪左右，会选择性记忆，选择性遗忘，选择性记错。

个体的两种行为模式——上瘾、自恋，以及群体的行为模式——战争，足以证明人类的非理性。

上瘾

心理学家区分了两种上瘾：物质上瘾和程序上瘾，如纵欲、贪吃、游戏上瘾、手机上瘾、财迷拜金。人们贪生怕死，却不停地用烟酒毒害自己。人们悲叹人生苦短，却沉溺于游戏。减肥和戒烟戒酒为什么那么难？因为对于人类的决策系统而言，眼前的快乐的权重似乎永远胜过未来的利益。人们生活在此时此刻，每一口甜食、每一口威士忌，带来的都是快乐，而肥胖、肺癌、动脉硬化不过是抽象的、遥远的概念。多数人或多或少对金钱着迷，无休止地追求财富，不惜以健康、亲情，甚至幸福为代价。那些钱多到一辈子花不完的富人，对金钱的吝啬和贪婪丝毫未变。真是人为财死，鸟为食亡！

归因偏差

由于视角主观，人在解释别人的行为的时候，倾向于归因为别人而非环境。人在解释自己的行为的时候，倾向于归因为环境而非自身。这是因为，看别人的时候，我们把别人作为知觉对象，而把环境作为背景；看自己的时候，我们把环境作为知觉对象，而把自己作为背景。这种因视角造成的认知偏差，叫作基本归因错误。

狭义的自恋是一种人格偏常，广义的自恋是一种人性特征，所有人都是爱自己的。人们对自己的偏爱已经导致自我认知出现系统性障碍，以至于无视他人的存在，无法换位思考。人们必须保持对自己好评，甚至不惜歪曲事实。吃不到的葡萄是酸的，吃得到的柠檬是甜的。把成功归因为自身稳定的因素（例如，能力和性格），把失败归因为外在因素（例如，社会、他人、运气）和自身不稳定的因素（例如，状态不好、策略不对），这种现象叫作自我服务的偏见。

导致自我服务的偏见的归因方式

主体	因素	成功	失败
自身	稳定的因素	√	
	不稳定的因素		√
外在（社会、他人、运气）	稳定的因素		√
	不稳定的因素		√

情绪影响决策

情绪化是人类的本性，这种本性严重伤害人类的理性。哈佛大学肯尼迪学院的心理学家詹妮弗·勒纳（Jennifer Lerner），是哈佛大学决策科学实验室的创始人之一，她专注于用实证方法研究情绪对人类决策的影响。在总结近年来心理学的研究成果之后，她建立了新的人类决策模型，在模型中，情绪和无意识过程起到重要作用。在她看来，心理学的研究成果告诉我们："情绪强有力地，以可预知的方式无处不在地影响决策。"以下结论值得在此分享。[①]

第一个结论：显然，由决策引发的情绪影响人类决策，其作用有好有坏。好的一面，例如，义愤填膺使人做出更公正的决策，对风险的担忧让人做出安全稳妥的决策。神经科学家们目前认定前额叶皮质具有整合情绪和认知的功能，前额叶皮质受损的患者，在决策的时候感受不到情绪，结果决策变成超出常理的冒险，明知山有虎偏向虎山行，明知会破产也会去投资。这些患者从"无知者无畏"变成了"无畏者无知"。坏的一面，情绪会降低决策的质量，而且这种影响将持续很长时间。

---

① Lerner J.S., Li Y., Valdesolo P., Kassam K, Emotion and decision making

第二个结论：并非由决策引发的情绪影响决策。无关情绪对决策也会产生影响，在一个地方产生的愤怒，可以在另一个地方影响决策，具有迁移效应，而且往往无意识地发生。总的来说，好心情会让人做出乐观的判断，坏心情会让人做出悲观的判断。

第三个结论：情绪对决策的影响具有定向性。情绪可以粗分为正面情绪和负面情绪。正面情绪和负面情绪又可以再细分。具体的情绪对判断有不同的影响。例如，愤怒和悲伤都是负面情绪，但是它们对判断的影响不同：愤怒的情绪会使人认为自己对于事件更有控制力，悲伤的情绪则会使人产生对事件的无力感。在引发情绪方面，不同的负面情绪有不同的效果，例如，愤怒更容易导致攻击行为，而恐惧更容易导致逃跑行为。正面情绪亦如此，例如，感激和自豪都是正面情绪，但是它们对助人行为决策和助人行为持久性的影响不同。在对成功的归因上，自豪感让人更容易归功于自己，惊喜感让人更容易归功于他人。在挫折方面，愤怒让人更容易归咎于他人，恐惧让人更容易归咎于环境。

第四个结论：情绪影响思想深度。研究发现，正面情绪让人更容易感情用事、凭经验下结论、尝试性地下结论、更容易受刻板印象的影响，而负面情绪的作用是减少使用以上的信息处理方式而更多地依赖系统方法。当然，系统方法并不总是优于直觉。

"当我惊讶于我的弱点时，我脑海中的景象是：我骑在一头大象的背上。我手握缰绳，让大象转弯、停下或者前行。我可以决定方向，但前提是大象没有自己的欲求。如果大象真的想做什么，我根本左右不了它。"这是积极心理学家乔纳森·海特（Jonathan Haidt）在他的《象与骑象人》中的一段话，他用大象比喻本能的力量，形象生动地告诉我们，情绪、欲望这些非理性因素的力量之强大，理性之弱小。

人类在个体层面上不理性，在群体层面上也不理性。这是《乌合之众：大众心理研究》^①中的主要观点。群体会放大个体的非理性，一群人在一起互相影响，会让人的理性受到限制，变得更加不理性，这种心理现象叫作"群体思维"。在强凝聚力的群体中，群体思维更加明显。

从众现象从另一个侧面解释了人类的非理性。即使面对长短相差很多的两条线，如果现场的很多人做出错误判断，那么你也会跟着做出错误判断。图中，A 明显较短，B 明显较长，C 才是等长的正确选项。这是经典从众实验的发现。^②这个实验，其实可以叫作"指鹿为马"实验。

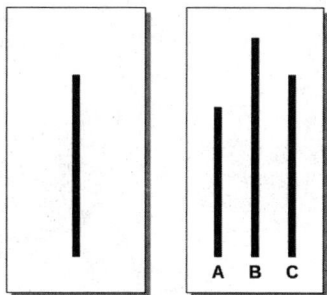

著名的心理学实验：从众

纳粹时代的德国，有这么一张颇具戏剧性的照片（摄于 1936 年德国汉堡），人群中有一个人拒绝行纳粹礼。他本来对纳粹党非常忠诚，但是，因为他娶了一个犹太姑娘并有了两个女儿，纳粹针对犹太人的暴行激怒了他。他也因此被纳粹党开除并入狱。他的不从众行为，本质上是由个人恩怨带来的，或者说，是情绪性的。

有多少人想过这个问题：以理性著称的、孕育了理性主义的黑格尔哲学的德国，也是人类的惨剧——两次世界大战的发生地！人类的本性如果是理性的，就不会有战争。人类因为利益而杀戮，甚至不为利益，只因观点不同而大动干戈。《战争的原因》的作者认为，和平不是常态，战争才是常态。^③

---

① 法国社会心理学家古斯塔夫·勒庞的著作。

② Asch, S.E: Effects of group pressure on the modification and distortion of judgments. In H. Guetzkow (Ed.), Groups, leadership and men.

③ 杰弗里·布莱内：《战争的原因》，2011 年，商务印书馆。

不从众的人（这是一张摄于 1936 年的著名新闻摄影照片）

群体思维很难在心理学实验室中得到验证，但是现实中的案例比比皆是。发生在 1688—1689 年间的英国革命，奠定了英国君主立宪制的基础，没有流血牺牲，英国人自豪地称之为"光荣革命"，我认为这是人类社会变革成绩单上的最好记录。可惜光荣革命中的理性光芒并没有被他国复制。发生于 1789 年 7 月 14 日的法国大革命，群情激奋，人们把国王路易十六和王后的脑袋剁了。这场革命，让法国社会由不公正转变为相对公正，期间，大批法国人丧命，据统计丧命者达几十万甚至上百万人，还有很多人被流放或者监禁。

诺贝尔经济学奖得主，美国政治学教授赫伯特·西蒙（Herbert Simon）提出有限理性模型。他认为多数人有一部分理性成分，余下的部分为非理性。这个比例应该是多少呢？是 80% 理性还是 20% 理性？他对人性非理性成分的认识并不彻底，但他的书《人的模型》（*Models of Man*）^①值得一读。说到"人的模型"，其实就是对人性的基本假设，大概有五个版本：经济人、社会人、组织人、自我实现的人、复杂多变的人。我总觉得缺一个版本，第六个版本应该是：非理性人。人性80%是非理性的，余下的20%对人类文明做出巨大贡献的同时，受非理性的支配和奴役。基于这个假设，与人相处就会比较顺利。例如，多数TED演讲的影响力不在于它的内容接近真理，而在于它的煽情性——直击人类的非理性刺激。再如，在协调人际冲突时，先以情动人，后以理服人，效果会比较好。

还有一位诺贝尔奖得主心理学家丹尼尔·卡尼曼（Daniel Kahneman），在其著作《思考，快与慢》中提出了著名的"系统1"和"系统2"理论。系统1代表快速、直觉和情感驱动的思维，而系统2则代表缓慢、有逻辑和理性的思维。我的读后感是：人类远没有人类自以为的那么理性。人类只要可以快思考，就不会去慢思考。人的本性是不喜欢烧脑。人性有两面——既有感性面，又有理性面，但是感性面是人性的基本面。

假设性结论：人性的感性远多于理性。

人类能否消除战争和犯罪？

由于社会文明的包装，人的天然本性，并不显而易见。只有在特定的几种情况下，才会暴露。

---

① Models of Man: Social and Rational- Mathematical Essays on Rational Human Behavior in a Social Setting

第一，成年之前。初生婴儿会哭闹，4岁以前的幼儿以自我为中心。年龄越大的越有教养，年龄越小的越不懂事。上海话中小孩叫作"小人"，有些小孩子就是小人，长大了有一部分人成为君子。青少年容易犯罪，因为他们基本具有了成年人的体力，却没有成年人的文明。

第二，匿名。网络暴力就是证明。

第三，位高权重。对他人有绝对的主宰权。

第四，醉酒。酒后容易寻衅滋事甚至犯罪。

第五，极度自信到得意忘形。

第六，疲惫虚弱。这时候特别容易暴躁。

但是人性也有好的一面，人和其他动物都有利他的行为表现。所谓利他，动物行为学给出的定义是：损己利人。真正的利他并不求回报，但是人们在助人的时候，大脑负责奖赏的中枢被激活，所以人们自我感觉良好。换言之，助人为乐是人神经系统的特性。

同理心也在人类和其他动物中普遍存在。镜像神经元的发现，让心理学家振奋，他们中的一些人认为同理心是人类先天具备的本性，另一些人认为，一个人或动物个体只有经历过相似的体验之后，才会对另一个个体的体验产生同理心。我个人相信后一种观点，但我必须承认，善是可以实现的。

有心理学家拿猴子做实验，发现猴子也有利他的行为。两只属于命运共同体的猴子，一只猴子可以通过操控杠杆获得香蕉，但每次按压杠杆都会给隔壁猴子带来电击。这只猴子就忍着饥饿，不按杠杆，直到几天后它实在忍不住了为止。还有一个实验，给两组猴子以不公平的待遇，一组给好吃的，另一组给不好吃的。结果，拿到好吃的的那一组猴子，会把好吃的分给另一组猴子。

很多社会心理学实验似乎都在说明人性本恶，例如，经典却备受挑战的斯坦福监狱实验、米尔格拉姆实验、旁观者冷漠实验，以及因匿名而导致的网络暴力现象。也有一些社会心理学实验似乎说明人类越思考越自私，研究发现，快速决策促成合作，慢速决策导致自私①。成年人的行为是天性与环境交互作用的产物，其实很难把人的劣行归因于人的本性。反倒是变态心理学研究、动物行为学研究、人类学研究，以及儿童心理学研究更能够揭示人的本性。

变态心理学让我最震惊的是，个别人居然对动物、衣服，甚至尸体产生性的兴趣。这瞬间将我推向性恶论而远离性善论。

动物行为学家康拉德·劳伦兹（Konrad Lorenz）认为人类的攻击性是本能的。

毕生研究黑猩猩的珍·古德尔（Jane Goodall）说："我没有想到它们如此残暴。我曾经以为战争是人类特有的行为。现在我终于认识到，人类阴暗、邪恶的本性早已从灵长类祖先那里传承而深植于我们的基因。"是的，越来越多的研究者证明了黑猩猩的残暴。黑猩猩的部落一般以三五十个为规模，雄性黑猩猩组队巡视领地边界，如果发现其他部落的黑猩猩落单或者数量少，它们就会群起而攻之，折磨、杀死、吃掉敌人。它们专门攻击对方的脸和睾丸。黑猩猩真的很"黑"！我们的基因跟所有猿类的都很接近，跟黑猩猩最近。所以，有人把人类叫作第三种黑猩猩②。当然，人类也有像倭黑猩猩的地方，例如，人类和倭黑猩猩一样热衷于性行为。

黑猩猩族群之间的战争往往以一个族群消灭另一个族群而告终。胜者杀光败者中的雄性和幼仔，把雌性占为己有。以人类目前掌握的动物行为学知识来看，种族屠杀行为只存在于三个物种：人类、黑猩猩及狼。

虽然我们跟黑猩猩在本性上接近，但是我们知道自己的本性，有对

---

① Rand D.G., Greene J.D., Nowak M.A.: Spontaneous giving and calculated greed

② 贾雷德·戴蒙德：《第三种黑猩猩》，2012 年，上海译文出版社。

社会进行设计的能力，并试图用道德和法律严加控制人性中丑恶的一面。按照心理学家史蒂芬·平克（Steven Pinker）的说法，人类近年来发起的战争和造成的伤亡比以往少了。这个说法是否准确姑且不说，即便如此，人类的暴行依旧时有表现。

很多学者，例如，威廉·鲁宾斯坦（William Robinson）持这样的观点：和平是一种非常态，战争才是人类社会的常态。

德国经济学家和社会科学家麦克斯·罗斯（Max Roser），联合开展了"我们的世界数据"（Our World in Data）项目，统计了从1500年到2015年间，每个四分之一世纪（25年）大国之间开战的年份占比。好消息是：战争频率明显下降了。我个人认为，造成战争减少的最重要的两个因素，一是文明的进步，二是核武器使国家之间产生忌惮。

这个数据不包括1500年之前的英法百年战争。文明的进步使得国家之间很难再发动那种劳民伤财、荼毒生灵的战争了。

地球上已知的同种相食的物种有1500多种。人类学研究可以确认，我们的祖先也是食人族，现今仍然有食人部落存在。人类食人有时是偶然的，因为饥饿；有时是一种仪式。

人性在儿童身上的体现比在成人身上更加突出。儿童世界就像丛林一样：弱肉强食。儿童的残暴体现为对动物的虐杀和对同伴的虐待。青少年群体中的欺凌现象非常普遍，不仅在同伴之间，亲生的兄弟姐妹之间发生欺凌的频率也相当高。美国的调查显示，在家庭暴力中，兄弟姐妹之间的暴力发生率是夫妻之间的四到五倍。[1]

儿童的攻击性是天生的，而非后天习得的。蒙特利尔大学儿科、精神病学和心理学教授理查德·特伦布莱（Richard Tremblay）20多年来

① Farineau, H.M. Sibling Abuse Trauma: Assessment and Intervention Strategies for Children, Families, and Adults

跟踪研究了 35000 名加拿大儿童，从 5 个月跟踪到 20 多岁，寻找人类攻击性的根源。他对于那种儿童和青少年受不良媒体影响而变得暴力的说法嗤之以鼻。他认为，儿童的攻击性是天性。他说："电视没有出现之前，青少年就很暴力。"理查德·特伦布莱的研究发现，平均而言，儿童的暴力行为在他们 18 个月时达到顶峰。在 2 岁到 5 岁之间，儿童开始学着用更加理性的方式表达他们的欲求，因而攻击性开始降低。

小孩子是小人儿，也是小人（相对于君子的小人）。他们以自我为中心，人类天生不会从别人的角度思考问题，换位思考的同理心是后天习得的。在我看来，社会化的过程，就是克服以自我为中心这一人类本性的过程，这个过程完成的程度，决定着一个人的道德高度。人因畏惧而乖巧，人因强大而暴虐。处于人类权力金字塔顶尖的人，权力越大，越容易滥用权力，这充分暴露出人类以自我为中心的本性。

著名心理学家让·皮亚杰（Jean Piaget）和劳伦斯·科尔伯格（Lawrence Kohlberg）的研究告诉我们，儿童的道德推理也具有以自我为中心的特点。在儿童看来，对自己有利的就是好的，对自己不利的就是坏的。做了坏事，尝到甜头又不被抓到，就是好事；做了坏事，被抓到，受了惩罚，就是坏事。善恶都以自己的利益为尺度。认知的发展让儿童先学会撒谎，后学会诚实。研究发现，儿童在 6 个月大，还没开始说话时就开始撒谎。随着年龄增长，他们撒谎的水平越来越高。[1] 例如，婴儿用假哭和假笑吸引父母的注意力。

善恶的定义不容易下，但是，对别人好是善，对别人残暴是恶，以自我为中心更接近恶而非善，应该是没什么争议的。从这个定义出发，儿童是藏在天使外壳里面的魔鬼。

---

[1] Paul Newton, Vasudevi Reddy, Ray Bull: Children's everyday deception and performance on false - belief tasks

社会学的奠基人之一埃米尔·杜尔凯姆（Émile Durkheim）认为，犯罪是社会结构的必然产物。他的"正常犯罪"理论指出，犯罪行为在某种程度上是社会正常运作的一部分，无法完全消除。

政治学家詹姆斯·威尔逊（James Wilson）与心理学家理查德·赫恩斯坦（Richard Herrnstein）在1985年出版的《犯罪与人性：犯罪原因的权威研究》引发激烈的争论。两位作者的观点是：虽然社会因素会影响犯罪率，但是引发犯罪的根本原因是人的基因和生物学属性中的攻击性。

心理学家大卫·巴斯（David Buss）认为，杀戮是人性的底色，是几千年来人类为繁殖进行激烈竞争的产物。他研究了5000个美国人，其中375人是杀人犯。他发现91%的男性和84%的女性幻想过杀人，这些幻想往往非常具体。研究发现，人们之所以没有实施他们所幻想的杀人行为，主要是因为他们怕被抓到并被关进监狱。中国及东亚国家的犯罪率非常低。犯罪率特别高的地区是南美洲和非洲。但是人性都是大同小异的。

假设性结论：人性具有善恶两面性，总而言之，恶多于善。法家以人性本恶为前提，儒家以人性本善为前提，从结果看，法家的依法治国远比儒家的以德治国更有效。

人类是不是真社会性动物？

社会性是一个相对的概念，不同物种的社会性程度不同。人类的社会性程度如何？那要看跟哪种动物比。跟蚂蚁比，人类的社会性较低；跟红毛猩猩比，人类就显得特别有社会性。

蚂蚁的社会性程度极高。

蚂蚁的分工是基因注定的，所以注定有四种蚂蚁。负责生育的蚁后，在种群中只有那么几只。虽然人类称其为蚁后，但它们并没有发号施令的权力，也没有发号施令的必要，因为其他三种蚂蚁都很乖。雄蚁，负责交配，交配之后很快死去；工蚁，负责干活儿，任劳任怨；兵蚁，负责打仗，英勇顽强，前赴后继，将生死置之度外。四种蚂蚁各尽其职，尽忠职守，并不需要后天教育，也不需要领导者维持秩序，秩序完全由基因编程的行为自发形成。

蚂蚁天衣无缝的合作让我感动。蚂蚁用身体搭桥，跨越间隙。单个蚂蚁不会游泳，它们用身体做舟，在水面漂浮。后来一想，这也没什么可感动的，一切都是本能使然。

蚂蚁抱团过河

蚁群搬家的行为充分体现了集体智慧，蚂蚁的视觉极差，嗅觉、触觉、听觉却极发达。当旧的蚁巢已经不适合蚁群居住时，一大群蚂蚁就会四处寻找新址。它们分头行动，找到不同的备选地址，缺少经验的蚂蚁会自动听从经验丰富的蚂蚁的意见，选择最佳地址。当最佳地址被有意破坏的时候，它们会立即选择第二佳的地址，而无须重复寻址和选址过程。这一切均依赖基于化学信息的嗅觉通信机制。

有一个词叫"真社会性"（Eusocial）专门用来形容蚂蚁、蜜蜂这类动物。它们个体智能低下，群体智能极高，学术上将其称为"群体智能"（Swarm Intelligence）。以研究蚂蚁著称的社会生物学家爱德华·威尔逊（Edward Wilson）把蚂蚁社会称作"超级有机体"（Superorganism）。

威尔逊居然把人类算作真社会性动物[1]。一般来说，个体智能低下的动物，如昆虫，才会是真社会性动物，哺乳动物中的真社会性动物只有裸鼹形鼠和达马拉兰隐鼠。按照威尔逊给真社会性所设定的几个标准：繁殖分工、合作养育幼仔（包括非亲生），人类的确在客观上达到了类似蚂蚁的社会性，但是人类是通过自我设计达成高度社会性的，完全不同于蚂蚁那种由基因注定的高度社会性。

社会性程度比较

社会性程度	独居		类社会性			真社会性
	亚社会性	独居但合群	集群性	准社会性	半社会性	
亲代投资[2]	是	是	是	是	是	是
亲子共居[3]	否	有时	是	是	是	是
合作养育幼仔[4]	否	否	否	是	是	是
繁殖分工[5]	否	否	否	否	是	是
阶级制度[6]	否	否	否	否	是	是
世代重叠[7]	否	否	否	否	否	是

[1] E. O. Wilson. The Social Conquest of the Earth

[2] 父母中任何一方花时间、精力照看下一代的行为。

[3] 父母与后代生活在一起的时间比较长。

[4] 包括养育没有血缘关系的下一代。

[5] 一些个体专门负责生育，其他个体则放弃生育功能。

[6] 社会分工，例如一些成员专门负责防卫，另一些成员专门负责交配，还有一些成员专门负责觅食、筑巢等。

[7] 下一代已经成熟并开始繁殖，它们的上一代还在繁殖。

亚社会性独居动物的代表是老虎。老虎只在交配时才碰面，交配之后立马分手。母老虎独自把小老虎养大，然后让小老虎各自建立自己的领地，独立生活。

独居但合群的独居动物的代表是红毛猩猩。红毛猩猩是一种猿类，它们生活在印尼和马来西亚的雨林里，濒临灭绝。红毛猩猩是已知所有大猿中最晚被人类学者发现的一种，它们身材壮硕（块头比黑猩猩大、比大猩猩小），智商非常高（它们会搭建避雨蓬，会用树枝做工具用来挠痒痒，会用树叶当坐垫，会学习并从上一代传承"最佳实践"），动作缓慢，宛如智慧长者，憨态可掬。雌性与雄性红毛猩猩只在交配时碰面，攻击性极低的红毛猩猩只在争夺配偶的时候战斗，雄性之间互相回避，如果狭路相逢，则勇者胜。年轻的雌性则偶尔结伴，这是此种猿类合群的一面。

成年的雄性红毛猩猩有两种类型：一类体格雄壮，有腮囊和喉囊，显得脸很大，声音低沉，深受雌性欢迎；另一类则没有这些雄性第二性征，它们得不到雌性青睐，往往为了交配而"霸王硬上弓"。

在年轻的雌性红毛猩猩之间会有些许团队活动。交配之后，雌雄分道扬镳。雌性独自抚养幼仔，作为父亲的雄性则撒手不管，就在林子附近独居，"鸡犬之声相闻，老死不相往来"。红毛猩猩母亲是尽职尽责的母亲的典范，红毛猩猩父亲是"自私自利"的失职父亲的典范。

在独居还是群居这件事情上，高智商动物比低智商动物灵活。蚂蚁只能过群居生活，离群必死。而猩猩则有各种选择：黑猩猩扎堆

红毛猩猩

（20～100只），大猩猩过家庭生活（几只到十几只），而红毛猩猩则离群索居。

猫科动物也是这样，猫、豹子、老虎独居，狮子群居。但这只是适应环境的不同生存策略。同样生活在非洲，豹子采用偷袭的方式捕猎，不需要合作。狮子采用围攻的方式在开阔的地带捕猎，特别是在捕猎大型猎物时，更需要合作。狮子的群落并不大，更像一个一夫多妻的大家庭，而不是部落。一些成年的雄性会在争夺王位的战斗中被赶出狮群，其中有的会死掉，有的会自己生活得很好，有的会加入其他狮群，甚至会夺取其他狮群的王位。可见，高智商动物在生存方式上具有灵活性。

人类的社会性不仅不如蚂蚁、蜜蜂等真社会性动物，而且不如羊群。羊是比较容易被放牧的。牧羊人觉得这任务太简单了。于是，牧羊人授权给了牧羊犬：其中最帅的是德国牧羊犬，最聪明的是边境牧羊犬。没人觉得猫可以很容易被放牧。羊是集体主义的，猫是个人主义的。猫比羊有更多的独立性和个体意识。按照跨文化理论家吉尔特·霍夫斯泰德（Geert Hofstede）的说法，人类社会有集体主义社会（如日本社会），有个人主义社会（如美国社会）。前者的个体像羊，愿意为集体利益牺牲自己的利益；后者的个体像猫，不愿意为集体利益牺牲自己的利益，比较难组织起来。随着社会从传统向现代转变，人类的个体意识越来越强，人类的个体意识越来越需要受到呵护。

动物行为学家劳伦兹发现，动物打架的主要社会功能是确定等级，打一次架可以维持等级很久。这样一来，就省下无休止内战所消耗的时间和体力。动物社会中的等级，用希腊字母表示，王者就是阿尔法（α是希腊字母表中的第一个字母），地位仅次于王者的是贝塔（β是希腊字母表中的第二个字母），地位垫底的就是欧米伽（ω是希腊字母表中的最后一个字母）。企鹅打豆豆故事中的豆豆就是欧米伽。[①]

　　企鹅中的欧米伽的心理健康程度比较差，但不会得抑郁症；羊群中的欧米伽的心理健康程度比较差，也不会得抑郁症；但是人群中的欧米伽会得抑郁症。原因是，人有自我意识。自我意识是他人在场给个人造成压力的根源。跟别人在一起会累就是这个道理，只有独处一室才能彻底放松。心理学实验发现，只要有镜子，就会提升人的自我意识，人的行为就会更加检点。所以，人类社会，对于人类个体而言，既是援助的来源，又是压力的来源。独处孤独，群居累，这就是人的社会性。

　　我们说人类是社会性动物，这话说得有道理，但是这话说得太久，我们就真的把自己当成彻头彻尾的社会性动物了。其实，仔细想想，人类个体的社会性远不如蚂蚁。威尔逊说，如果人类具有像蚂蚁这样的社会性，共产主义早就实现了。可见，即使把人类当成真社会性动物的威尔逊，也不得不承认人类的社会性与蚂蚁的社会性在本质上不同。尽管人类个体有极高智力因而有极强的自我意识，加上人有极端自私的基因[②]，但是人类的群体却可以实现蚂蚁社会的所有社会功能。蚂蚁的社会分工只是分工，人类的社会分工，却能够让个体充分发挥自己的专长。蚂蚁的社会分工只是把劳动分成几种，而在现代，人类的职业分类却有几万种。这就是高智商、自我设计的社会性与低智商基因注定的社会性的本质区别。人类通过自我设计建立社会契约，在社会结构的复杂性和在对环境的适应能力上都远远超过了蚂蚁。随着人类社会的不断现代化，人类在满足个体需求上也在向独居动物的"自我实现"程度靠近。这些正是人类的卓越之处。

---

① 有人去南极看企鹅，一个一个地采访，问它们每天的活动安排。第一只企鹅答："吃饭睡觉打豆豆。"第二只企鹅答："吃饭睡觉打豆豆。"第三只企鹅答："吃饭睡觉打豆豆。"最后一只企鹅："吃饭睡觉。"此人好奇："你怎么不打豆豆？"答曰："我就是豆豆！"

② Richard Darkins. The Self Gene

假设性结论：人类的社会性是高智商所特有的自我设计的社会性，现代社会在社会发展和个体需求之间有望达成几近完美的平衡。

自由意志是不是幻觉？

虽然心理学中的生物学派、行为主义学派、精神分析学派坚定地站在决定论这一边：我们之所以成为现在的样子，是每一个人独特的基因和独特的成长环境的交互作用所决定的。但是心理学中的人本主义学派让我们相信：每一个人的自由意志，仍然可以让我们在很多选项之间做出选择，我们的一念之差就可以创造不同的未来。

我们不妨比较一下，影响一个人当前的生命状态的三种力量：基因、成长经历（环境）、自由意志。

第一种力量：基因

霍尔巴赫的"人是一个物理的东西"的话，不幸言中了。威尔逊所开创的社会生物学研究，似乎证实了霍尔巴赫的观点。"如果说大脑是由100亿个神经细胞所构成的机器，那么心灵则可以从某种意义上解释为由有限数量的化学和电子的反应构成的活动总和，界限限制了人的期望——我们是生物，我们的灵魂不可能自由地飞翔。"[1]

双生子研究

基因与环境，对于塑造一个人的智力和性格，哪一个更重要？双生子研究给出了明确的答案：基因的作用大于环境。简单而言，大量研究

---

[1] 威尔逊：《论人性》。

比较了四种同性别双生子在智力和性格上的相似程度：在同一个家庭环境中长大的同卵双生子（A组）、在不同家庭环境中长大的同卵双生子（B组）、在同一个家庭环境中长大的异卵双生子（C组）、在不同家庭环境中长大的异卵双生子（D组）。

同卵双生子的基因几乎100%一致（当然性别肯定一致）。异卵双生子的基因平均来看，有50%的一致性，这跟普通兄弟姐妹之间的基因一致性没有差别，性别有可能相同，也有可能不同。该研究特意选择了同性别的异卵双生子。双生子是同卵还是异卵，从长相上就可以判断，一目了然。

在同一家庭环境中长大的双生子，其成长环境比较接近。在不同家庭环境中长大的双生子，其成长环境相差较大。

这类研究虽然不是实验研究，而是相关研究，但是很能说明问题。显然，同环境同基因（A组）的相似度最高，不同环境不同基因（D组）的相似度最低。关键在于B组和C组，谁的相似度更高。研究结果是B组的相似度更高，说明基因的作用大于环境。在身高和智力这两个领域，基因的主导作用更加明显。

2009年众多心理学家[1]合作汇总了6个研究的数据，包含来自4个国家的11000个双生子的智力数据，得出了基因的作用大于环境的结论：基因对智力差异的解释力为56%，环境对智力差异的解释力为21%，而且，年龄越大，基因的影响越小。

最新的研究发现，同卵双生子之间的基因并不完全相同，在出生之前的基因突变多达300个。这一发现可以更好地解释同卵双生子在智力和性格上的不同，也就是说，更好地支持了基因决定论。

---

[1]　以克莱尔·霍沃思（Claire Haworth）为首的18位心理学家的论文，发表在学术期刊《行为遗传学》（*Behavior Genetics*）上。

最近二十多年来双生子研究的结论是，人与人之间领导力差异（以统计学指标"变异"或"方差"计）的三分之一可以由基因解释。更有研究发现，一段特定的DNA（编号RS4950）与一个人能否当上领导有显著的相关性。[①]

美国通俗心理学期刊 *Psychology Today* 上的一篇文章说，领袖的内在品质，三分之一是天生的。文章援引的研究发现，这天生的三分之一是：外向的性格、勇气（大胆，果敢，冒险）、智力（包括读懂人际情境的能力）、同理心（读懂人心的习惯和能力）。

研究人类无法用实验法，但是研究动物可以。蜜蜂的一些行为是基因决定的，例如，讲卫生的习惯（把脏东西踢出蜂巢）、进攻性。一些鼠类的性行为和挖洞行为都是由基因决定的。拉布拉多白足鼠滥交，灰背鹿鼠奉行一夫一妻制。灰背鹿鼠把巢穴建得很棒：走廊很长，卧室深藏，还有逃生口。而拉布拉多白足鼠的家，走廊很短，也没有逃生口。这种盖房子的基因是显性基因，这两种鼠的杂交后代都会盖房子。杂交鼠再与拉布拉多白足鼠生出的杂交鼠，挖出来的巢穴就五花八门了，有的是长走廊加逃生口，有的是短走廊加逃生口，有的是长走廊没有逃生口，有的是短走廊没有逃生口。

双生子研究并没有否定环境的影响。理论上讲，遗传与环境之间应该交互作用。我经常举的例子是，面对同样的父亲打孩子泄愤的行为，不同基因的孩子的反应不同：有的怀疑人生（发展出抑郁症倾向），有的对同伴施暴，有的反抗直到打得过父亲，有的早熟变得很懂事儿甚至学会了安抚暴怒的父亲（这种孩子最可悲）。我的意思是，同样的境遇会引发不同的反应。这些不同反应取决于很多因素，包括基因。

反应范围的观点似乎在一定程度上调和了遗传与环境之争。这种观

---

① Born to lead? A twin design and genetic association study of leadership role occupancy.

点认为，基因设定了某个特质的上限和下限，而环境决定了一个个体究竟把这个特质发展到上下限之间的哪一个点。例如，姚明的基因决定他的身高在 2.1 米到 2.6 米之间，由于姚明成长过程中获取营养不是很理想，他最终长到 2.26 米。智力、性格、身心健康，都遵从这个道理。

从基因型到表现型，基因控制着蛋白质的合成和酶的释放，决定着个体的独特性。虽然基因的力量强大，但是基因的表现方式并不是不可变通的，例如，环境可以影响基因表达，但也远非一一对应，仅影响身高的基因就有几百种。基因就像一个英明的领袖，坚定地指明方向，同时留有一定的灵活性，以顺应环境的要求。

承认基因是决定人生的第一力量，不等于宿命论，更不是悲观。相反，承认基因是决定人生的第一力量，有利于人类幸福。从教育到医疗，莫不如此。不仅要因材施教，而且要因材施医。例如，治疗阿尔茨海默病的药物塔克林对某些患者（携带 E2 或 E3 基因）的有效率为 80% 以上，对另外一些患者（携带 E4 基因）则基本无效。

生理解剖：大阴茎和大脑壳

人类想了解自身，先要了解人体。虽然人类已经对人体有了很多的了解，但是人体之谜仍未完全解开。

如今大多数人受不了解剖尸体的恐惧和恶心，本想学医也会放弃。我们不得不钦佩 16 世纪比利时人维萨里，他好奇人体的构造，当时解剖尸体是大忌，他竟然去偷尸体。在解剖学诞生之前，我们只能对比人类与动物的外观。柏拉图发现人是没有毛的、双腿直立的。直到近代，我们才知道，人类有一个器官的比例非常大，可能是地球上所有动物里面比例最大的。这个器官就是阴茎。大猩猩比人的体型大很多，但是阴茎很小，黑猩猩和红毛猩猩阴茎稍大，也不如人类。学者们对此非常好奇，提出了各种假说，有人觉得人类的性器官大是因为人类好色。我觉得他们想多了。好色不以性器官的大小为前提，性器官大也好小也好，人都可以好色。关于人类好色的问题，我在下一章专门讨论。

我的看法很简单：人类男性的阴茎和人类女性的阴道是配套的，阴茎大，阴道也大。阴道必须大，因为人类婴儿的脑壳很大，人类新生儿的块头比猩猩宝宝大好多倍。

人类的脑袋大，因为其里面装着高度发达的器官：脑。这是关键。感谢脑科学和神经科学，我们对于大脑已经有了初步的认识。这对我们理解人性，是一个重要飞跃。但是总的来说，大脑还是一个黑箱子。记录脑电活动的仪器也许很精密，但脑电活动只不过是大脑活动的一个副产品。脑电活动的模式跟心理活动的关系非常远。

第一，脑分上下，不分左右。

脑科学家戴维·林登（David Linden）清晰地描绘了人脑的功能定位，"知之为知之，不知为不知"，丝毫没有哗众取宠的科普作者常有的那种夸张。他说："人脑的最高级功能，包括意识和决策，位于脑的最顶端和最前端，即大脑皮层。最低等的下意识控制着呼吸节律、体温等身体机能，位于下面和后面，即脑干。介于皮层和脑干之间的中枢，负责较高级的下意识功能，例如，感觉（中脑）、体内平衡和生物节律（下丘脑）、动作协调和感觉调节（小脑）。边缘系统，包括杏仁核和海马，是意识与无意识交汇并存储某类记忆的地带。"[1]

左右脑，功能不完全对称，仅此而已。

第二，进化不是重新设计。

造物主很懒，他不喜欢另起炉灶重新设计，而喜欢在原有的东西上加进去新东西。林登对于大脑进化有一个形象的比喻：冰激凌甜筒。大

---

[1] Linden, David J. The Accidental Mind, How Brain Evolution Has Given Us Love, Memory, Dreams, and God. Cambridge, The Belknap Press of Harvard University Press

脑的进化，就像从冰激凌机器里面向锥形筒里注入冰激凌，从下往上越来越多。人类的大脑比其他动物高级的地方，只在于大脑皮层，相当于最上面的那一个小尖儿。皮层以下的中枢神经系统与其他哺乳动物的无异。而且，包含人类在内的所有动物的神经系统的基本单位，都是神经元，所有动物的神经元基本一样。

第三，功能分区是谣传。

林登指出，基本的下意识反射，如呕吐反射，神经通路有明确的定位；复杂的心理活动，如记忆和决策，几乎没有特定的位置。就算发现了某个位置，这个位置也会变动。

人类不懈地探索，希望用简单的方式了解决定个体差异的因素，但真相要复杂得多。每个时代有每个时代的说法。19 世纪的颅相学，20 世纪的体型说，目前看来都不靠谱。21 世纪的脑神经科学，希望不要步其后尘。

19 世纪初德国解剖学家加尔（Gall）创立颅相学，认为脑型决定性格。事实证明根本不靠谱。

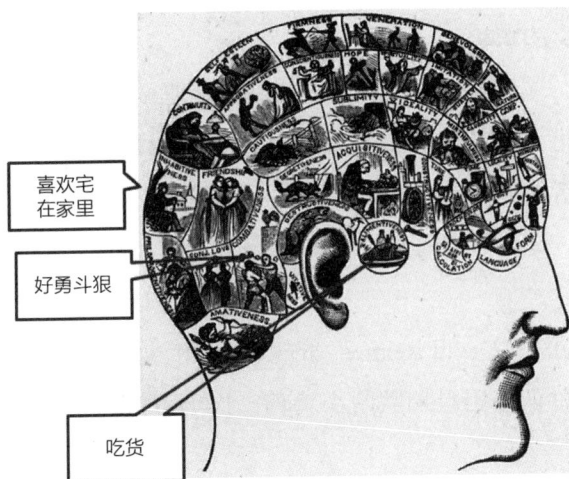

美国心理学家威廉·谢尔顿（William Shelton）在 20 世纪提出体型说，认为体型决定性格。他把人的体型分为三种基本类型，内胚型、中胚型和外胚型。内胚型的人身体圆润、脂肪较多、肌肉较软，性格外向、贪图享受。中胚型的人肌肉发达、骨骼结实、体格健壮，性格果断、敢于冒险。外胚型的人瘦长、骨架小、脂肪和肌肉少，性格内向、敏感，有艺术家气质。事实证明这是个错误的理论。

内胚型　　　　　中胚型　　　　　外胚型

第二种力量：成长经历（环境）

行为主义的尴尬

1930 年，行为主义创始人、美国心理学家约翰·华生（John Watson）写道："给我一打健全的儿童，我可以用特殊的方法任意地加以改变，或者使他们成为医生、律师、艺术家、豪商；或者使他们成为乞丐和盗贼，无论他们的天赋、偏好、倾向性、能力、职业，以及祖先是什么种族。"[1]

戴维·瑞默（David Reimer）的悲惨案例，直接打了行为主义者的脸。这个事件的起因是瑞默的小鸡鸡，这个事件的结局，是瑞默的自

---

① Watson, J. B. Behaviorism (Revised edition). Chicago: University of Chicago Press

杀。悲剧的罪魁祸首，是获奖颇多的著名心理学家约翰·马尼（John Money）。他的观点是，性别观念和角色不是天生的，而是后天习得的。这个观点与行为主义一脉相承。

瑞默于 1965 年出生，在 8 个月大的时候，他和他的同卵双生兄弟都做了包皮手术，他的兄弟成功了，他却不幸遭遇医疗事故，失去了小鸡鸡。如果你遇到这种倒霉事儿，你会怎么办？

瑞默的父母听了专家马尼博士的意见，拿瑞默当女孩养。在那个行为主义流行的时代，专家组一致认为这是最好的选择。瑞默在 22 个月的时候，做了睾丸切除手术，还改了一个女孩的名字。按照马尼的建议，父母一直把瑞默当女孩养，而且瑞默每年都接受马尼的性别角色辅导。马尼把这个性别角色再造作为成功案例写成论文，为自己赢得了声誉。

但是瑞默并不喜欢做女孩。14 岁的时候，当父亲告诉瑞默他的医疗事故的时候，瑞默决定做回男孩，并且再也不去接受马尼的辅导。22 岁的时候，瑞默开始注射睾丸酮，切除了由于注射雌性激素长出来的一对乳房，并装了一个人造阴茎。25 岁时，瑞默娶了一个有三个孩子的女人。在 32 岁那一年，瑞默把他的遭遇公之于众。同卵双生兄弟因过量服用抗抑郁药意外死亡，由于面临就业压力，加上妻子离去，瑞默于39 岁自杀。

通过瑞默的传记《天生我才：被当作女孩养大的男孩》（As Nature Made Him: The Boy Who Was Raised as a Girl），我们了解到，瑞默从未觉得自己是女孩。他饱受小伙伴的欺凌和排斥。雌性激素和女性服饰并没有把瑞默塑造成女人。

瑞默的悲剧，提醒过于自信的科学家们，我们对人体和生命的本质了解得太少了。跟生命的奥秘相比，人类的生理学知识不过是沧海一粟。我们只知道注射激素，我们完全不能掌控神经和内分泌系统。狂妄的马尼也很受打击，从此绝口不提瑞默案例。这是马尼的耻辱，是行为主义的耻辱，也是整个心理学界的耻辱。瑞默的悲剧，也让想做变性手术的人三思而后行。

习得的人性

但是行为主义并没有全错。人之所以为人，既由基因决定，又离不开社会环境。社会化是生物人变成社会人的过程。狼孩（及其他被动物养大的人类）虽然是人类基因，但是并没有成为完整意义上的人类。行为主义用学习解释社会化。心理学里面的学习，可不是听听课、记记笔记、考个试这种学习，而是特定行为因效果的不同固化或改变的过程。巴甫洛夫的狗，看到食物会流口水。如果每次看到食物时都看到汤姆·克鲁斯，那么多次以后，不用看到食物，只要看到汤姆·克鲁斯，狗就会流口水。这叫经典条件作用。

动物学习中，本能和试误[①]占据相当大的比例，而模仿和概念学习只在智慧极高的动物中被人类观察到。

动物行为学家劳伦兹发现印记的作用：鸟类有一种本能，会跟随它们生下来第一眼看到的移动物体，不管这个移动物体是生它的母鹅、喜欢吃烧鹅的人类，还是会动的变形金刚玩具。这个发现，几乎把先天和后天的交互作用讲透了。跟随第一个移动物体是先天本能。跟随哪一个移动物体是后天影响。这个实验将我们推向决定论而远离自由意志。

除了前面说过的经典条件作用，还有一种操作性条件作用，也叫试误。试误就像被关在笼子里的猫要打开有简单门闩的门，会一顿乱抓，先做再说，多做多错，可是要是有一次蒙对了，就算学会了。下一次直接做对。

---

① 由英国学者劳埃德·摩尔根（Lloyd Morgan）提出，与伯尔赫斯·斯金纳（Burrhus Skinner）的操作性条件作用（Operant Conditioning）是一回事儿。

人类的学习以本能和试误为起点，主要依靠模仿和概念形成。猴子看到人类洗水果然后再吃水果，就会模仿。其他部落的猴子也会模仿。这是第三种学习，叫观察学习。概念形成是第四种学习，也有人叫作认知学习。我们熟悉一条路线有两种方式。第一种方式是试误，看看走到哪里左转，走到哪里右转，一旦因修路走不通，就不好办了。第二种方式是认知学习，我们脑子里有了认知地图，无论哪条路走不通，我们都可以走别的路到达目的地。显然后一种方式更加有效。

举个例子，动物舔舐伤口，有病就休息，这是本能。神农尝百草，治好就记下药方。西方早期治病用放血疗法，中国早期治病用辟谷疗法，这是试误。现代医学知道病理和药理，这是概念形成。当你有了病理和药理知识，你就知道为什么放血和辟谷有时有效，有时无效，你就会找到更有效的疗法。

心理学家研究动物形成概念的能力，发现一些聪明的动物有形成概念的能力。按照皮亚杰的等级，最聪明的动物（猩猩）充其量达到人类认知的第二个境界：前运算阶段。例如，对数形成概念，对大小、多少形成概念。前运算是人类几岁的孩子的思维水平，猩猩无法进入人类十几岁能够实现的具体运算和形式运算阶段。

人类凭什么碾压其他动物？答案可能是人类具有较高的学习能力。高度发达的概念形成能力是人类特有的学习方式，人类跟其他动物竞争，属于"降维打击"。

人类作为动物的一种，动物会的，人类自然也会。心理学家威廉·麦独孤（William McDougall）在 1932 年用 17 种本能理解人性：饥饿（Hunger）、排斥某些物质（Rejection of Particular Substances）、好奇（Curiosity）、逃跑（Escape）、好斗（Pugnacity）、性（Sex）、母性和父性（Maternal/Paternal Instinct）、合群（Gregariousness）、自信（Self-assertion）、服从（Submission）、建设（Construction）、获

取（Acquisition）、求助（Crying Out or Appeal）、笑（Laughter）、舒适（Comfort）、休息和睡眠（Rest or Sleep）、迁徙（Migration）。虽然麦独孤不否定后天学习的作用，但是他认为本能是人类行为的根本动力和目标导向。

弗洛伊德认为人类的本能只有两样：性和攻击性。就是做爱（生本能）和作死（死本能）。前者确保个体生存和种族延续，后者比较令人费解。他认为人生的目标是死亡。人的死本能对内释放体现为自虐、自伤和自杀，对外释放则体现为敌意、攻击性、杀人和战争。几乎没人不认同生本能，几乎没有人认同死本能，连精神分析的同行，甚至弗洛伊德的追随者们都不认同死本能。因为这有悖常理。对于我来说，只有把它跟柏拉图对于死的理解联系起来，才能找到一点点逻辑。

虽然弗洛伊德开创的精神分析学派被行为主义者彻底否定，但其实，两者都重视成长经历。行为主义者用学习和行为塑造来解释一个人当前的状态，精神分析学派则用无意识、早期经历和创伤体验进行解释。

视觉悬崖实验

人类不用学习就会的东西还是有的，但是很少。似乎，越高级的动物本能的行为越少，这给了高级动物适应环境的灵活性。猫上厕所（把粪便埋起来）是本能，人上厕所就不是本能。如果是，那厕所就不会是冲水的，一定是用土埋的。心理学家研究新生儿的实验，几乎都证明了学习的作用大于本能。新生儿刚生下来就对人脸感兴趣？否。新生儿刚会爬就知道不往坑里爬？否。著名的视觉悬崖实验告诉我们，刚刚会爬的婴儿根本不怕悬崖，用爬行探索过环境的婴儿才会恐高。这就验证了洛克的"白板说"（Blank Slate）。

那么环境的作用到底是什么？心理学对此有过大量研究。研究的结论是：在一个屋檐下长大的孩子，如果基因没有相似性，那么他们长大后性格的相似性跟随机选出来的陌生人之间的相似性没什么不同。同卵双生子无论分开养大还是在一起养大，他们的性格没什么差别。正常的环境对性格的影响基本可以忽略。[①]基因注定了人的性格，像土壤差不多，就会种瓜得瓜种豆得豆。这对那些动辄把性格偏常甚至犯罪归咎于原生家庭的心理治疗师而言是个坏消息。当然，极端的成长经历，例如，创伤体验对性格形成的作用不可忽略。就像种花种草，若盐碱太重，太旱太涝，花草根本活不了。创伤体验通过改变大脑的神经环路，塑造甚至改变性格。在《身体从未忘记：心理创伤疗愈中的大脑、心智和身体》中有很多鲜活的案例。

即便如此，经历类似的创伤，不同人成年后的性格和行为模式依旧存在天壤之别。例如，同样遭受性侵，有的人抑郁甚至自杀，有的人用建设性的方式应对创伤，生活质量依然很高。

除了极端的成长经历，一些特殊的经历也会影响和改变一个人的性格。研究证实，职业和婚姻的作用不可忽视。俗话说：男怕入错行，女怕嫁错郎。补充上另一句就完整了：女怕入错行，男怕娶错妻。

基因与环境的交互作用据说有三种方式。第一，具备某种基因的人选择并创造环境，例如，攻击性强的基因会选择竞争性的环境，并且这些基因携带者的敌意会引发周围人的敌意，从而让环境变得充满敌意。第二，父母不仅传递基因而且替子女选择环境，例如，孟母三迁，可能

---

① McGue, M. & Bouchard Jr, T. J. Genetic and Environmental Influences on Human Behavioral Differences

孟子的母亲把自己"好好学习"的基因传递给了孟子，而且帮他选择合适的环境。第三，环境会对不同基因产生不同的反应，例如，长得丑被吼，长得美被宠。

基于我所知的研究结果，我认为基因对人的智力和性格形成的作用占70%，成长经历的作用占20%。这两种力量就已经说明了一个人目前智力和性格的90%。

第三种力量：自由意志

一个成年人，其基因无法改变，成长经历亦无法改变。更可怕的是，这两样所共同塑造的智力和性格，将极大影响一个人现在的选择。当一个人成熟到一定程度，他会反思：我是谁？我要去哪里？自由意志，真的对未来之路的选择有影响吗？如果有，这个影响有多大？这个问题，哲学和心理学界争论不休，我也没有答案。

斯金纳认为自由意志是一种错觉，我们往往以为我们在做某个决定的时候用的是自由意志，其实我们过去的经历使我们注定要这么决定。实验发现，当一个人在意识到他决定行动之前，大脑皮层的相应部位就已经有了神经活动。这种现象叫作"准备电位"（Readiness Potential），是一种无意识蓄势待发的状态。1964年，神经科学家科恩胡贝尔（Kornhuber）和德克（Deecke）发现，人在有意识做出动作前约1秒里，大脑运动皮层会产生缓慢负向脑电波（EEG信号）。20世纪80年代，神经科学家本杰明·利贝特（Benjamin Libet）用准备电位证明大脑无意识活动先于主观决策，挑战了传统自由意志。

器质性病变给人性情造成的变化让人无法相信自由意志，而不得不倒向机械唯物论：一个性情温和的人，会因为脑部的一个瘤子而变得暴虐；一个性情暴虐的人，也会因为脑部的一个瘤子而变得温和。如何变化取决于瘤子的位置。国内外精神病学教科书上都有这样的案例。例如，一个四十多岁的人本来好好的，从某一天开始就突然变成色狼，不仅骚扰周围的异性，甚至对自己的孩子也蠢蠢欲动。他仍然有是非善恶的判断力，但他完全无法控制自己的冲动，只求眼前的满足，而不计后果。后来，医生发现他脑子里长了瘤子，就切掉了。然后他一夜之间就又回到好人状态。过了一段时间，他老毛病又犯了，去医院一检查，他脑子里的瘤子又长出来了，于是再手术，切掉瘤子之后，他又变成好人。医学界认为，脑瘤让他丧失了对性冲动的控制。

前面说到，创伤会改变大脑回路，但是现在有些学者和治疗师所倡导的神经重构（Neuroplasticiy）也不无道理。神经重构就是通过心态的调整和积极的活动改变神经回路，他们称之为重新布线。这是人类自由意志的曙光。

科学家们一直在神经系统中寻找快乐中枢，但是找不到。可能快乐在大脑中并没有一个特别的位置。2015 年日本的研究者通过核磁共振（MRI）发现，快乐的人的楔前叶的灰质比一般人厚，但这又如何呢？媒体开始夸大地报道，说快乐中枢被找到了。随着科技的进步，人类迟早会操纵记忆、梦境，以及情绪和心境。人类知道自己想要的是幸福，当人类可以通过操纵自己的神经系统并不以健康为代价来实现无条件幸福的时候，也许自由意志才会真正实现。

在三种力量之间，生物学派最看重基因的作用，行为主义学派最看重成长经历。精神分析和认知学派则在两者之间。行为主义学派和生物学派虽然对立，但是都支持决定论，都否定自由意志的作用。只有人本主义心理学最看重自由意志。自由意志是人本主义心理学的核心概念。20 世纪中叶，作为对当时盛行的精神分析和行为主义（这两个学派之间也互相掐架）的反叛，人本主义号称自己是心理学的第三势力。亚伯拉罕·马斯洛（Abraham Maslow）和卡尔·罗杰斯（Carl Rogers）是人本主义的鼻祖。马斯洛认为，人只要满足了基本的生理需求、心理需求，以及社会需求，就会有一种发挥自己生命潜能的动力，这种动力叫作自我实现。他研究的自我实现者，都是名人中的大好人：甘地、马丁·路德·金、林肯、爱因斯坦……包括我在内的很多人都认为马斯洛过于浪漫了。第一，他把这些人理想化了，这些人也是人，也有人性的弱点和丑恶。第二，这些人之所以取得举世瞩目的成就，很大程度上是个人与环境交互作用的结果，并非一定是自由意志所致。

罗杰斯是个心理治疗师，他提出以治疗对象为中心的治疗理念，强调自由意志的作用。他认为，如果我们强调决定论，那么个人就不必为自己的行为负责。他让我想起克林顿把自己的好色归咎为童年经历。其实，决定论，并非逃避责任的借口。目前的司法中有一个备受争议的地方：如果证实一个人有精神病，这个人就可以减轻或免于刑事责任。这在很多人看来是一种很荒谬的逻辑。心理学家发现，一个人在七八岁的时候，从他的行为表现中我们就可以预知他将来是否会犯罪。但是，我们不可以因为预测的准确率高就限制他的自由。作为一个决定论者，我认为精神病患者，也应该为自己的罪行负全责。

假设性结论：基因和成长经历比主观能动性更能够造就人的个性，但是这些对于每一个人来说都是已经逝去的历史，我们唯一可以把握的，是我们仅有的一点点可做选择的自由意志。

戴尔·卡耐基（Dale Carnegie）的书 How to Win Friends and Influence People，书名直译的意思是"如何赢得朋友和影响他人"，被翻译成书名《人性的弱点》，但里面根本没谈人性的弱点。休谟的《人性论》也没怎么谈人性，至少不像心理学者那样谈人性。我们看了马斯洛关于人性的理论（需求层次），觉得对人性的认识有了顿悟，回过头去看休谟的《人性论》，会觉得不知所云。

人类的自尊心受到过四次打击。达尔文告诉人类，人类其实跟其他动物很接近。这是人类自尊心受到的第一次打击。哥白尼告诉人类，地球并非宇宙中心，它围绕太阳转。这是人类自尊心受到的第二次打击。弗洛伊德告诉人类，人的行动大多源自无意识，特别是本能冲动。这是人类自尊心受到的第三次打击。现代天文学对宇宙进行了观测，仅仅人类能够通过仪器（费米伽马射线太空望远镜）而间接感知到的宇宙（光线狂奔457亿年的半径）就有至少两万亿个星系，行星的数量远多于恒星。这只是我们能够间接感知到的宇宙，天外有天，我们就无法想象了。人类太自恋了。诗人屈原对着天一口气问了一百多个问题（《天问》）："上下未形，何由考之？冥昭瞢暗，谁能极之？"这些问题自然科学和社会科学可以回答一些，剩下的许多问题则无法回答。据说宇宙源于约138亿年前的大爆炸。科学和宗教在本体论上其实很像。宇宙之大，再一次让人类感觉到自身的渺小。这是人类自尊心受到的第四次打击。

人类的很多痛苦都源于太把自己当回事儿。所以，当我纠结的时候，就看看天空，或者看看NASA拍到的宇宙星辰的照片，瞬间觉得没什么值得纠结的。

自由意志的第一个障碍：生理脆弱

第一点，我要说的是，人的体能很弱。

君主的权力至高无上。可是权力不代表体力。有个国君居然淹死在厕所，他就是春秋时代的晋景公。《左传》记载：晋景公"将食，涨，如厕，陷而卒。"这充分展示了古汉语简洁的特点。对这一事件的解释无论怎么复杂，都可以并入两类：阴谋论和体能论。自杀是不可能的，即使是普通人也不会选择投粪池自尽，何况是一国之君。他杀则有可能。我们姑且相信《左传》，先排除阴谋论，然后就剩下体能论了：人的体能很弱。晋景公当时突发心脏病，或者真的就是淹死在厕所了。无论他是病死的还是淹死的，我只感到人的体能的确很弱。

纵观动物界，我们发现人类可能是地球上体能最弱的动物之一。先说奔跑吧，论速度，我们的速度几乎是哺乳动物里面垫底的水平。你看熊，笨笨的样子，但是我们跑不过熊。我们甚至跑不过猪。猪跑起来的平均速度略高于人类。我们只能跑得过一些小型啮齿类动物，如老鼠、松鼠等。

再看看我们跳跃的能力。我们跳不了多高。跟身高相比，我们跳跃的高度还不如老鼠。飞人乔丹跳起来可以悬空一两秒，这已经是人类的极限了。世界最高跳高纪录是 2.45 米。这个纪录的创造者是古巴人哈维尔·索托马约尔（Javier Sotomayor），他的身高是 1.94 米，这个纪录比他自己的身高多出约 26%。一般人顶多跳到自己身高的高度。

人类短跑不行，弹跳不行，人类最厉害的运动能力是长跑。远古人类想吃肉怎么办？进行长跑，追猪和追羊，追到它们跑不动为止。这是进化生物学家丹尼尔·利伯曼（Daniel Lieberman）和丹尼斯·布兰布尔（Dennis Bramble）的观点。他们认为，人类的身体结构有很多适合长跑的地方，其中遍布全身的汗腺在动物界绝无仅有。高度发达的汗腺让人类充分散热不至于体温过高，这样人类就可以一直跑下去。有研究者将猎豹放在跑步机上，发现只要猎豹的体温升到 40 度，猎豹就躺倒，不跑了。

跑是不是一种本能？我认为，对人类以外的大多数哺乳动物来说，是的。对人类来说，我不敢肯定。就说跑步这项运动吧，很多教练和专家都在教人们正确的跑步姿势。天哪！在没有教练和专家的动物世界，动物们怎么活？你见过不会正确奔跑的健康的猫吗？很多人因为跑步姿势不对，而越跑越不健康。而跑步姿势正确的专家，其跑步的结果又如何呢?

20世纪80年代,跑步畅销书《跑步全书》的作者詹姆斯·菲克斯(James Fixx),大力宣扬跑步能治疗心脏病。结果他52岁时死于跑步中心脏病猝发。他父亲就是因心脏病死的,好多病都遗传。

论战斗力,一只成年黑猩猩的平均身高只有1.2米,平均体重在80到120斤之间,我估计其战斗力抵得上几个成年男人。20世纪20年代,生物学家约翰·鲍曼(John Bauman)测量过,其号称黑猩猩胳膊拽东西的力量是人类的4到8倍。20世纪60年代,人们发现虽然没那么夸张,但是黑猩猩的力量是人的2倍。吃素的大猩猩的战斗力比杂食黑猩猩的战斗力大多了,但是它偶尔会被花豹吃掉。在地球上,人类凭脑力可以所向披靡,但是凭体力却打不过太多动物。

据《科学美国人》(Scientific American)介绍,灵长类研究者弗兰斯·德瓦尔(Frans de Waal)认为,野生的黑猩猩其实惧怕人类,因为它们不了解人类。但是被人类饲养的黑猩猩了解人类,它们知道人类比它们弱很多,所以,不时会出现黑猩猩袭击人类的报道。黑猩猩一般会从笼子里袭击笼子外面的人,咬断他们的手指。很多研究黑猩猩的学者失去了手指。

人类直立行走是个了不得的事,据说这样的姿势解放了双手,让双手变得更灵活,同时刺激了大脑的进化。直立行走的代价不菲,颈椎腰椎表示很无奈。人类从年轻的时候开始颈椎就不好了,其他动物的颈椎保护得比较好,可能是因为其他动物的脊柱是横着的,人类的脊柱是竖着的。还有关节,其他动物的体重分布在四肢上,人类的体重都压在了两条腿上。

根据瑞典著名脊椎专家阿尔夫·纳彻姆森(Alf Nachemson)的研究,椎间盘承受的压力,如果以站立为100的话,那么在仰卧姿势时其后力只有25。图中,从左到右的姿势分别是:仰卧、侧卧、站立、站立前倾、站立前倾提重物、正坐、随意坐、坐提重物。所以，人体很脆弱，没事儿最好躺在床上，两眼看着天花板，思考问题。

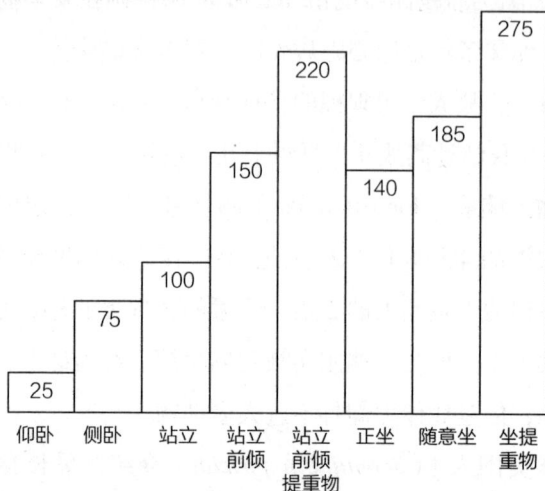

人类各种姿势对椎间盘压力的对比

　　根据治疗师的说法，持续做提重和扭腰动作的人，基本上其腰背都会受到损伤，后果非常严重。我目睹过很多身强体壮的男人在干活儿的时候只敢搬很轻的物体，可以肯定，体力劳动伤身体。

　　我有一个耸人听闻的观点：运动伤身。我本人及身边运动达人的经历，可以作为运动伤身的证据。大多数人都会同意运动有害，但是他们假定那是运动方式不当的结果。而我认为，无论运动方式是否得当，运动在本质上都会伤身。根本原因有两个：第一，运动具有反复使用个别肌肉、骨骼、关节和器官的本质特征。第二，哪怕借助最先进的仪器，我们也很难判断运动多少是恰当的、运动多少是过量的。运动虽然有诸多好处，但是绝大多数运动项目几乎不可避免地会造成急伤或慢性伤，或者诱发疾病。

　　运动到底是利大于弊，还是弊大于利？这个问题不容易回答。理论上，适当运动是有好处的。但是一般人很难做到适当。内行人会教我们在运动前要做准备活动，运动后要做拉伸活动，以防止肌肉、关节和韧带损伤。跑步机也会根据年龄建议我们把心率控制在安全范围内。但这些并不能确保我们可以避免运动带来的伤害。根本原因在于我们不了解自己的身体，我们的大脑与身体之间的沟通并不通畅。当身体向大脑发出抗议的信号的时候，往往已经太晚了。记住：人体的所有零件都是有使用寿命的，心脏能跳动多少次，关节能转动多少次，牙齿能咀嚼多少次，可能都是有上限的。运动健身，往往超出了自然状态下的活动量，因而可能弊大于利。当然，这是少数派的意见，支持这一观点的研究数据不如支持相反观点的研究数据多。

基于我们对人体脆弱的认识不足和对健康长寿的向往，运动健身的作用被夸大。关于运动健身对健康的负面作用的文献非常有限，而且局限在运动过度和短期负面作用上，对于运动健身的长期负面作用研究很少。专家的意见往往是，运动所带来的伤害是由运动的方式不当和运动过量所造成的，或者因为健身项目与个人身体素质不匹配，给人体带来伤害。而很少有人全面否定运动健身对健康的积极作用。

也许，人类的设计寿命不长，如果是二三十年的话，那么，一个四五十岁的人等于一辆应该报废的车，一个七八十岁的人被各种病缠身就是可以理解的了。如果人类的设计寿命是 100 岁，那么可以说人体的各个部件都没能完好地陪伴人体走过生命周期。如果人类的设计寿命真的只有二三十年，那么人类就是一个一次性用品而非耐用品。如果人类的设计寿命真的长达 100 岁，那么人体的耐用性极低。人体只在生命周期的很短的一个时间段之内处于正常运转的状态，其余的大部分时间都处于待修状态，这是一个失败的设计。

总之，人类的体能很弱，但是人类的身体绝非一无是处。我们有三大法宝：手、汗腺和长寿。

人类的手的灵活程度，在演奏乐器中得到完美的体现。汤米·艾曼纽（Tommy Emmanuel）是个典型代表。他一个人持一把吉他在演奏，如果你不看只听，你会觉得你听到的是一个乐队在演奏。

第二点，我要说的是，人类的智力局限。

人类的大脑发达。大脑可不是一个节能的器官，它的重量只占体重的2%，其消耗的能量却占了20%。人脑有一道"防火墙"：血脑屏障。"脑子进水"其实是很不容易的。而且脑子越用越灵，经常用脑有可能延年益寿。数据表明，受教育程度越高，预期寿命越长。这背后的因果关系还是个谜。

因为人类拥有可傲视其他动物的大脑，人类才好意思自称"万物之灵"。不过，如果不跟其他动物比，而是跟想象中的外星人比，或者跟大自然给人的挑战比，那么人类的智力极其有限。

人类的注意力不集中。课堂上，如果老师只用一种表达方式讲述一个话题，那么同学的注意力只能维持20分钟左右。互联网时代，此现象更加恶化。

再说人类的记忆力：短时记忆和长时记忆。关于短时记忆的容量，早期的心理学研究发现了神秘数字7，说的是：人的短时记忆只能记住7加减2个（即5到9个）左右的基本单位。如果不经常在脑子里复述，就会瞬间遗忘。有研究[1]貌似颠覆了这个结论：神秘数字不是7，而是4，4加减1（即3到5个）。

人类的长时记忆比较稳固，但是会无意识地被加工，甚至扭曲。所以在法庭上，人证不如物证，一是因为人有可能故意作伪证，二是因为人的记忆靠不住。俗话说：人类一思考，上帝就发笑。我大概知道他老人家在笑什么。

---

[1] Cowan, Nelson. The magical number 4 in short-term memory: A reconsideration of mental storage capacity

科学和技术的确强大到可以用来提升人类的幸福感，却没有强大到可以认识宇宙和生命的本质。在牛顿之前，人类不知道万有引力；在爱因斯坦之前，人类不知道宇宙居然可以"无中生有"。从《无中生有的宇宙》[①]中我了解到，爱因斯坦认为，量子理论否认了经典物理学中的因果关系。我的感悟是，也许人类感受不到的那些才更重要。

科学的历史也是人类逐渐克服愚昧的历史。镭饮（Radithor）是一种在 20 世纪初卖得很贵的放射性"健康"饮料，主要成分是镭，广告宣传能治很多疾病，甚至能延年益寿。这种具有核辐射的东西危害巨大，可是科学家（包括物理学家、化学家，镭的发现者，诺贝尔奖得主居里夫人）不仅不知道它只有危害，而且还觉得它可能对身体有益。最惨的受害者之一是美国创二代埃本·拜尔斯（Eben Byers），此人很有运动天赋，高尔夫球打得非常好，受过很好的教育，于耶鲁大学毕业。他有一次坐火车摔了一下，一个哈佛大学辍学的江湖医生建议他饮用镭饮，他就喝上瘾了。在不断的自我心理暗示下，他觉得在喝了镭饮之后，身体健康有了改善的迹象，于是开始安利别人喝。很快，他放射性中毒严重，于1932年去世，享年51岁。

听完镭饮的历史之后，你还敢不敢相信科学家背书的健康食品？

科学不是真理，而是探求真理的系统方法。所以不可迷信科学。然而，科技的发展的确改善了我们的生活质量。所以，我宁可做当代的普通人，而不做古代帝王，原因很简单：古代帝王牙疼了只能忍着，天热了只能让人扇扇子，避暑可以，行路难。我们的舒适得益于科技的发

镭饮

---

① 《无中生有的宇宙》（*A Universe from Nothing*）作者：劳伦斯·克劳斯（Lawrence Krauss），2012 年出版。

展，我们的好奇心也得到了一定程度的满足。人类不仅去了月球，而且把探测仪器送上了火星。然而科技的无力感依然明显。科学无法彻底解释宇宙和生命，这让很多哲人陷入不可知论。

现代医学的确成就斐然。有三件事让现代人很幸福。第一，医学可以急救，只要及时抢救，就可能挽救生命。第二，冰冻三尺非一日之寒，一些病痛在一日之间就可以消除。例如蛀牙（龋齿），去看一两次牙医就解决了。虽然不能完好如初，但是牙在修复后用起来几乎跟原来一样。第三，医疗检验。及早发现的疾病更容易治疗。但是大部分疾病，现代医学既不知道病因，又不知道疗法。阿尔茨海默病就是一例。医生们只能看着患者逐渐失去记忆，失去理性。狂犬病是死亡率最高的一种病，只要发病，百分之百致死，比艾滋病还要厉害。有些人得狂犬病，只是因为被疯狗（狂犬病毒携带者）舔了一下。有大量疾病，医生也无能为力。

在大自然面前，人类的无能为力特别明显。每一次自然灾害，似乎都是在提醒人类：要低调，低调！美国是经常发生自然灾害的地方，这也是美国人喜欢拍灾难片的原因。2017年末美国加州发生山火，美国人救不了，还是下了场雨扑灭的。日本的福岛核电站事故，既是天灾，也是人祸。日本的科技可谓发达，智慧勤奋的日本人有能力建核电站，却无力确保安全。

善于长跑的人类，为了走得更远和更快，先是骑马，然后发明了各种四个轮子的车，后来发明了飞机，比任何鸟类都更善于飞行。对比过去骑马时代的交通，可以说有天壤之别。过去书生进京赶考，路漫漫其修远兮。如今我们可以坐飞机出差旅行，也可以在网上周游世界，与世界对话。可是坐飞机出行还要看老天的脸色。

第三点，我要说的是，人类情感脆弱。

人毕竟是一种动物，我先讲两个经典的关于动物心理承受能力的实验。第一个实验的成果是一个概念，叫作"实验性神经症（Experimental Neurosis）"。生理学家巴甫洛夫实验室的狗，得神经症的原因很现实：世界是紊乱的。对于巴甫洛夫的狗来说，在铃声响起来的100次中，有50次是好吃的骨头，有50次是可怕的电击，而且每一次伴随铃声而来的是骨头还是电击，完全随机。于是狗就抓狂了，狂吠不止。巴甫洛夫称之为实验性神经症。正常的环境是有秩序的，所以，狗在正常的环境里面不会得神经症。

巴甫洛夫和他的团队，以及一只可怜的狗

当我们面对世界且无法理解、不知道该如何反应的时候，我们也会得神经症。我们所处的世界与巴甫洛夫的狗面对的实验条件有些类似，正如这几年存在的一个说法，叫作 VUCA（Volatility 多变，Uncertainty 不确定，Complexity 复杂，Ambiguity 模糊）。

第二个实验的成果是另一个概念，叫作"习得性无助（Learned Helplessness）"。美国心理学家马丁·塞利格曼（Martin Seligman）在幸福心理学中的贡献巨大，我在书中会再次提到他。他的实验是这样做的，实验分上半场和下半场。上半场：安排三组狗，第一组狗放在架子上固定一会儿放了，第二组狗和第三组狗，每两只一对儿，就像两匹马拉车一样处于共轭状态，一只狗被电击，另一只狗也会被电击，它俩是命运共同体。在第二组中，其中一只狗可以通过按压杠杆来停止两只狗所遭受的电击，而在第三组中的狗则没有这种通过按压杠杆停止电击的装置。下半场：三组狗都是一样的条件，笼子里有两个分区，被电击的狗可以跳到另一个分区从而避免电击。第一组和第二组的狗很快学会了逃避电击，第三组的狗则哀号不动。实验者赶都赶不走，诱惑也诱惑不动，看到别的狗的示范，第三组的狗也无动于衷。这种状态就是习得性无助。实验者把狗拽过来至少两次，第三组的狗才学会逃避电击。

人类也会遇到与这种动物实验类似的场景。有些事情，无论如何努力都很难做到；有些痛苦，无论如何挣扎都无法避免，久而久之，人们就会抑郁。

相对于其他动物，人类的情感更加脆弱。其他动物的脆弱来自现实，人类的脆弱不仅来自现实，还来自想象。这一点，在失恋中非常明显。我在下一章会详细讲到失恋。我只想提一句，心理学家乔丹·彼德森（Jordann Peterson）被认为是极其智慧之人，他对采访他的人透露了他情感脆弱的一面。他说，他本来是可以在哈佛大学拿到终身教职的，却因为当时无法专注于工作而错失良机。他的职业是临床心理学，他的工作是帮人从负面情绪中解脱，可是当他自己遇到情绪问题，有时也无法从中解脱。

杞人忧天，代表一类人。这类人烦恼的原因，只是想多了。

鉴于人类脆弱的身心，相应地有两种特性：懒惰和懦弱，与人性本弱配套。

自由意志的第二个障碍：心理脆弱

胆子小似乎是所有哺乳动物的共性。我不知道有什么哺乳动物不知道害怕。食草动物胆小，更不用说了。猛兽里面，勇猛的老虎非常谨慎。熊也很胆小。

怕一些东西是本能，至少进化生物学家戈登·奥利恩斯（Gordon Orians）这么认为。他在《蛇、日出与莎士比亚：演化怎样塑造我们的爱与恐惧》中列出人类与生俱来的六种怕：一、蛇；二、虫子；三、尖锐物体；四、豹斑；五、崎岖的地形；六、眼睛。

人类的胆子小有一些独特之处：怕得罪人，怕陌生的事物，怕变化，怕冒险。怕实际上具有必要的生存价值。不知道怕的人很容易陷入危险的境地。树大招风、枪打出头鸟，那些胆子大过头的人早早死去了，来不及传递他们的基因。胆子小的人反而活了下来，传递着胆小的基因。

据说世界上有一种罕见的病，由于杏仁核被损伤，患者感受不到怕，成为真正无所畏惧的人。

人们失去恐惧的本能还有一种原因，就是寄生虫感染，如果一个人脑子里有一种弓形虫，这个人就会非常勇敢。这种弓形虫如果寄生在老鼠体内，那些受感染的老鼠就不怕猫的气味，甚至喜欢猫的气味。

2005 年盖洛普在美国做了一个民意测验，调查了 13 到 17 岁的青少年，用开放式问题而非选择题，问他们最怕的东西是什么。前几个答案是：恐怖袭击、蜘蛛、死亡、失败、战争、犯罪、孤独、未来。其中一些东西的确符合人类的特有弱点：想太多。例如，失败、孤独、未来这三项。

精神病学将人类的恐惧分成三大类：社交恐惧（怕见人）、广场恐惧（怕很大的场子），以及特殊恐惧。维基百科列出了 120 多种特殊恐惧，每一种都有专门的术语，例如，怕外国人叫仇外心理（Xenophobia），怕动物叫动物恐惧症（Zoophobia），怕水叫恐水症（Hydrophobia），怕高叫恐高症（Acrophobia），怕血叫血恐惧症（Hemophobia）。这些都有具体的对象，还有杞人忧天式的怕，如怕老、怕胖，甚至怕幸福，学名叫快乐恐惧症（Cherophobia）。怕幸福这种心理障碍，源自一种个人的迷信，认为好事一旦发生，紧接着就会有坏事发生。

根据美国精神健康研究所的说法，每 100 个美国人中就有 8 个人有恐惧症。

恐惧症患者是少数，对损失的反感是人性。认知心理学和决策论发现，对于同等的价值，获得的快感远不如损失的痛苦强烈。例如，损失 1000 块钱的痛苦远大于获得 1000 块钱的快乐，而且这种损失造成的痛苦持续的时间长于获得快乐的持续时间。不求有功，但求无过，是人类共性。所谓喜新厌旧，也是对熟悉的事物和人而言的。例如，厌倦了旧的衣服和饰物，厌倦了旧的恋爱对象，新的衣服和饰物、新的恋爱对象，其实都不是陌生品类。

人性的懒惰和懦弱，构成了人性的保守。拒绝变革，拒绝新事物。

俗话说，好奇害死猫，其实对于人也是这样。在漫长的进化中，对陌生事物的恐惧和戒备这一保守基因，更具有适应性，因而被保存了下来。所以，保守是我们的天性。这种天性使我们稳健的同时，也让我们失去了大把机会。我们应该感激那些保留强大好奇心的极少数人。甚至有学者称，这个世界仅有的创造力基因，大多保存在精神分裂的人身上。

1876 年，美国一家做电报生意的公司叫作 Western Union。当时电话刚刚被发明出来，而 Western Union 的老总们有幸坐在一起，研究世界上第一部电话。他们得出一个结论：本质上，这种叫作电话的东西对公司没有商业价值。1876年，其失去了一个赚钱的好机会。

1962年，有一家公司叫作 Decca Recording，率先拿到了甲壳虫乐队的唱片，但其不喜欢甲壳虫乐队的声音，而且认为吉他音乐已经处于消亡状态，就把甲壳虫乐队拒之门外。1962年，其失去了一个赚钱的机会。

1977年，有一家叫作 Digital Equipment 的数码设备公司，创始人说了这样一句让现在的人发笑的话。他说："我没有理由相信哪个傻子会愿意在自己家里面放一台电脑。"1977年，其失去了一个赚钱的机会。

再举一个行李箱的例子。轮子已经被发明了几千年了，可是直到最近二十年，才开始有四个轮子的行李箱。之前几十年都是两个轮子的。四个轮子的行李箱，谁用谁说好，可是一开始推出的时候，用惯了两个轮子行李箱的我，对四个轮子的行李箱嗤之以鼻，以为是画蛇添足。

自由意志的第三个障碍：懒惰

我有一个观点：人性脆弱导致人性懒惰。这符合进化论：懒惰具有适应价值。因为人性本弱，如果人不懒惰，就会伤害自己。就像有些人天生丧失痛觉导致很容易受伤一样，累是身体给大脑发出的信号：该休息了。懒惰是人的自我保护机制，使人免得累死。正因如此，人类可以自杀，却不可能真正累死。那些极少数把自己累死的人，属于过劳死。例如，玩游戏上瘾的人，会诱发本来就有的疾病。所谓的过劳死，也是由于过于劳累，而诱发了本来就有的疾病。

很多方便生活的发明，也是源自人性本惰。懒惰的人类有了洗衣机还不够，还要有洗碗机。

人性本惰的定义是：不做事情，除非这个事情有眼前或未来的回报。做事情是要消耗能量的，人类似乎只愿意把能量消耗在有趣或者有意义的事情上，例如，游戏。

睡眠，是我所知的对健康最重要的事情，没有之一。睡眠障碍是一种严重的本能缺失，当一个人丧失了睡眠的本能时，他就丧失了健康的最后一道屏障。

在远古时代，人类如果没事儿瞎忙，那么一旦需要狩猎或者战斗，身体就不会处于最佳状态。没事儿养精蓄锐，有事儿一鼓作气，是那个生态环境下的最佳策略。其实，几乎所有哺乳动物都很懒惰，没事儿就躺着眯着。但是在现代社会，我们要为了长远目标努力工作，从小时候的十年寒窗，到长大之后的成家立业，都要勤勤恳恳，持之以恒。人类懒惰的本能的适应价值有所下降。

拖延症是人性本惰与人的上进心之间妥协的产物。理性要求我们开始努力工作，本能却拖我们的后腿。于是，我们开始纠结。有人拖到最后理性战胜本能，就开始工作。有人拖到最后本能战胜理性，就放弃目标。

动脑特别累。知识工作者一天的工作时间为 8 小时，实际上真正有生产力的时间也就 1 到 3 个小时。人类不仅懒得动四肢，更懒得动脑。大多数人宁可消耗体力也不愿意消耗脑力。

为什么动脑让人感觉很累呢？因为认知活动特别耗能。即使在不思考问题的静息状态，大脑也很耗能。在进行复杂的认知活动时，大脑就更加耗能。人脑是个奇特的器官。人脑的质量约占人体重量的 2%，但是它耗的氧却占全身血氧消耗的 20%。特别是在神经元之间的信号传递和信息处理过程中，能量需求非常大。脑细胞在缺氧或葡萄糖不足的情况下，可能会迅速受到损伤，因此大脑对氧气的需求非常大。

长时间动脑，会让大量的谷氨酸堆积在大脑的外侧前额叶皮层。谷氨酸的堆积是一种预警信号，让大脑处于自我保护状态。疲劳感、厌倦感由此产生，让思维活动终止。法国神经科学家安东尼乌斯·维勒

（Antonius Wiehler）和他的同事们在 2022 年发表了一个实验研究报告，他们发现，脑力活动在持续 6.25 小时之后，完成较难认知活动的那组实验者和另一组完成较简单认知活动的实验者相比，其外侧前额叶皮层中的谷氨酸浓度更高，瞳孔放大的量变小（瞳孔放大是认知努力的表现），其更多选择眼前的奖励（马上拿走 40 美元）而不愿意等一段时间获得更大奖励（两个星期之后拿走 50 美元）。意志力的核心要素是延迟满足——忍着不满足眼前利益而争取未来的更大利益。这个实验实际上说明人们在烧脑之后，累了，不想再努力了。意志力不够用了，人们就开始及时行乐。

二

人性本色

弗洛伊德是对的。色是人性的本质。

最色的三种动物不如人色

根据目前人类积累的动物行为学知识，地球上最色的三种哺乳动物是：倭黑猩猩、海豚、兔子。我不信神创论，连进化论我认为也只是一种理论，所以我也不迷信进化论。我只相信，大多数现象应该有它存在的意义。好色有它存在的意义。

兔子作为多种文化中的生殖图腾，兔子很好色。《花花公子》用兔子代表自己。兔子跟绝大多数鸟类和哺乳类动物不同，其他动物的发情期很短，兔子的发情期却很长，每 16 天中有 14 天都处于发情状态。雌兔（还有猫、雪貂、骆驼）排卵的机制是受到交配的刺激，而人类（还有猴、鼠、羊）的排卵是激素的作用。雌兔只要交配，就会排卵，一年下来，兔子们忙于交配、怀孕、生子。在天气好的地区，兔子一年生七八窝。澳大利亚本无兔，曾有好事者弄来一批兔子，因为兔子在澳大利亚无天敌，所以如今澳大利亚已经兔子成灾，其数量最多的时候达到100 亿只。

兔子的天敌特别多：黄鼠狼、雪貂、獾、浣熊、狼、狐狸、野狗、家狗、家猫、猞猁、美洲狮、蛇，以及各种鹰之类的食肉猛禽。地面上和天空中几乎所有想吃肉的动物都可以吃到兔子。原因主要是，兔子很容易被吃到。兔子是战斗力和防御力都极差的食草动物，虽然视力、听力、速度、跳高、跳远很棒，但是兔子没有力量、没有铠甲、没有犄角、没有胆量，智商也低。兔子很容易被天敌吓死，如果把兔子放在笼子里，笼子外面有一只狐狸想吃它但是进不了笼子，很快兔子就会因为惊吓而死。

兔子预防天敌的主要方式是隐藏。这样说来，胆子小对于兔子来说可能是个优点，那些胆子大的和觉得世界很大想到处看看的兔子，基本上早早死去了，来不及传递基因。如果被天敌发现，它们就沿折线逃跑，因为它们的速度等于猫，远低于狐狸。

兔子的生殖活动频繁，是为了不断繁衍后代，用数量抵抗大量被捕猎的损失。结论显而易见：**兔子好色有助于种族延续。**

海豚和倭黑猩猩都是智力极高的哺乳动物。而且，这两种动物具有非常高的社会性。

海豚频繁出现不以生殖为目的的性行为，研究者认为其作用是娱乐和建立、维护关系。海豚的性行为也会出现在同性之间。

倭黑猩猩的通用英文名是 Bonobo，学名是 Pan Paniscus。在中文里面，黑猩猩（Chimpanzee）、大猩猩（Gorilla）、红毛猩猩（Orangutan）、倭黑猩猩都是猩猩；在英文里面，三者是不同的词。人类最早发现的是黑猩猩，然后是红毛猩猩（18 世纪），过了很多年才发现大猩猩（19 世纪），最晚发现的是倭黑猩猩，到 20 世纪 30 年代才发现。

倭黑猩猩长得跟黑猩猩有点像，但是体格更小，体型更加修长，特别是腿比较长，按照人类的审美标准，应该是已知猿类里面最好看的。最值得注意的是，这种动物的社会行为非常另类。雌性虽然比雄性块头小，但地位较高，群落的组织方式以几只雌性为核心。最奇特的是，倭黑猩猩的性活动非常活跃。倭黑猩猩的同性恋是普遍现象。动物行为学家发现，倭黑猩猩通过性行为缓解焦虑、化解冲突、增强关系。它们的性行为实际上是彼此问候的一种方式。它们没有固定的性伴侣，彼此也不争风吃醋，群交很普遍。不仅对内部成员，它们对部落外的陌生倭黑猩猩也用性行为来相互认识，表达善意，如果换成黑猩猩，那就要干一架，甚至杀掉陌生者。

美国 20 世纪 60 年代的反战口号"做爱不作战（Make Love, Not War）"是倭黑猩猩精神的写照。虽然沉溺于交配，但倭黑猩猩的生育率，并不比黑猩猩高。倭黑猩猩把交配当成实现和谐的主要方式，所以，**倭黑猩猩的好色有助于社会稳定。**

人类比兔子好色，比倭黑猩猩好色，人类是地球上最好色的动物，没有之一。兔子有发情期，这意味着兔子在不发情时对于性没有兴趣。海豚和倭黑猩猩虽然也有发情期，但是它们经常交配，它们的交配与其说是纵欲，不如说是一种沟通。单纯以享受快乐为目的的性行为乃人类独有。

生命不息，好色的人类，比起兔子和倭黑猩猩，受到太多大自然的恩赐：人类有安逸的生存条件，没有天敌，衣食无忧，所以人类好色具有更便利的条件。人类很早就学会了避孕，可以在享受性快乐的同时免除生育的负担。尽管如此，人类依然有意克制性欲。这就是人类伟大的地方。种族繁衍毫无压力，人类最大的天敌是人类自己。人类的战争比任何其他物种的战争都残酷且频繁，因而人类成立了法庭和联合国，用法律和谈判的方式化解冲突。

对于人类色情的意义，弗洛伊德给出一个答案。他认为：没有性压抑，就没有人类文明。他表示，性是人类的基本动机。耶鲁大学的心理学教授保罗·布鲁姆（Paul Bloom）说，人类的行为驱动来自性，人类最喜欢的活动是性。

人性本色的意义是人类文明。男性追求个人成就，就像雄性孔雀开屏，是吸引异性的手段。雄性孔雀巨大而美丽的尾巴，对于生存毫无价值，而且还影响它逃避天敌。这个问题着实困扰着动物行为学家。至少目前，我们不知道这种吸引异性的雄性特征到底有什么用。再看看昆虫。昆虫的求爱方式虽然多，却不如人类的求爱方式更有建设性。昆虫的求爱方式有唱歌跳舞（非常文艺），有触碰（动手动脚），有性外激

素（自带催情香水）。但是最有趣的
是昆虫求爱的彩礼。有些品种的虫子
不带彩礼就想交配，交配之后被雌性
吃掉，那是拿自己当彩礼献身了。有
些品种的虫子将食物包装起来作为彩
礼，有些品种的虫子将不能吃的东西
包装起来作为彩礼，有些品种的虫子

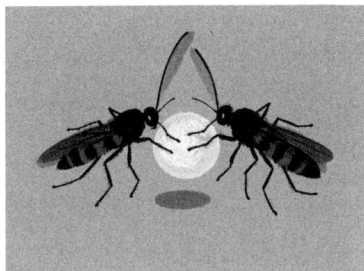

昆虫求爱的彩礼

用分泌物做成一个球作为彩礼。而人类呢？男人用硬技能、发明创造、
名誉、钱财、地位赢得女人的青睐。只要社会的规则是良性竞争，那么
人类的求偶过程无疑促进了文明的进程。

女性选择男性的标准，引领人类进化的方向。如果女性选择强壮的
男性，人类进化的方向就是越来越强壮；如果女性选择智慧的男性，人
类就会越来越智慧；如果女性选择体贴的男性，人类就会越来越善良。
米勒对这个观点有很好的解释。[1]

有没有发现，食色性也，待遇不同。食和色都是人的本性，但是社
会给这两样本性的待遇不同。食可以随便，色不可以随便。

聚餐合情合理，聚色按照中国法律属于妨害社会管理秩序罪。《中
华人民共和国刑法》第三百零一条规定：聚众进行淫乱活动的，对首要
分子或者多次参加的，处五年以下有期徒刑、拘役或者管制。

从荒淫的历史片段来看，人类压制性欲，好像有好处。古巴比伦淫
乱过，古罗马淫乱过，很多史学家都觉得这两个文明的终结跟放纵性欲
有关。

弗洛伊德说，欲望被压抑、压制，再放纵的男人，西方如唐璜[2]，

---

[1]　Geoffrey Muller, The Mating Mind: How Sexual Choice Shaped the Evolution of Human Nature
[2]　唐璜（Don Juan），西班牙传说中的经典人物，是位好色美男，是文艺作品中"情圣"的
　　代名词。莫利纳、莫里哀、拜伦、莫扎特、萧伯纳都有关于唐璜的作品。

风里画在镜子背面的素描：
弗洛伊德与罗丹雕塑

东方如西门庆，也不得不有所收敛。能量还在，就需要释放在某些地方，例如，文艺、科技、商业、政治领域。用社会赞成的方式释放性的能量，叫作升华。弗洛伊德的理论告诉我们，人类文明，在很大程度上要归功于社会对性的限制。所以，人类色情，准确地说，是人类对性欲的抑制和升华，直接促进了个人成就，间接促进了人类文明。而个人成就的获得，会平添个人性的吸引力。个人成就相当于孔雀的美丽尾巴，孔雀开屏是吸引异性的利器，人类的开屏是在成就个人、造福自己的同时，造就人类文明。

人类好色的意义在于，通过升华加速以科技和艺术为代表的人类文明进程。

失恋为什么痛苦？

爱情是人类所独有的一种现象，它之所以独特，是因为它把情欲上升为一种概念。可以说，爱情是一种概念化的性欲。概念化的性欲又成为文学和艺术的基石。这种概念化让性欲的满足者更幸福，同时，让性欲的受挫者更痛苦。失恋是人类所独有的极为深刻的痛苦。很多心理性的性功能障碍，如阳痿和性冷淡，都是概念化的副产品。例如，把本能概念化为一种能力，把性作为一种证明自己的过程，此类概念化会促进或者妨碍性本能的发挥。

本能的事情想多了，会造成概念化的副作用。厘清三条情感线，有助于缓解这种痛苦。心理学家关于爱情的理论大同小异。罗伯特·斯滕伯格（Robert Sternberg）勾画了恋爱和婚姻关系中的三条情感曲线。

第一条曲线是激情（Passion），说穿了就是性的吸引与相互的理想化交织，伴随着不安全感和迷恋；

第二条曲线是亲密（Intimacy），或者叫手足情，字面意思就是你的手对你的脚的感情，心理距离很近；

第三条曲线是承诺（Commitment），这是想一直在一起的愿望。

三条曲线的走势不同：激情来去匆匆，而亲密和承诺则与日俱增。文学中爱情的主要成分是激情。所以，绑定爱情的婚姻必不能稳定，我称之为"好莱坞影星模式"——随激情的消长而结婚、离婚，生命不息，折腾不止。就算不离婚，视爱情为食物和氧气的文艺青年，往往禁不住婚外恋情的诱惑而出轨或离婚。激情受荷尔蒙的控制，荷尔蒙的作用平均持续约 18 个月。

男女关系因三种成分的含量不同而显得独特。正如一些动物一直无法在竞争中获得交配权一样，在生理素质、心理素质、社会经济地位都乏善可陈的两个人之间，产生激情的可能性不大。

男女关系在不同时期，三种成分的含量也会不同。热恋阶段激情很高，承诺次之，亲密相对最少。养育子女阶段，承诺最高，亲密次之，激情降至最低。子女是承诺的最强体现，这在离异的男女之间特别明显。在老夫老妻阶段，主要是亲密在起作用，故称"老伴"。第二、第三条线加在一起使得两人的关系更像亲情。所以，离婚的双方往往彼此挂念，对方过得好就嫉妒，对方过得不好就心疼。

听从本能召唤的人会放弃激情不再的关系，这导致对方失恋和自己内疚。执迷于概念的人会借助亲密和承诺这两条与日俱增的曲线，长久维系关系。

玩概念是人类失恋和不幸的根源。失恋的痛苦源于概念——爱情。以诗人裴多菲为代表的人真心认为，爱情比生命更加重要：生命诚可贵，爱情价更高。就像卡朋特乐队的老歌唱的那样，失恋的人不明白：为什么太阳照常闪耀。

Why does the sun go on shining？（为什么太阳照常闪耀？）

Why does the sea rush to shore？（为什么海浪依然拍岸？）

Don't they know it's the end of the world？（难道它们不知道这是世界末日吗？）

Cause you don't love me anymore？（你不再爱我不就是世界末日吗？）

即使动物有失恋心理创伤的话也会瞬间恢复。脑补一下，在争夺雌性中败下阵来的雄鹿，它甩一甩犄角，黯然离去，寻找下一个机会，或许它在这一个交配季节一无所获，又如何呢？这种挫败，不过像我们人类错过一个航班一样，无奈，但没有太大伤害。我们不会为错过一个航班而哭泣，雄鹿也不会因为输掉一场配偶争夺战而郁闷一个季节。

人类的失恋是一种创伤体验。这种深刻的痛楚源于自我概念遭受碾压：因为他不爱我了，所以我不可爱。这种概念的修正泛化到各个生活领域，借助各种负面情绪而得到强化，形成恶性循环，使人不能自拔。

最可怕的是，个别人因为一次失恋，就非某人不娶、不嫁，终生等待，就算意中人已经结婚，还是执迷不悟。这是为一个概念献身。这个概念就是爱情。有人甚至为了这个概念自杀。西方有罗密欧与朱丽叶，东方有梁山伯与祝英台。爱情对于殉情者而言，是一种莫大的荣誉。

恋爱脑

中国的四字成语往往一词道破人性。色令智昏这个成语，就很有含金量。它说的就是恋爱脑。有研究发现，智力特别高的青少年做爱少，因为他们不太主动发起性事。[1]

广义的智商概念包括三个要素：第一，基本认知能力（相当于 CPU 和内存）；第二，人际认知能力（相当于应用软件）；第三，自我管理能力（相当于自我诊断修复系统）。狭义的智商，就是第一个要素：适应环境的大脑的认知功能。生理——心理状态（相当于电源和工作环境）决定着智商的发挥。有些状态会让人超水平发挥，有些状态则让人显得弱智。

谈恋爱对智商的影响最大。恋爱是把双刃剑。一个人谈恋爱，智商或升高，或下降，从以下名言警句中，可见一斑。（句子后面的点评和打分纯属娱乐）

狄更斯说："爱能让世界转动。"智商加 50 分。

罗曼罗兰说："真正的爱情始终使人向上。"智商加 40 分。

莫里哀说："爱情是一位伟大的导师，能教我们重新做人。"智商加 30 分。

费尔巴哈说："只有爱给你解开不死之谜。"智商加 20 分。才知道原来爱还能帮你解题。

李商隐说："身无彩凤双飞翼，心有灵犀一点通。"智商加 10 分。本来怎么点都不通的问题，现在一点就通了。

鲁迅说："人必须生活着，爱才有所附丽。"智商不加分不减分，他

---

① Smart teens don't have sex(or kiss much either)from J Adolesc Health

不在恋爱中。

培根说："就是神，在爱情中也难保持聪明。"智商减 10 分。

济慈说："两个灵魂一个想法，两颗心一起跳动。"智商减 20 分。算了算，一个灵魂才半个想法，一颗心会心律不齐。

柳永说："衣带渐宽终不悔，为伊消得人憔悴。"智商减 30 分。看！已经不会照顾自己了！

卢梭："我宁肯为我所爱的人的幸福而千百次地牺牲自己的幸福。"智商减 40 分。这辈子算是毁了！

历史不堪回首，回首也看不清楚。虽说时势造英雄，但至少有一部分历史是英雄创造的。英雄也是人，是人皆好色。英雄难过美人关。英雄的性欲也能改变历史。假如妲己没那么美，假如埃及艳后没那么艳，恐怕中国历史和世界历史都会不一样。这里我讲几个例子。

据说特洛伊战争的导火索是美女海伦的出轨。海伦有多美？我们不得而知，荷马史诗《伊利亚特》（Iliad）一共有六处描写海伦，但是基本没有直接描写她长什么样。第一次出场，说她胳膊白。海伦不一定很美，但是一定很有魅力，甚至有迷人的魔力。很多人说妲己是红颜祸水，其实妲己只是个性感的坏女人而已，问题在于商纣王自我管理的能力太差，色令智昏。海伦才是真正的红颜祸水。她原本是斯巴达国王墨涅拉俄斯的王后，却红杏出墙，跟特洛伊的王子帕里斯有一腿，还跟人家私奔了。这件事成了特洛伊战争的导火索，甚至是这场战争的主因。这场战争持续了约 10 年，显然是势均力敌，从这点看来，海伦不太可能是一个蓄谋已久的战争借口。战争的结果是特洛伊被灭国。可以说，海伦和帕里斯的性欲，导致了一个国家的灭亡。

孙子曰："兵者，国之大事，死生之地，存亡之道，不可不察也。"《三十六计》中有好多计策都是利用了人性的弱点，例如，苦肉计："人不自害，受害必真。"此计就是利用人性中爱自己的本质，反其道而行之。而美人计，则是利用人类好色的本性。所有好的作战方式和管理方式，都是基于对人性的精准把握。

人类的不忠

人类的不忠乃基因注定。

不忠是 DNA 编程，忠诚被视为美德而备受追捧。中国文人用鸳鸯象征忠贞的爱情。鸳鸯属于鸭科，一种比一般鸭子稍微好看一点儿的鸭子。《诗经·小雅》：

> "鸳鸯于飞，毕之罗之，君子万年，福禄宜之。鸳鸯在梁，戢其左翼，君子万年，宜其遐福。"

大致是说夫妻要像鸳鸯一样一直恩恩爱爱。

又有《客从远方来》：

> "……文彩双鸳鸯，裁为合欢被。著以长相思，缘以结不解。以胶投漆中，谁能别离此？"

被子绣上鸳鸯，象征夫妻关系如胶似漆，牢不可破。

西方人认为，鸭子都是淫乱的。在他们的文化里面，脖子长的另一种鸭科动物——天鹅，才是忠贞爱情的象征。

在一部美国爱情片里，老奶奶跟女孩子这样谈论她的风流儿子——鸭子乱搞，天鹅忠诚。他看起来像鸭子，那是因为他还没有找到他的另一半，实际上他是天鹅。在另一部美国电影里，女儿跟父亲控诉老公出轨，没想到却得到父亲这样的"安慰"："你想老公不出轨？你嫁给天鹅算了！"

古人的直觉与科学研究的发现有一致性：鸟类的忠诚的确值得哺乳类动物学习。90%的鸟类是一夫一妻制，我们所属的哺乳类动物只有3%是一夫一妻制。然而，一夫一妻制并不意味着忠诚。DNA指纹图谱技术彻底打碎了中西方关于忠贞爱情的动物图腾的想象。利用DNA指纹图谱技术，行为科学家发现：一夫一妻制的鸟类夫妻所抚育的后代有10%~40%不是自己所生。科学家达成共识：几乎所有动物的本性都是不忠。

当然，偷情都是秘密进行的。但是层出不穷的普通人出轨、名人性丑闻，以及匿名调查数据都在揭示人类出轨率之高。有个英文网站叫作Infidelity Facts（我译成"不忠信息网"），说57%的男人、54%的女人有过不忠于配偶的性关系。忠厚老实的人也许会震惊：第一，不忠的人居然超过半数！第二，居然女人跟男人一样喜欢偷腥！

有些人类族群会用石头砸死、用火烧死出轨的人，可还是有人色胆包天，冒死犯戒。及时行乐的价值观和互联网技术结合起来简直就是火上浇油。试想，西门庆要是加了潘金莲的微信，根本轮不到王婆挣中介费。

看到这儿你还指望有人对你忠诚吗？醒醒吧！华盛顿大学心理学教授大卫·巴拉什（David Barash）在《洛杉矶时报》上写的标题很绝：想要对方忠诚？去跟虫子结婚！研究发现，只有少数物种才是基因注定的一夫一妻制，如某种名字很复杂的寄生虫（Diplozoon Paradoxum），这种虫子寄生在鱼的肠子里。诗人今天还在讴歌忠贞不渝的爱情，跟诗人相比，科学家像是一群暴殄天物、焚琴煮鹤的人。

性感的密码

我们姑且相信《登徒子好色赋》里面的描写，文学总是有现实根基的。登徒子与宋玉，在好色程度上有天壤之别。

登徒子在楚王面前说宋玉坏话，他说宋玉人帅、口才好、好色，小心他给你戴绿帽啊！楚王性格比较直，就问宋玉：你是不是很好色？宋玉说：我帅是天生的基因好，我口才好是老师教得好，但是我不好色。邻居家有个美女，"增之一分则太长，减之一分则太短；著粉则太白，施朱则太赤；眉如翠羽，肌如白雪；腰如束素，齿如含贝；嫣然一笑，惑阳城，迷下蔡"。这美女偷看我三年，我都没搭理她。（宋玉口才果然好，只可惜用力过猛，但是楚王觉得安全，宋玉不好这一口，可能性取向与众不同。）

宋玉继续展示他的修辞能力，他说，登徒子的老婆奇丑无比，皮肤长了癞疮，蓬头垢面，牙齿不齐，弯腰驼背，登徒子还是喜欢她，跟她生了五个孩子。

从登徒子的案例，我感悟到：对丑人也有欲望，才叫够色；对粗茶淡饭也有欲望，才叫绝对吃货。

汉斯·艾森克（Hans Eysenck）是我非常欣赏的心理学家。我欣赏他的一个原因是他的性格理论简单而深刻。人其实就在两个主要维度上表现出不同的个性，一个维度是外向（Extroversion，简称 E），另一个维度是心理健康（神经质，Neurosis，简称 N）。他针对性格与性感的关系写过一本书[1]，他认为，外向的人，更性感。心理学家在外向的英文 Extroversion 前面加个 S，造了一个新词：Sextroversion。我翻译成"外

---

[1] Sex and personality

向性感"。根据艾森克的说法，外向的人性交更频繁，体位更多样，性伴侣更多。这个结论被后来的研究证实。有趣的是，外向者的好色是有生物基础的。有个学者号称，外向者有一种能让劈腿概率加倍的基因变异。（Garcia et al., 2010）

男人更色还是女人更色？心理学家大卫·施密特（David Schmitt）在今日心理学网站有自己的博客，他专门讨论了这个问题，结论毫无悬念：男人比女人色。至少，男人比女人更愿意跟陌生人上床。1989年的一个研究，样本量很大，研究方法很简单：派男人和女人去美国校园里问陌生异性是否愿意跟其发生关系。调查结果是：75%的男人表示同意，女人没有一个同意的。时代越来越开放，但是男人更色这个铁律没变。2010年，这个结论在丹麦得到验证，59%的单身男人同意跟陌生人发生关系，单身女人则都不同意。研究者又问已经有男女伴侣的人同样的问题，18%的男人表示同意，4%的女人表示同意。

网上疯传：男人每多少秒就想一次性。为了追求真相，俄亥俄大学的心理学教授用283个18到25岁大学生做样本，持续监控了一个星期，研究发现，美国男大学生一天想性的次数为18.6次（中位数），女生为9.9次（中位数）。[1]

芝加哥大学的大规模问卷调查结果显示，男人比女人更加期待晚年仍然有性生活。例如，同样30岁的男人和女人，男人期望他们还能有35年活跃的性生活，女人期望还能有31年。

频繁出差的我养成了一个习惯，在机场候机的时候，给人的性感程度打分。久而久之，我得出了一个性感公式，试图破解性感的密码。

性感 = 性欲 × 性魅力

---

[1] Fisher, T. D., Moore, Z. T., & Pittenger, M. Sex on the brain? An examination of frequency of sexual cognitions as a function of gender, erotophilia, and social desirability

上面这个公式说明的是，一个表现出性欲的人，同时他又是个让别人产生性欲的人，那么他一定是个性感的人。任何一项是 0，性感也是 0。例如，一个长相迷人的男人，他如果对女性毫无兴趣，那么他对于女性来说，就谈不上性感。

性魅力 = [（社会地位 + 心理品质）× 身体魅力] + 身体魅力

上面这个公式说明的是，一个社会地位很高的人，心理品质优秀（有魅力加上智慧），长得又很美，那么他就是万人迷。如果身体魅力为 0，则性魅力就是 0。

地位的近义词是权力，也翻译成力量、影响力。一个人的职权、财富、知名度和硬技能，决定了他的社会地位。职位就是力量，金钱就是力量，名气就是力量，培根说，知识就是力量。我在知识后面加上硬技能。

大卫·阿特金斯（David Atkins）等的研究[1]发现，高收入和高学历与婚外恋发生率成正相关：一年收入 75000 美元以上的人比一年收入 3 万美元以下的人的婚外恋发生率高出 1.5 倍。有研究生学历的人比高中没上完的人婚外恋发生率高出 1.75 倍。

"权力是最好的春药。"权力不仅让男人变得性感，也让女人平添性魅力。所以，权力是最性感的东西，这对男女都适用。现在，很多人希望保持年轻，图的大概也是保持性魅力，以此为目的，其实权力比玻尿酸更有效。

男女的品位既相同又不同。无论男女，地位和相貌都是重要的，但是排序不同。男人看女人，美貌的作用大于地位。女人看男人，地位的作用大于美貌。[2]

---

[1] Understanding infidelity: Correlates in a national sample

[2] Li, N. P., Bailey, J. M., Kenrick, D. T., & Linsenmeier, J. A. W. The necessities and luxuries of mate preferences: Testing the tradeoffs

有个 70 多岁的名媛被问到，女人何时开始对男人失去兴趣。她回答："我还没到能够回答这个问题的年龄。"美国至今还没出现过女总统。中国唐朝，就有一个女皇帝武则天。登基那年，武则天 67 岁，在位十几年，武则天头脑清醒，治国英明，并不压抑自己的欲望。根据我的性感公式，武则天晚年仍然性感。

中国一直有四大美女的说法，我相信她们按照当时的审美标准一定都是美女，不过身份会增加她们的性感程度。貂蝉和西施是普通女子，王昭君和杨玉环是皇室成员。权力和地位会让男人性感加倍，同样给女人的性感加分。

颜值

《长相为什么比你想象的更重要》的作者，社会心理学家高登·派泽（Gordon Patzer），研究相貌已有三十多年，是个地地道道的"外貌协会"的人——他是外貌研究所（Appearance Research Institute）的创始人、CEO。派泽认为，被美貌吸引是人类与生俱来的本能。初生婴儿注视美脸的时间，多于注视丑脸。人们长大以后，对于美丽的容貌，拥有美好的联想。人们认为，漂亮的人更加有天赋，更加善良，更加诚实，更加智慧，性和婚姻也更成功。美貌是光环效应的主要来源之一。

芝加哥大学研究人类与动物比较发展、进化生物学，以及神经生物学的达里奥·美斯特瑞派瑞（Dario Maestripieri）教授指出，人们喜欢外表有魅力的人，这跟隐含的性吸引力有关。对有魅力的人表示友善，无意识中增加了与之发生性关系的概率。

关于面容美有两个科学发现：平均脸定律和对称脸定律。

平均脸定律告诉我们，五官位置处于人群中平均位置的脸最美。多伦多大学的研究者为平均脸找到了参数：眼睛到嘴的距离占脸长的36%，同时两眼之间的距离占脸宽的46%。美国明星杰西卡·阿尔芭

（Jessica Alba）完全符合这个标准。

对称脸定律告诉我们，左右对称的脸最美。科学家们对平均脸和对称脸的审美价值的解释是，两者预示着健康。那么，人们在求偶过程中对美的追求，就是对下一代健康的追求。这种假说，听起来比"红颜薄命"更有道理。

除了脸，研究发现，男人喜欢腰臀围比例较低的女性，也就是细腰大屁股的女性。在西方女人眼里，男人身体最能决定性感的东西有两个，按重要性排序如下：躯干形状（倒三角）的重要性遥遥领先于第二个。阴茎大小和身高并列第二。

综合以上社会和心理因素，我们不难理解为什么一些职业的人特别受异性欢迎，如播音员、运动员、老师。

智商和性格

大脑是最性感的器官。脸和身体非常重要，当一个人的脸和身体达标的时候，人与人之间性魅力的大小就看大脑。大脑决定心智商和性格。

几乎所有人都喜欢高智商的异性。新墨西哥大学的杰弗里·米勒（Geoffrey Miller）教授同时测量一个人的两样东西：智商和精子质量。他发现智商测验得高分的人，精子质量也高。而且，智商高的人说话好玩，解决问题能力强，所以性感。

高智商的人可能性欲更强。美国的一个在线成人玩具店的数据显示：名牌大学的学生花在成人玩具上的钱比普通学校的学生多。虽然高智商的人对性更加感兴趣，但是他们的性行为频率却比其他人低。原因可能是他们更理性。

前面说过，外向者在性方面的优势。一方面，外向的人更喜欢性；另一方面，外向的人更有魅力。外向的典型行为（比内向者更高频）包括：跟人在一起，接触陌生人，主动发起对话，说话多、表情丰富，袒露内心。这些都更有利于发展两性之间的浪漫关系。说外向让人性感也不为过。

有句话是，男人不坏，女人不爱，女人不坏，男人不爱，这句话得到了研究的证实。话说有三种性格，被称为黑三角（Dark Triad）：自恋、反社会人格、马基雅维利主义者，居然在男女浪漫关系的初期更容易吸引对方。原理很简单，自恋的人自信，自信让人有魅力。反社会人格的人勇往直前、敢作敢为，不顾忌自己的言行给别人造成的影响，这种不管不顾在刚刚相识的阶段，也是一种魅力。马基雅维利主义者的特点是拿别人当工具，他们善于操纵别人，在关系刚开始的时候也是一种魅力。胡兰成把张爱玲迷得神魂颠倒，一生不能自拔，历代皇帝所宠幸的嫔妃往往不是善主。

我们用前文的公式算一下雨果的经典小说《巴黎圣母院》里面五个人物的性感指数。爱斯梅拉达：貌美，性格外向，社会地位极低。卡西莫多：丑陋、性格内向、扭曲，社会地位极低。克洛德：长相普通，神职人员地位高。表面禁欲，内心欲火难耐也没用，平时不表现出对异性的兴趣，不太可能被异性视为性对象。而且克洛德性格内向、扭曲。弗比斯：外表英俊，风流，社会地位很高（皇家卫队队长），应该有一定的硬技能（武功）。甘果瓦：长得一般，流浪诗人毫无社会地位可言，性格有浪漫的一面，写歌也算一种硬技能吧。显然，弗比斯的分数最高。

这四个男人都在某个时间段被爱斯梅拉达吸引。爱斯梅拉达爱上了弗比斯，对克洛德无感；完全不把卡西莫多当性对象，只有怜悯和感激；对甘果瓦也基本无感，但是可以忍受做假夫妻。

人类从小到老，几乎终生有性需求，终生好色。那么问题来了，随着年龄的增长，性欲下降的速度很慢，但是色衰的速度很快，社会对上了年纪的人的性欲也不是很包容。性欲与性感就成为一种矛盾。故有"油腻"一说。我认为，性欲大于性魅力，就是油腻。性魅力大于性欲，就是贞洁。性感与性欲都高，叫风流。性感与性欲都低，叫本分。终生好色，如何避免油腻呢？答案只有一个：保持性感。

"色诱"你的市场

商人很早就懂得用性来招揽生意。总结下来有这么几招。

用美女、帅哥。

车模是西方商业社会中的一种奇特的现象。现代人去看车展，分不清是去看车还是去看人。

一本杂志，以美女作封面，则销量大增。难怪好多杂志，不管内容是否相关，都喜欢用美女作封面。

1972 年发表在美国《社会心理学》杂志上的一篇文章——《美的就是好的》，有这样的结论：广告模特的美貌有助于加深消费者对产品和服务的印象。后来的研究发现，美的广告模特还能增强购买意向。

美国西南航空公司，把美貌作为增加上座率的一张王牌，招聘美女作为空中客服。

雇用美的员工，有助于商业成功。在中国，随处可见街头招聘广告对身高、年龄和相貌的要求。

性也出现在广告中。

用裸体。卖内衣用裸体天经地义。其实卖什么都可以用"裸体"。例如，卖车。宝马有一个平面广告上有一位穿着性感的美女，配文是："你知道你不是第一个。"意思是，这么优秀的女人肯定有很多男人追求，第一个轮到你几乎是没可能的。这个说法，减少了购车者对二手车的抗拒心理。好东西，二手的是可以接受的。

用性行为。意大利服装品牌贝纳通（Benetton）喜欢用有争议的和性相关的广告吸引眼球。Calvin Klein 的广告策略基本上可以用"色诱市场"来形容。

用性暗示。不明着说，主要作用于无意识或者潜意识。例如，广告语言暧昧，或者产品的形状让人联想到两性之间的亲密行为。

当然，用性做广告有一定的负面效应。研究发现，用美貌打广告让女性反感。还有些广告，用力过猛，导致受众记住了性，却忘记了品牌。

婚姻制度

婚姻既有符合人性的一面，又有违反人性的一面。很多有关婚姻和幸福的心理学研究是基于盖洛普的调研，我在盖洛普工作过多年，深知盖洛普取样的代表性很强。盖洛普数据显示，平均来讲，结婚的人比单身的人稍微幸福一点点。虽然平均数容易造成误导，但是平均数能够体现单一因素的作用。这个平均幸福感多出来的一点点，可能意味着，人的群居属性略大于人的独居属性。

婚姻状态非常多样，例如，两个人的关系质量、年龄、职业、受教育程度、健康状况、经济状况、有无孩子、是否跟老一辈住在一起等。单身的状态也多样，但是不如婚姻状态那么复杂。单身的状态包括年龄、受教育程度、性格、职业、收入、社会关系、是否跟父母住在一起等。单身要解决自我管理的问题，婚姻不仅要解决自我管理的问题，还要解决关系管理的问题。

全世界的结婚率一直在下降，这个趋势似乎不可阻挡。根据联合国的数据，全球每千人每年的结婚率，从 1970 年的千分之 8.5，降至 2020 年的千分之 5.3。联合国预测：2050 年的结婚率会是千分之 4.5。东亚的结婚率下降得非常明显。中国的数据（千分之 4.8，2024 年数据），比美国的（千分之 5.1，2021 年数据）还低。日本更低（千分之 4.1，2021 年数据）。

虽然结婚率在下降，但是适婚人口绝大部分是结婚状态。这又一次证明了人类的群居属性大于独居属性。欧洲和大洋洲的结婚比例非常低。加拿大、俄罗斯、日本、韩国已婚与未婚人口的比例差不多。

我们的祖先其实早知道一对一的忠诚不靠谱，所以人类社会的主流婚姻形式向来不是一夫一妻制。一夫一妻制是现代文明的产物。巴拉什教授承认，一夫一妻制有诸多合理性，虽然它既违反动物性，也违反人性。但是身为人类，我们有能力管理自己的生物本性。对于多情的人类，杜绝出轨就像戒烟，一生要戒很多次。

一夫一妻制造福人类的前提是男女基本平等。现代社会基本适用一夫一妻制。在男女社会地位极不平等的传统社会，一夫一妻制的问题是，男人不能同时拥有多个妻子。很多男人选择离婚另娶新欢，导致前妻面临巨大挑战。在男女关系不平等的传统社会，可能一夫多妻反而更人道。民国时代，是中国社会从传统到现代转型的过渡期，男人要追求爱情，女人又无法经济独立，很多风流才子离婚再娶，而非多妻，导致前妻命运悲惨。

恩格斯说过："如果说只有以爱情为基础的婚姻才是合乎道德的，那么只有继续保持爱情的婚姻才合乎道德。"但是心理学研究发现，爱情是短暂的，短的六个月，长的两三年。恩格斯还说过："如果感情确实已经消失或者被新的热烈的爱情所排挤，那就会使离婚，无论对于双方还是对于社会都是幸事。"恩格斯个人的亲密关系是反传统的，但是很长久。他跟玛丽·伯恩斯共同生活了近 20 年而不结婚，直到她去世。然后他跟玛丽的妹妹莉迪亚生活在一起，在莉迪亚临死之前的几个小时，恩格斯应莉迪亚的要求跟她结了婚。

离婚率逐年升高，独身的比例逐年增加，一个趋势渐渐显现：现代化的进程，最终可能导致婚姻制度消亡。萨特与波伏娃的两性关系，也许是未来两性关系的标准形态。

三

○

自我认知

人与其他动物的最大区别是有自我认知。

如果你问我，心理学最重要的核心概念是什么？我的回答是："自我。"这个概念肯定排在前五。自我也是最能说明人性的东西。由自我引发很多人的本质特征，例如：自尊、虚荣、进取、贪婪、妒忌。

人类曾经自以为独有的自我意识，后来发现其他高等动物也拥有。动物也有自我意识，有制造和使用工具的能力，有语言沟通的能力，甚至也有形成具体概念（如橙子、红色、吃）和抽象概念（数量、大小）的能力！

心理学研究动物自我意识的实验叫镜像测验，让不同的动物看镜子，观察它们在镜子前的反应。能够认识到镜子里面的影像是自己的动物，会擦掉实验者在它们被麻醉状态下留在它们脸上的标记。通过镜像测验的动物有：猩猩（黑猩猩、倭黑猩猩、红毛猩猩）、海豚、一头大象（你没想到吧？实验者凑巧碰到三头大象里面最聪明的那一头了，其他两头大象则没这个能力），还有喜鹊（你更没想到吧？）。大家一向认为聪明的猴子、猫、狗，都没有通过镜像测验。奇怪的是大猩猩没有通过镜像测验。更加奇怪的是，一种靠吃别的鱼身上的死皮为生的清洁工——濑鱼通过了测验，蚂蚁居然通过了测验。这个实验结果完全颠覆了我们中学所学的生物进化知识。

对于大猩猩没能通过镜像测验的解释是：它们爱好和平，避免目光接触。但是蚂蚁真的有自我意识吗？所以心理学家依然无法通过实验回答庄子"子非鱼，安知鱼之乐"的问题。

人类婴儿在 18 个月时就可以通过镜像测验。其他高等动物虽然有自我意识，但是可能无法拥有自我概念。因为有一种高级的认知能力，只有人类才有，这就是元认知。元认知是对于认知的认知。人类的大脑升级在哪里？主要在前额叶，它就是用来完成元认知的。元认知使得人类具有反思、规划和感恩的能力，也赋予人类虚荣、撒谎和记仇的能力，甚至能让人得精神分裂症，这似乎是人类特有的精神病。

心理学关于自我有太多重要概念，其中两个是重中之重：一个是对自我的认知，叫自我概念；一个是对自我的情感，叫自尊（Self-esteem，这个术语很难找到对应的中文，翻译成"自尊"是误导，因为自尊有维护自我形象的意思，而 Self-esteem 只是对自己感觉良好的心理需求，翻译成"自我感觉"可能更准确）。我觉得脸面（或者面子）把自我的认知一面和情感一面都概括进去了。

自恋

根据美国精神病学会的诊断手册（DSM IV-TR），如果你出现五个或五个以下症状，你很可能有自恋型人格障碍：

1. 觉得自己太牛了。

2. 幻想自己拥有巨大的成功、无上的权力、横溢的才华、美貌、理想化的爱情，不能自拔。

3. 自觉与众不同，所以自绝于普罗大众，只愿与精英为伍。

4. 必须受人崇拜。

5. 到哪儿都觉得应该得到最佳礼遇。

6. 利用别人。

7. 缺同理心。

8. 嫉妒心重，或者总以为别人嫉妒自己。

9. 牛，拽，不可一世。

我从最经典的自恋问卷 NPI（Narcissistic Personality Inventory）一

共40个问题中挑出我认为内容效度[1]最高的五题，供大家进一步自诊，A 和 B 二选一：

第一题

A. 赞美有时让我不好意思

B. 我很棒，别人也都是这么说的

第二题

A. 一想到由我来统治世界，我就怕

B. 要是我来统治世界，世界将会更美好

第三题

A. 我宁愿混在人群里不被注意

B. 我喜欢成为注意的中心

第四题

A. 我不是特别愿意炫耀我的身体

B. 我喜欢炫耀我的身体

第五题

A. 我希望有一天有人会为我作传

B. 我不喜欢别人窥探我的生活，不论理由多么好

自恋到了产生人格障碍的人，比例不高。美国精神病学会的统计数据是：每二百人中有一两个。不过几乎每个人都或多或少有些自恋。人都是爱自己的，自己对自己的评价高于周围人对自己的评价是普遍现象。有一个有趣的数据，对于自己的体能、能力、相貌，80%的人都觉得自己至少超过 50% 的人。显然这是高估自己。这就是人性。

---

[1] 效度有很多种，内容效度也叫作专家效度，是由专业人士根据问卷题目的内容判断该题目是否能够测评希望测评的指标。

我还有一个土办法，用于自恋自诊。自恋分三级，第一级：不嫌自己的屎臭。这是一般人都可以达到的境界。一个人走进公厕会嫌臭，自己在家坐在马桶上，却一直玩手机。第二级：对自己百看不厌。只要经过反光的墙面，都会被自己深深吸引。一个成年人，活了几十年，看了自己几十年还没看够。本性使然。第三级：变着花样成为注意的中心。例如，在微信朋友圈发自己的照片。爱自己的身体，觉得美好的事物要分享，完全不考虑别人的态度。

自恋的领导者

自恋，Narcissism，古希腊神话里的男神，其名字被用来命名水仙花，与成语顾影自怜含义相近，暗示着自恋的本质：对自己的迷恋。

自恋的领导者比比皆是。如果你经常坐飞机，你会对一个不知名的企业家留有深刻印象。他并不帅气，衣着、发型也看不出品位，但是他的企业广告永远以他的半身像为主画面，至于他的企业是生产砖头还是生产白酒的，令人印象模糊。

对于领导人的自恋，心理学家将之分为两派：强硬派对自恋基本持否定态度，代表人物是欧洲工商管理学院的曼弗雷德·凯茨·德弗里斯（Manfred F.R. Kets de Vries）；温柔派认为自恋是双刃剑，代表人物是迈克尔·麦考比（Michael Maccoby）。

自恋曾经是人格魅力的近义词。早期的领导力研究者认为领导魅力是少数伟人的特质，后来，这种观念落后了，研究者走向另一个极端，把自恋当成马桶，把诸多恶行像排泄物一样往里倒。有人说，美国CEO的群体自恋是2009年金融危机的罪魁祸首，国家领导人的自恋会让国家陷入尴尬境地。

在《沙发上的领导者：改变个人和组织的临床方法》一书中，德弗里斯把自恋等同于"装"，认为自恋的本质是一种自我欺骗，一种高层管理者的病：

> "很多商界成功人士，其实是没有安全感的优等生。他们觉得自己是冒牌货，害怕被别人发现他们实际上并不知道如何做管理者。这就是所谓的'骗子综合征'，这相当普遍。无论取得什么样的成绩，他们仍然觉得不够满意。如果他们被提升到领导地位，这样的症状就发作了。
>
> 如果你被提拔为一家有着10万名员工的公司领导者，你有时候很自然地会疑惑：难道我真的应该得到这个职位吗？但你必须缄口不言，因为如果别人发现你感觉自己像一个骗子，他们会质问你为什么还担任这一职务，挣那么多钱。有些人为了弥补这种不安全感而变得更加自恋，目的是劝服自己和他人：自己确有过人之处。"

德弗里斯认为自恋是一种病态的自我认知，自恋的人需要向自己证明自己很特别，应该享有特殊待遇，需要不断被关注、崇拜，他们自私、缺乏同情心，利用他人且心怀嫉妒。

德弗里斯还不是最极端的，更有甚者，把道德败坏说成自恋。以下文字节选自第25届工业与组织心理学会年会的一篇公关稿：

> 自恋者，依据其定义，傲慢自大，认为自己是独特的，具有其他人所没有的天赋，认为自己应当受到礼遇，会剥削他人，缺乏同理心。总之，一切都要围着他们转，因为他们比别人优越。
>
> 这些绝非众人眼中的优秀领导人特质。
>
> 凯西·施诺（Kathy Schnure）知道这一点。她在公司工作

期间对于毒性领导者（她的原话是 Toxic Leaders）对组织的危害有切身感受。

她的一位前老板表现出一个自恋者的所有特征。"我对一个项目有90%的贡献，而我的老板当着我的面在会上把所有功劳都往自己身上揽。"施诺回忆。

"我非常吃惊，她居然一句不提我参与了报告的撰写。她真的以为她做了所有工作。她想既然她是老板，那么所有的成就都是她的。"施诺说。如今，她是乔治亚技术学院的博士生。

因为饱受自恋的老板之苦，施诺的研究专注于"毒性"领导者。

显然，施诺把道德缺陷也放进自恋的内涵之中了，她走得太远了。

这世上好多东西都是双刃剑，单刃刀好像特别少。麦考比认为，适度自恋有助于领导者成功，他认为一点儿自恋都没有的人不太容易成为领导者，过于自恋则损害领导者的成效。正所谓物极必反，中庸之道为上。麦考比写的那本书的书名最能体现他的观点——《自恋的领导者：难以置信的优点，难以避免的缺陷》（*Narcissistic Leaders: The Incredible Pros, the Inevitable Cons*）。书中提到通用电气前 CEO 兼董事长杰克·韦尔奇、微软创始人比尔·盖茨、甲骨文公司的创始人埃里森、沃尔沃前 CEO 佩尔·吉林哈默，都属于自恋型领导人，麦考比认为这些人都推动了各自公司的发展。其中的吉林哈默体现了自恋者不好的一面：由于沉溺于过去的成功，他不听其他人的意见，与法国雷诺汽车兼并。由于这个做法招致强烈的不满，吉林哈默被迫辞职。

麦考比认为自恋要有度，而罗伊·鲁比特（Roy Lubit）把自恋分成健康的自恋和破坏性的自恋两种。

健康的自恋和破坏性的自恋

特征	健康的自恋	破坏性的自恋
自信	与现实一致的溢于言表的高度自信	自大狂
对权力、财富和名誉的渴望	有可能享受权力	不计代价地追求权力
人际关系	真正关心他人及其想法；不剥削他人或贬损他人	对他人的关心局限于容易做到的社交礼节；贬损、剥削他人且无悔意
矢志不渝的能力	有价值观；计划有始有终	缺乏价值观；容易厌倦；经常朝三暮四
成因	健康的童年：自尊得到维护，对待他人的行为受到适当的拘束	创伤的童年：自尊缺失，或者其经历让他们相信无须顾及他人利益

实证研究发现了自恋的利和弊，但很难得出一致的结论。自恋者有两个有趣的外显行为：第一，他们喜欢晒自己的照片；第二，他们的签名比较大。

研究 CEO 签名尺寸的研究者，北卡罗来纳大学的尼克·赛博特（Nick Seybert）率领他的小组统计了标普（S&P）500 强企业的 600 个 CEO 的签名与业绩的相关性，他吃惊地发现：签名越大，业绩越差！心理学家证实，签名的大小几乎等于自我的大小（Ego Size），大号自我往往伴随着喜爱冒险、独断专行、拒绝反思、为个人过失找借口等特征。他们善于影响下属和上级，甚至能把过失包装成功绩。赛博特的结论：CEO 的自恋行为长远来看导致企业业绩下滑，自恋的 CEO 过度使用财务杠杆、过度并购，同时较少给股东分红，尽管业绩不佳，但是自恋的 CEO 有本事给自己争取更高的薪资待遇。总之，用赛博特的话说，自恋的 CEO 牺牲企业利益造福自己。

另一个研究的结论略有不同。南加州大学马歇尔商学院和墨尔本大学的合作研究，对照了 1992 至 2009 年间 235 家财富 500 强企业 283 位 CEO 的财务业绩指标（包括股价和每股盈利）和年报中 CEO 照片的大小及构图（照片越大，个人在构图中越突出，意味着越自恋），以及这些 CEO 与他们的二把手之间的待遇落差（落差越大，越自恋），发现自恋型 CEO 的业绩居然更好！

自恋的 CEO 的企业比非自恋的 CEO 的企业具有更高的每股收益和每股股价，然而，自恋的 CEO 采取的提升金融稳健度的做法，会危害企业的长期发展。

发表这项合作研究的第一作者马克·杨（Mark Young）认为，自恋者的某些特质，如领袖气质和冒险精神，可以让他们成为成功的领导人。他们锐意革新，并致力采取实际行动。这些特质可能是帮助企业获得成功、实现较高每股收益和每股股价的关键因素。但是，自恋的其他方面，比如虚荣和出风头，有可能产生不良影响……自恋的 CEO 做出业务决策，如利用宽松信贷、打折销售和过剩生产，在短期内可以增加收入。不过，这种做法可能损害企业的长远发展。研究显示，这种行为可以实现较高每股收益和每股股价，但代价很大。

自恋不是病

美国精神医学会的最新一版临床诊断标准把自恋型人格障碍删除了，似乎在暗示自恋不再是一种病。

由此我更有理由认为，自恋不是病，自恋是人性，不爱自己才是病，俗称抑郁症。自尊——自恋的另一种说法，是心理健康的首要标志。

不过，剔除自恋的官方原因是：不同人格障碍之间的症状重合。的确，很多自恋型领导人具有其他人格障碍的某些特质，例如，戏剧型人格障碍和强迫症型人格障碍。戏剧型人格障碍，表现为关注第一印象、关注自我、喜欢成为注意的中心。典型代表是惠普前 CEO 菲奥莉娜的名言：管理就是一场表演。（Management is a performance.）强迫症型人格障碍，表现为完美主义、对工作过度投入、固执、专制。代表人物是苹果的创始人乔布斯。

如果真像鲁比特所说，自恋有健康的自恋和破坏性的自恋两种，那么，自恋完全可能是个优点，至少不是缺点。这就好比智慧和勇气，用于邪恶目的，智慧就是狡诈，勇气就是凶恶。但智慧和勇气应该是优秀品质，至少是中性的。

我建议把自恋定义为高度自信和自我关注，而不要有过多的内涵。如果自恋的本质是自信和自我关注，自恋的人不一定自私自利、损公肥私。抛开语言的情绪色彩，自信、自负、自恋的本质都是对自己的高估，而自卑、谦逊、低调都是对自己的低估。从极端的不自信（自卑）到极端的自信（自恋）是一个单一维度，甩掉人们强加的污泥浊水，这个维度会变得纯净。这个维度可以折叠成二维。我们每个人并不是从自卑到自恋的连线上的一个点，我们可以同时是自信的和自卑的。自信让人更多地看到自己的优势，自卑让人更好地洞察自己的短板。一个健康的人应该大部分时间自信，偶尔自卑。如果一个人每周一三五自信，二四六自卑，那么他的自我概念太不稳定了，这属于不健康的人格特征。

彼得·德鲁克认为，很多人并不清楚自己的优势所在。所以，发现自己的优点才能超水平发挥。破坏性的自恋的罪魁祸首不是自恋过度，而是其他品质出了问题。例如，只有自信而缺少判断市场和自我认知的智慧，就会刚愎自用，一意孤行。只有自信而缺少与人为善，就会自私。

老板自恋导致老板文化，老板不自恋导致企业没文化。民众期待英雄，顶礼膜拜；英雄欣赏英雄，惺惺相惜。在这个时代，自恋造就人格魅力。

自卑

　　心理学家的贡献浓缩在心理学图书之中，可惜我只能读懂中文和英文的著作，不过，我有幸读到过一本法国心理学家所写著作的中译本《自我评估：爱自己才能更好地与人相处》[1]，这本书是一本难得的好书。这本书是两位心理治疗师的实践经验总结。他们是专治自卑的。正像书的副书名说的那样，爱自己是生活的起点，一个人如果不接受自己，就等于爱自己的本能被压抑，就不可能正常生活。自卑的人比自恋的人病得更重。

　　研究自卑的人里面，最出名的要数阿尔弗雷德·阿德勒（Alfred Adler）。他是精神分析学派的第三号人物。第一号人物是弗洛伊德，第二号人物是荣格。弗洛伊德的贡献是划时代的，他改变了人类的自我认知。荣格的集体无意识，现在看来，跟进化生物学有些共同结论。他提出的内向–外向概念已经进入了日常语言系统，影响了人类的心智。内向–外向这个概念，后来被英国心理学家汉斯·艾森克（Hans Eysenck）发扬光大。艾森克是我非常欣赏的心理学家，在他看来，人无非是两个维度上的定位：有多么外向？有多么变态？（后来他把变态分成两个维度：神经质和精神质。）

　　荣格非常多产，著作等身。很早以前，我去美国西北大学拜访我的中学老同学，我们一起逛书店。我的老同学发现，有一整个书架上放的全是一个叫 Jung 的人写的书，他问我，这是你们心理学的什么人啊，这么厉害？我说这是荣格。其实精神分析的三位鼻祖都很能写。阿德勒写了很多书，其中有一本叫作 *What Life Should Mean to You*，直译是

---

① 作者：克里斯托夫·安德烈、弗朗索瓦·勒洛尔，译者：徐牧，上海人民出版社。

"生活对你应该有的意义"，中文版被翻译成《自卑与超越》，其实"自卑与超越"是书中一章的名字。

阿德勒的名气远不如弗洛伊德和荣格，但是他的理论和思想最通俗易懂，也最实用。自卑感是阿德勒理论中的核心概念。他觉得人类构想出全能的上帝这一事实，就是人类追求完美的精神的体现。用现在的话说，自我的理想很丰满，自己的现实很骨感。所以，他认为自卑感越强的人，上进的动力也越强。他认为一个人过于敏感、脾气大，都是自卑感导致的。

阿德勒小时候体弱多病，驼背。他从小就有强烈的自卑感。自卑感就像自恋一样，普遍存在于人群中。

身居高位的领导者，自然有其过人之处。但是他们在高位上也会有意识或无意识地问自己：为什么是自己？自己也是一个脑袋和一个肉身，并没有三头六臂，如何胜任？如何服众？暴君之所以成为暴君，可能有一个原因，那就是他们并没有安全感。甚至他们也没有被尊重的感觉。一般民众仰视他们，但是他们周围的人并不一定买账。按照马斯洛的需求层次理论，一个没有安全感的人是不会有归属感和尊重的需求的。也就是说，他们才不管圈子里的人怎么评价他们，是否接受他们，尊不尊重他们，先保住位子再说。根据马斯洛的理论，一个没有获得基本的尊重的人，不可能想着自我实现，修身、齐家、治国、平天下的事儿，再说吧。所以，对于位高权重的领导者来说，自卑是一件可怕的事情。在其他条件相近的前提下，我宁可把票投给自恋的领导者，也不愿投给自卑的领导者。

尼采多么自信甚至狂妄，居然不敢向自己喜欢的女孩表达爱意，他托朋友转达，结果女孩跟朋友走了。

自恋与自卑都不是自我认知的最佳境界。更可怕的境界是自我认知忽高忽低。边缘型人格的特征是三个不稳定：自我概念不稳定、情绪不稳定、人际关系不稳定。有可能，自我概念不稳定是原因，情绪不稳定和人际关系不稳定是结果。有一本畅销书大家可以看看——《亲密的陌生人：我们如何与边缘型人格障碍者相处》[①]。

《自我评估：爱自己才能更好地与人相处》中有个表格非常有用。

不同自我评价类型的行为模式

自我评价	对成功的典型反应	对表扬的典型反应
高 – 稳定	"我很满意，能够做到使我感到快乐！"	"谢谢！"
高 – 不稳定	"我早就跟你们说过了，而你们一点也看不出来，看那些不相信的人现在怎么说。"	"再来一个，再来一个！"
低 – 不稳定	"我现在名副其实吗？"	"您知道，我没有什么长处。"
低 – 稳定	一星期后病倒。	"算了，我不感兴趣。"

自我评价	对失败的典型反应	对批评的典型反应
高 – 稳定	"这回我没有成功。"	"是吗？为什么你对我说这些？"
高 – 不稳定	"首先，你懂什么呢？"	"关你什么事？"
低 – 不稳定	"我准备得不充分，我没经验。"	"你认为是这样？"
低 – 稳定	"是，我是无能的。你事前难道没看出来吗？"	"对，比你说的更糟。"

对自身优势和劣势的客观、动态并且稳定的认知，才是我们应该追求的境界。

镜子和视频是促进自知力突飞猛进的两项重大发明。镜子：水面也好，铜面也好，水银镜面也好，都让人看到自己面目和身段的静态。两面镜子一起照，几乎给人以全视角的静态形象。而视频，可以真正让一个人从客观的角度看到动态的自己。有人看了自信，有人看了自卑，所有人看了，都更加自知。

至于以人为镜，谈何容易？没人愿意像镜子或者视频一样，客观地

---

① 作者：保罗·梅森和兰迪·克雷格，浙江人民出版社，2014 年。

给别人反馈。如果有这样的人，这个人不是心怀恶意，就是情商太低，或者是高管教练（Executive Coach），以给人反馈、促人成长为工作。客观反馈非常重要，所以我建议大家在有很多高情商朋友的同时，也要有一两个低情商的朋友。高情商的朋友让你愉快，低情商的朋友也许可以让你看到自己的盲点。但是低情商的朋友不能太多，否则你会崩溃。

自我是个值得探索的领域，有人行万里路，读万卷书，阅人无数，却不真正全面地了解自己。乔哈里视窗（Johari Window）是个有用的四象限。自己的某些缺点甚至优点，自己不知道，但是他人知道，这就是盲目区。低情商的朋友会直言不讳，把盲目区变成公开区。自己的某些优点和缺点，他人不知道，自己也不知道，这就是未知区。所以，持续探索自我，是一个好习惯。对于习惯反思的人，做的事情越多，自我发现就越多。

	自己知道	自己不知道
他人知道	公开区	盲目区
他人不知道	隐藏区	未知区

乔哈里视窗

成熟

有人说中国人是长不大的婴儿。我不同意。如果中国人是长不大的婴儿，那么其他国家的人也是！人是长不大的婴儿！这么说更接近真理。

心理学界都在说一个陈词滥调：每个人内心都有一个孩子（Inner Child）。

我在做博士论文研究的时候，走了很长很长的一段弯路。我当时错误地沉迷于研究中国人心理的独特之处。后来醒悟：在社会学和文化人类学层次上，如制度、政治态度、信仰、习俗，中国人大有独特之处。然而，在心理学层次上，如认知模式、心理需求、情感模式，中国人跟世界其他民族的人民一样，共性远远盖过个性。在一个民族内，个体之间的差异远远大于民族之间的差异。

有两种行为最能体现文化差异。一个是骂人，一个是讲笑话。我一直留意汉语和英语中骂人的话和笑话。比较下来，两者骂人的表达非常相似，两者的笑话也非常相似。无论中文还是英文，骂人都跟性有关。

既然"没长大""不成熟"是人类共性，那么民族之间在成熟程度上是否有差异呢？如果有，是否中国人在世界民族之林中心理年龄偏大，还是更加不成熟呢？这方面的实证研究不多且很难研究，所以不好说！我对成熟度有三个操作性定义：

第一，**自我认知基本清晰**。什么叫清晰呢？就是自己很清楚别人怎么看自己。自己不一定完全同意别人对自己的看法，但是要知道别人的看法。如果完全不同意，那么在社会上生活会比较累。这种累说明自我认知不够客观。客观的自我意识体现为自己看自己跟别人看自己有很大的一致性。社会学家米德把这个问题想得很透，他的理论叫作"镜像自我"。别人是自己的镜子。不同种类的人是不同的镜子。

第二，**自省比较频繁**。接受反馈并反思是成熟的标志。小孩子很少反思。如果成年人不反思，就等于没长大。自黑是成熟的一种体现。自黑的个体是成熟的个体，集体自黑的民族是成熟的民族。所以，《巨婴国》的出版和流行是一件好事儿！

第三，**遇到挫折的反应模式或者应对方式是成熟的**。我相信人类是唯一会通过自欺来让自己感觉好受的物种。人类会变着花样地自我安慰，甚至不惜扭曲现实，掩耳盗铃。一个人成熟与否，体现在是否自欺及自欺的程度上。人类的自欺由精神分析学派深刻挖掘，自欺的性质和程度有所不同，精神分析理论家乔治·E. 瓦利恩特（George E. Vaillant）把自我防卫机制按照成熟度分了四类。我基本上同意他的划分，但做了一些调整，如表格所示。

自我防卫机制（风里改编自瓦利恩特）

	中文翻译	英文	解释	意识水平
第一级：病态（Pathological）见于精神病、幼童、梦境	否认	Denial	视而不见、自欺式逃避现实	无意识
	扭曲	Distortion	扭曲现实以求心理安慰	无意识
	割裂	Splitting	非黑即白思维，天使化－魔鬼化	无意识
第二级：不成熟（Immature）见于青春期和成年期	消极抵抗	Passive Aggression	对他人的敌意间接表现为拖延	无意识
	投射	Projection	把自己的欲望和情绪放到他人身上	无意识
	躯体化	Somatization	把负面情绪转化成躯体症状	无意识
	替代	Displacement	攻击：找替罪羊；性：找替代品	无意识
	倒退	Regression	回到早期发展阶段	无意识
第三级：神经症（Neurotic）过多使用会导致神经症	理性化	Intellectualization	用理性代替情感	无意识
	文饰	Rationalization	找借口	无意识
	反向形成	Reaction Formation	反其道而行之	无意识
	压抑	Repression	（性或敌意）不允许进入意识	无意识
第四级：成熟（Mature）见于心理健康的人	抑制	Suppression	把不利情绪压下去，留待以后处理	有意识
	升华	Sublimation	把本能以社会接受的方式释放出来	无意识
	内射	Introjection	偶像附体	无意识
	幽默	Humor	笑着化解负面情绪	有意识
	利他	Altruism	助人为乐	无意识
	坚定	Assertion	维护自身利益，敢于说不	有意识
	预见	Anticipation	通过计划减轻焦虑	有意识

不满足于瓦利恩特给四个级别贴的标签：病态、不成熟、神经症、成熟，我进一步思考了四个级别的本质上的不同。初步的思考结果：第一级的本质是：扭曲现实。第二级的本质是：原始（倒退到幼童的解决问题方式）。第三级的本质是：认知重构（心灵鸡汤大多属于此类，即改变对问题的认知而回避问题）。第四级的本质是：行动学习（解决问题并学习成长）[①]。

我用一个员工的行为来说明第一级到第四级的挫折应对方式。

Jasmine 加入新公司，认为原来的老板是坏人，认为新老板很伟大，她说：只有新老板能够领导自己。后来，新老板狠狠批评了她一次，从此她就认为新老板也是坏人。这种非黑即白的思维，属于第一级。

后来，上级交待的事情，她拖着不做，这种消极抵抗，属于第二级。同时，Jasmine 开始咬指甲。年终绩效考评，Jasmine 的结果很差，奖金也没拿到。Jasmine 跑到上级办公室大哭大闹，这种行为是回到了小孩子的阶段，是一种父母不给买玩具就哭闹的模式。

很快，Jasmine 被公司终止了雇佣关系。这让 Jasmine 很郁闷。接下来的一段时间里，Jasmine 通过跟闺蜜聊天，得到了很多安慰，情绪也稍微缓和了下来，她开始换角度看待跟上级的紧张关系。她认为，这种冲突给了她改变的勇气。如果跟上级的关系一直僵着，可能会使自己一直内耗。这种换个角度看待挫折，看到坏事的好的一面的情形，属于第三级，即认知重构。

最后，Jasmine 开始思考下一个工作该怎么找，开始编辑自己的简

[①] 迈克尔·马奎特（Michael Marquardt），国际行动学习协会（World Institute for Action Learning，WIAL）主席，如此定义行动学习："行动学习是一个既解决问题，又提高能力的项目：集合一小群人，解决一个真实问题，同时关注他们从解决问题中能学到什么，以及他们学到的东西如何给其他团队成员乃至组织整体带来收益。"本书中的行动学习并非行动学习的原意，而是取其"既解决问题，又提高能力"的一个特征性要素。

历，思考自己适合的工作，探索工作机会。这是通过计划减轻焦虑，属于第四级。Jasmine 作为一个属于中等偏下成熟度的人，四个等级的自我防卫机制都用到了。更加成熟的人，会较多使用第四级的机制，较少使用前三级的机制。此谓成熟。

现在，中国有些人觉得美国就是天堂，美国有些人觉得中国就是地狱，这两种思维都属于第一级，十分幼稚。

总之，成熟的人因为自我认知基本准确，自己基本接受自己（特别是缺点），所以，他们遇到挫折，较多采用建设性的自我防卫机制及应对策略。

打架是小孩子的典型行为，大人打架是不成熟的表现。

面子

"面子"这个词，中西方都有。人类学家胡先缙，区分了"面子"和"脸"。面子是自己挣的，别人给的。脸是自己要的，人人怕丢脸。挣不来面子就会丢脸。太准确了！有本书值得推荐，《面子：中国人的权力游戏》，由心理学家黄光国与胡先缙合著，把中国人的人情世故讲得非常透彻。

面子，英文叫作 Face 和 Face Work。加拿大社会学家欧文·高夫曼（Erving Goffman）1955 年在《精神病学》杂志上发表了《论面子功夫》。高夫曼最有名的理论是印象管理、人生舞台，前台和后台，每个人扮演着不同的角色。中国人有根据角色约束行为的传统。三纲五常，讲的是针对特定角色的道德规范。忠义孝悌是分别针对官宦、朋友、子女、兄弟姐妹这四种不同角色的不同行为规范，有时它们之间会有冲突，所以常说，忠孝不能两全。西方人喜欢讲绝对的对错，讲普遍的道德准则。他们的社会也同样有因角色而定的行为规范，只是他们更看重普遍规范而已。

在我看来，真的没必要区分这两个词。一个人丢了脸，自己和别人都可以补救，自己找台阶下，或者别人给台阶下。如果别人给的台阶自己不下，还要往上攀登，争更大的面子，那么越高摔下来越疼。正所谓"死要面子活受罪"。如果说一个人"顶着个大脸"，就是说他自以为能得到这么大面子，但是别人不愿意给他这么大面子，那么说明这个人没有自知之明。所以，脸面有风险，投资需谨慎。要脸，就是不过分冒险、出风头。中国人如此，外国人也一样。面子是人类的高级需求，相当于马斯洛需求理论中的尊重需求。古今中外，人性都是一样的，社会生态和习俗不同而已。所以，社会学和人类学的学者比较重视不同文化之间人的不同，心理学的学者则更看重人类共性。

做销售的人，如果放下面子问题，业绩会更好。我专门研究过两位与我并肩战斗过的明星销售代表，他们是我见过的最厉害的销售代表。我把我"好的销售脸皮要厚"的观点跟他们讲，他们坚决不同意。他们说，脸皮厚不行，没脸才行。后来我读到一篇关于明星销售的论文，学到一个概念，叫情绪客观（Emotional Objectivity），意思是销售代表不要把客户对待自己的方式加入个人情绪。情绪客观可以说是"没脸"的好听的说法。

面子是一个产业

中国不仅 GDP 世界排名第二，而且是世界第二大奢侈品消费市场。曾经有权威机构预测，中国将在 2015 年之前，超越日本成为世界第一大奢侈品消费市场。世界奢侈品协会（World Luxury Association）预测，中国的这个世界第一会来得更早。麦肯锡预测，到 2015 年，中国奢侈品销售额将占全球奢侈品销售额的20%。可惜这个预测并不准，中国还是世界第二大奢侈品消费市场。

维基百科对奢侈品有这么一个非常经济学的说法："奢侈品是这样一种商品，人们对它的需求，超出收入增长比例地增长，与必需品的低于收入增长比例的增长形成鲜明的对比。"举个例子，一个人的收入，十年间增长了25%，奢侈品的消费增长了60%，而普通消费只增长了10%。这种经济学的说法，正好可以解释新富起来的国家的奢侈品消费热。

《奢侈病》（*Luxury Fever*）的作者，经济学家罗伯特·弗兰克（Robert Frank）认为，奢侈品是对社会资源的浪费，有害无益，他倡导通过累加的奢侈品消费税来抑制奢侈品消费的狂热。郎咸平也认为，奢侈品消费对经济不利。在我看来，这些都是无稽之谈。奢侈品是一种文明社会中自然的经济现象，跟艺术品一样，不需要一只看得见的手去抑制，那只看不见的手自然会去摆平。

缺少品位还是缺少地位？

据统计，全世界的人们平均花收入的4%买奢侈品，而中国人花收入的30%～40%买奢侈品。中国人几乎拯救了欧洲的奢侈品行业，但部分欧洲人认为中国人是没有品位的暴发户。部分欧洲人以自己的文化为中心，认为某品牌的消费群体为成熟女性，看到中国年轻女性购买这个品牌的产品，就嗤之以鼻。以创建中国财富排行榜出名的胡润声称，中国新贵缺少品位。他的话不完全准确。事实上，不仅中国新贵缺少品位，任何国家的新贵，在"老贵"们看来总是缺少品位。

胡润所说的缺少品位的新贵，应该指的是老一代。但是，新一代，中产是主力，其中有富二代，他们见多识广，因为财富是继承的，所以，他们与贵族有着共同之处。一些富二代中的精英，其自我已经大到任何奢侈品牌都不足以支撑的程度。他们认为，任何品牌都配不上自己，他们要定制专属于自己的品牌。奢侈品消费的生力军是年轻的中产，收入在二三十万元之间，他们追求面子，更追求个性。

如果说，恩格尔系数反映的是一个国家解决温饱问题的程度及享受必需品以外的物质文明的程度，那么，奢侈品消费在家庭消费中的畸形占比，是否反映人们的虚荣、精神空虚，以及尊严缺失程度呢？

奢侈品凭什么？

奢侈品凭什么能够给人带来面子？它们在设计、品质、耐用性等方面优于普通商品。巴黎 HEC 商学院市场营销系教授让·诺埃尔·科普菲尔更为夸张，他认为奢侈品能在所有感官上为人带来额外的愉悦。奢侈品的赞美者们忽略了一个因素——价格。定价是奢侈品的重要标志。

一家五星级酒店的大堂吧，一杯水就要 50 元，正是这个定价，把普罗大众隔离在外，从而营造出舒适的环境。奢侈品的定价，与此有类似之处。奢侈品的广告成本相对普通商品较高，占销售收入的 5%～15%，如果算上公关活动，这个比例将高达 25%。这些成本，跟品牌溢价相比，则是小巫见大巫。奢侈品超出产品和服务基本功能之外的那部分定价，就是用来满足面子等精神需求的。以腕表为例，满足计时精准、设计和制造工艺精美、材料上乘、防水等基本功能，如市场份额最大的西铁城品牌的石英表，1000 元到 2000 元足矣。如果是瑞士著名品牌，如劳力士的一块自动上弦机械表，至少要 5 万元到 10 万元。约 50 倍的差价，就是人们为面子付出的代价。

一些奢侈品品牌在向低端延伸，从而扩大销售。但是，它们的低价不能超过底线。如果它们走得太远，就会沦为普通商品，从而失去奢侈品的地位，曾经在中国改革开放初期被视为高端品牌的皮尔卡丹，就是一个例子。

高昂的价格，提升了进入者的门槛。奢侈品通过价格在精英与大众之间做区隔。只有少数人能享有的产品和服务才是奢侈品，这似乎是一个铁律。假货，是包括奢侈品牌在内的国际知名品牌的最大敌人。一方面，有人不惜花一到三个月工资买LV包；另一方面，有人不惜买假货充门面，更有甚者，随手买了假LV包，根本没注意它的品牌。

同样的逻辑，苹果手机曾经是奢侈品，目前，苹果手机早已沦为街机。对于很多人来说，从前，拥有苹果手机给脸面加分；现在，拥有苹果手机可能给脸面减分。

奢侈品不限于产品和某种服务，因为普通人购买不起，才成为奢侈品。司机、管家、私人教练、经纪人，都是奢侈类服务。

奢侈品消费心理：面子、自尊、虚荣、归属感、参照群体、自我认同

收入的多少只是一个数字，你不可能把存款数目印在名片上。奢侈品是能够体面地传递这个地位的符号。据2007年《时代》杂志的全球调查，多数中国人把奢侈品当作地位符号。其实，地位符号和炫富型消费这两个说法由来已久。在近年的世界经济中，奢侈品的成长速度远超普通消费品，奢侈品从富人专属走进中产阶层的购物心愿单。购买奢侈品，是人类共有的行为，在这种行为下面，是人类的本性。

人性，相对于其他动物性，本质是什么？小时候老师告诉我们，是人会制造、使用工具；后来动物行为研究告诉我们，动物也会。哲人告诉我们，只有人类才有自我意识；后来动物行为研究发现，像黑猩猩这样的高智慧动物也有自我意识，它们会照着镜子拿掉脸上的异物。人类独有的东西，最后只剩下面子——只有人有面子需求，其他动物没有。你踢了狗一脚，转身跟它玩儿，它乐得屁颠儿屁颠儿的。你踢了你儿子一脚，转身跟他玩儿，他赌气不理你。

成年人的内心，与孩子无异。曾经有位业绩低迷的公司的CEO，

提出要自降年薪 20%，一位下属出于好心，建议这位 CEO 辞退私人司机并卖掉公车，而不必降低年薪。CEO 坚持降薪，因为主动降薪不但不丢面子，而且可以提升形象。

过度追求地位、身份、脸面，打肿脸充胖子，就是虚荣。虚荣心对于面子产业是个重要的驱动因素。

从美国心理学家马斯洛的需求层次理论来看，生理感、安全感、归属感属于基础需求，尊重和自我实现属于高级需求。奢侈品中满足基本产品和服务功能之外的那部分，所满足的是归属和尊重的需求。奢侈品能否有助于人们满足自我实现需求是个问号，但是，一些奢侈品无疑可以满足一部分人的审美需求。附带说一句，马斯洛认为，审美需求只是少数人才有的需求。我的理解：多数人的审美，不过是追流行。

奢侈品不仅能够带来额外的面子，而且能够补偿失去的面子。伦敦商学院和康奈尔大学约翰逊管理学院的研究者（Niro Sivanathan 和 Nathan Pettit）发现，当人们的自我受到威胁时，他们更容易去购买名贵商品，如果他们有其他方式消除心理上的痛楚，则他们购买名贵商品的可能性就会降低。人们戏称这种消费为"购物疗法"。据我的长期观察，凡是超出自己支付能力而购买奢侈品的人，大多在生理、心理或社会认可方面有严重缺陷。

刚刚富裕的人和刚刚长大的人一样，需要重新调整对自己的认识。他们问自己："我是谁？"也就是要解决身份认同的问题。自我的身份认同是一个很有趣的概念，人们希望自己跟某些人相同，同时，又希望跟其他人不同。品牌营销使用代言人之所以奏效，是因为这让购买者与他们崇敬的代言人产生共同点。

人们定位自己，需要一个参照体系，社会心理学称之为参照群体（Reference Group）。参照群体，就是你想成为的那种人。研究发现，奢侈品的一个主要功能，就是让拥有者产生对于某个精英人群的归属感。

人们在面子上舍得投资，问题是，这种投资是否有回报呢？答案似乎是肯定的。荷兰蒂尔堡大学的学者（Rob M.A. Nelissen 和 Marijn H.C. Meijers）发现，奢侈品不仅能够给人带来面子，而且能从别人那里获得更好的待遇，包括礼遇和利益分配。不过，有一利必有一弊，开豪华车的人在赢得更多尊重的同时，也受到更多的宰割。

奢侈品消费者的心理群像

南加利福尼亚大学的营销学有位博士生（Young Jee Han）研究不同消费者对品牌标志大小的偏好。他把有钱的消费者分成四类，就像经典的营销4P，英文都是P打头的，也是4P：贵族（Patricians）、暴发户（Parvenus）、装富者（Poseurs）、无产者（Proletarians）。

贵族：该研究者称，这些人愿意为低调品牌支付溢价。所谓低调，就是在产品外表看不到品牌标志，如宝缇嘉（Bottega Veneta）包。这些人不需要彰显地位，而是只希望同类人认得出他们的奢侈品。

暴发户：该研究者称，这些人很富，但是没有贵族所拥有的能够鉴赏爱马仕包微妙细节的能力，因而更偏爱 LV 包的大 logo。他们喜欢张扬的奢侈品牌，希望借此与大众划清界限，从而与贵族和其他暴发户结为同类。

装富者：该研究者称，这是一些没有那么富裕，却希望通过奢侈品获得更高的身份感的人，因而，他们往往舍不得花钱买真正的奢侈品，而去买赝品。

无产者：该研究者称，这是一些没那么富裕，同时不借助奢侈品提升自身形象的人。他们既不渴望攀贵族的高枝，也不介意泯然众人。他们对奢侈品的态度是既不热衷，又不反感。

对于这位博士生的研究，我必须补充说明，一些富豪，依然是一种无产者心态，如比尔·盖茨和巴菲特。一方面，这些人有足够的自尊，不需要通过炫富而获得额外的认同。另一方面，一个人的花钱习惯，往往是在 20 岁之前养成的，当节俭成为习惯，即使后来有了钱，也不会乱花钱。

很多商家深谙消费者心理特征，例如在奔驰的车型中，越是廉价的，品牌标志就越大；越是昂贵的，品牌标志就越小。

面子产业不限于奢侈品

为了面子而产生的产品和服务，已经成为一个巨大的产业，这个产业在经济中所占的比例，比人们想象中的要大得多。

奢侈品产业是典型的面子产业，但面子产业不限于奢侈品。任何给消费者带来面子的行业、产品、品牌都属于面子产业。

美容和健身是典型的面子产业。在健身房中，经常有两类人：一类是减重的胖人和增重的瘦人，一类是健美的"超人"。前者来健身房是为了补偿丢失的尊严，后者来健身房是为了炫耀、强化身材的优势。

教育也是面子产业，望子成龙就是一种面子心态。子女有出息，光宗耀祖，父母脸上有光。面子产业消费者的一个特点是，特别舍得花钱。

虚荣心和面子是近亲。老张是一家小公司的老板，他的业务是为一家大型国企提供包装设计和制作，逢人便说他的业务有多么大。一般人看到的是，老张开着一辆 2.8 升排量的奥迪，但是跟他亲近的人知道，他花了十几块钱，把 1 换成了 2。原来的奥迪 1.8 就成了奥迪 2.8。

更加虚荣的人，甚至把夏利的车标换成丰田的。还有人，感觉自己车的品牌配不上自己想要的面子，但不忍心偷梁换柱，于是，在汽车标牌的周围狂加点缀。如果你观察，就会发现这样一个现象：那些高端轿车，基本上是没有点缀车标的。那些点缀车标的，基本上是低端轿车。

"记者从高速交警怀来大队设立在京张交界处的怀来公安

检查站了解到，该检查站充分发挥过滤网作用，对进京车辆严查细查。怀来大队三中队民警查获一辆私改车标的小客车，车主爱慕虚荣，竟然将黄海牌客车改装成了奔驰牌。"

在以上案例中，违法修改车标，只是为了面子。

品牌与面子的关系是相对的。不同阶层有不同的面子。一些品牌，在高收入人士看来，有损于面子；在低收入人士看来，能增加面子。以腕表为例，天梭表，对于刚刚大学毕业的普通家庭出身的人而言，无疑是一个增面子的配饰；而对于一位国企高管而言，则过于低调了。

基于这个面子"相对论"，有一个好消息和一个坏消息。好消息是，任何档次的品牌，经营得好，都可能为特定的消费者带来面子，因而可以收取面子溢价。坏消息是，这个世界上最难的事之一，就是穷人给富人送礼。穷人眼中的奢侈品，可能是富人眼中的普通商品。单从礼尚往来这一点看，社会学家的研究结论得到印证：跨阶层的交往几乎是不存在的。

根据罗德公共关系顾问有限公司与信天翁联业商务咨询有限公司联合做出的《2011—2012中国奢华品报告》，人们更多地是为别人购买奢侈品。奢侈品作为礼物，不仅让送礼人有面子，也让收礼人有面子。

面子产业的中国机会？

各大奢侈品牌纷纷把注意力转向中国。无疑，面子产业的机会在中国。可是，中国企业的机会在哪里？我们可以从日本品牌的崛起学到很多。

日本人善于制造品质优越的产品，无论自来水笔、钟表、相机、乐器、运动鞋，还是汽车。但是，由于日本的全球影响力不如欧美，所以，日本产品尽管性能优异，还是不容易卖出好价钱。

目前中国奢侈品做得最成功的行业，是白酒，但是白酒很难走向世界。表面上，阻力在于饮酒习惯——西方人觉得白酒劲儿太大，实际上在于文化。中国人本来不习惯西方的葡萄酒、威士忌，但是觉得它们高雅，于是渐渐接受了。反过来，让外国人接受白酒，并以饮白酒为风尚，就比较难了。

国际著名品牌咨询公司 Interbrand 认为，在近年品牌资产排名前100 中，最多的是美国品牌，其次是日本品牌。从日本品牌的经验教训来看，作为文化不占主导地位的国家，其产品必须远远优越于欧美产品，才有与其相同定价的可能。另外，我们也要向日本品牌学习，以本国文化为自豪，耐得住寂寞，沉得住气。

给消费者的忠告是：花钱买好东西，善待自己，张扬个性是好事儿，但是，一不要打肿脸充胖子，二不要花冤枉钱。如果你需要获得更多的面子，与其咬牙买奢侈品，不如乐善好施、增长见闻、提升品位、培养才艺、塑造健美身材。

给外国品牌的忠告是：中国的市场潜力巨大，但是竞争将会十分激烈。营销规律，放之天下而皆准。假货问题不解决，真货也会失去市场。

给中国品牌的忠告是：要有民族自豪感和民族自信心，要扎扎实实做好产品和服务。品牌管理既需要知识，又需要品位，找有品位的人管理品牌，才能做出有品位的产品和服务。

躺平还是卷？

人类的基本动机可以这样分类：生存和发展。前者的核心是"乖"，典型动作包括自卑、示弱、委曲求全、维护关系和谐、谦让。后者的核心是"作"，典型动作包括自信、逞强、影响他人、与人争斗、追名逐利。不作为还是作为？这是一个问题。人类的弱、惰、懦，让人不作为，退一步海阔天空，完全是为了生存，以个体的存活为目标。人类的妒和贪，却让人勇往直前，哪怕冒死亡的危险，也要以获得高等级身份为目标。人性的弱点让人们生存，人性的进取心让人们发展。

人类的各种文化，古今中外，从蒙昧的部落到现代文明国度，有一点是共同的：利他为道德高尚，自私为道德低下。在成就动机（即日常语言里面的"进取心"）这件事情上，如果社会认为动机是利他的，就会用褒义词来形容，例如，志向高远。如果社会认为动机是利己的，就用贬义词来形容，例如，追名逐利。

美国心理学家约翰·威廉·阿特金森（John William Atkinson）的成就动机非常简单明确，用大白话说就是：成就动机等于对成功的渴望减去对失败的恐惧。

妒和贪，是人类进取心的根源。

羡慕、嫉妒、恨是人的本性。君子止步于羡慕，小人嫉妒，恶人恨。

典型场景就是：比赛中落选的选手们微笑鼓掌，内心是羡慕、嫉妒、恨。

动物也会嫉妒。我住的院子里曾经有两只狼狗，一只是德国牧羊犬，另一只貌似是比利时牧羊犬，作为安保的一部分。我跟这两只狗关系都很好，我都喂过它们，遛过其中一只，跟另一只合过影。有一次它们两个同时出现，我跟一只玩的时候，另一只就狂吠。

黑猩猩也有嫉妒心，占有欲极强，这体现为领地意识。我讲一个美国人养黑猩猩的惨剧。这件事发生在 2005 年 3 月的美国加州。戴维斯夫妇驾车前往离家 30 英里的一个动物收容所，为他们多年前像自己儿子一样养在家里的宠物黑猩猩 Moe 送生日蛋糕。Moe 是 1999 年因为咬断了一位女士的手指，而被迫离开戴维斯夫妇的家来到收容所的。当

Moe 在笼子里、夫妇两人在笼子外面享受生日蛋糕时，隔壁笼子里的四只黑猩猩从没有锁的门里冲了出来，其中两只雄性黑猩猩先是咬伤了妻子的手，然后扑向丈夫，疯狂施暴，咬掉了他的鼻子和一只眼睛，撕掉了他的一只脚，扯掉了他的睾丸。这是多大的仇恨啊！而 Moe 则躲在一边无动于衷。人们分析，这两只黑猩猩的暴行，可能出于嫉妒。

我有一个好朋友，在美国定居，家里生了对双胞胎。我问他的太太，是否两个孩子一起养大，有规模效应。她是管理学教授，观察力极强。她说，不是。例如，每当哄孩子睡觉的时候，妈妈抱一个，被保姆抱的另一个就哭闹，一定要妈妈抱。

说到人类的嫉妒心，三国时代的邓艾很惨。邓艾的名气不大，但是如果你仔细阅读《三国志》，你会发现邓艾是仅次于周瑜的几乎完美的人。邓艾出身贫寒，一生努力进取，从基层做到主帅，是灭蜀的先锋官，当时已经七十岁。他在刚刚成就大业的时候，就被同僚设计害死。他的同僚，是比他小三十岁，出身名门的钟会。钟会产生了嫉妒的心理，就诬告邓艾谋反。书法高手钟会模仿邓艾的笔迹，写奏章给当时魏国实质上的一把手司马昭，用词嚣张。结果司马昭下令逮捕邓艾。押送途中，邓艾被卫瓘派兵杀害。这个历史惨案告诉我们，猪一样的队友并不可怕，可怕的是钟会这样的队友。

组织内，平级之间的关系有竞争的成分。我发现在 360 度反馈问卷调查中，上级、下级、平级之间互相评价时多为匿名。一般评价最低的是平级互评。这与人性的嫉妒不无关系。

心理学研究发现，羡慕对一个人的激励作用不如嫉妒，嫉妒的作用不如恨[1]。苏洵立志读书源于羡慕，刘邦、项羽起兵源于嫉妒，越王勾践兵败为奴，忍辱负重，卧薪尝胆，终于报仇雪恨，源于恨。

---

① van de Ven, N., Zeelenberg, M., and Pieters, R. Why Envy Outperforms Admiration

苏洵、苏轼、苏辙三人，最有名的是苏轼，你知道他是因为东坡肉还是因为"明月几时有"？苏洵则因为被选入《三字经》，而变得家喻户晓。

《三字经》是这么说的：苏老泉，二十七。始发奋，读书籍。你可能感叹：他懂事儿也太晚了点儿吧？我同意。不过《三字经》想用这个案例说明，发奋读书什么时候都不算晚。当今不是也有七八十岁的人上大学的吗？

我当时看到《三字经》这一段，就纳闷儿了：苏洵在他 27 岁那年，发生了什么？

简单来说，就是他发现不仅别人家的孩子都很有出息，自己家的孩子也很有出息。他受不了了。

苏洵排行老三，有俩哥哥，都是学霸，苏洵 25 岁的那一年，二哥中了进士。苏洵特别贪玩，或者说，会生活。这一点遗传给了苏轼。但苏轼会生活的程度不如老爸苏洵，苏洵遍游名山大川，他二哥就对他说：你去过那么多地方，写写游记，好东西要分享！也练练文笔！

苏洵于是就开始写，他发现，去游玩很舒爽，写游记很痛苦。他居然写不出来！就跟二哥认怂。二哥是个好教练，就让苏洵写族谱。苏洵就去采访家族里面的老人，他在编写族谱的过程中，发现他们家族中的孩子几乎个个都是人物，只有自己老大不小了还一事无成。写完族谱，苏洵受到鼓舞，于是开始勤奋写作。

从 25 岁写到 27 岁，苏洵写了很多文章，自己回头一看，发现都是垃圾，于是一把火全烧了。一边烧一边发誓，要多读书！他觉得自己写不出好东西，是因为读书少。于是有了《三字经》"苏老泉，二十七。始发奋，读书籍。"这段话。

人类的嫉妒本性，可以用来励志。否则，人性本弱，一干活儿就累。人性本惰，拖延不做事。人性本懦，多一事不如少一事。这样下来人类就会无所作为。古代的刘邦，本来过着高质量的生活。物质上衣食无忧，声色犬马。精神上呼朋唤友，被众星捧月。一天偶见秦始皇的车队，感叹其排场，他说了句"大丈夫当如此也！"于是决定干一番大事业。同样因秦始皇的排场励志的还有项羽。项羽当时的生活状态应该比刘邦还要好很多，他天生英俊，出身高贵，文武双全。当他看到秦始皇的风光的时候，他说的句型是俯视的："彼可取而代也！"你想想，秦始皇其貌不扬，出身来历不明，哪一点也比不上项羽。看着不如自己的秦始皇，项羽咽不下这口气。从此决定要干一番事业。

社会心理学有个理论，叫"社会比较理论"，说的是人通过跟其他人比较才知道自己是谁。有句俗话，"人比人气死人"，说的是跟比自己强太多的人比（上行社会比较，Upward Social Comparison）显得自己很失败，痛不欲生。一个人选择跟什么人比（参照群体），决定一个人是励志还是喝鸡汤。李渔的《闲情偶寄》就教人跟不如自己的人比，从而产生幸福感。心灵鸡汤是一种反励志。想励志就少喝。所谓做最好的自己，不跟别人比，只是一种美好的愿望，没有人可以完全做到。别人的成功映衬出自己的失败，别人的失败映衬出自己的成功。

"点石变成金，人心犹未足。"（语出《增广贤文》）一个有进取心的人，永远不会满足。这就是所谓的贪。"贪婪，我找不到一个更好的词，贪婪是好的，贪婪是进化精神的本质。贪婪，各种形式的贪婪，对生活、金钱、爱情、知识的贪婪，标志着人类进取的动力。"这是好莱坞电影《华尔街》中，迈克尔·道格拉斯（Michael Douglas）扮演的高顿·盖克（Gordon Gekko）的一句台词。

东汉光武帝刘秀，幼年丧父，无依无靠，理想并不高远，只想好好学习，将来过上衣食无忧的生活。当他看到天下大乱时，就想建功立业，有个一官半职。当他建功立业，发现皇帝昏庸时，就想自立为皇帝。当他当了皇帝时，就开始发挥文韬武略，平定内乱，富国强兵，业绩辉煌。后代皇帝及史学家对他的政绩称颂有加。刘秀正如他的名字一样，是个优秀的人，他身上充分展示了人性的特点：进取。你也可以说他不知足，甚至贪婪。

权力，特别是皇位这种至高无上的权力，假如唾手可得，就会让很多人的良知顷刻间灰飞烟灭。在无上的权力面前，人性只在乎成败，不在乎好坏。

在对人的管理上，弗雷德里克·赫茨伯格（Frederick Herzberg）区分了保健因素和激励因素。保健因素是如果没有就会动力下降的东西，激励因素是有了就能提升动力的东西。那么，金钱属于保健因素，还是激励因素？

薪酬、福利既可能是保健因素，又可能是激励因素。你给一个人加薪，在加薪的瞬间和之后的短时间内加薪有可能成为激励因素，过了一段时间，就成了保健因素。而且，一旦员工形成对定期加薪的期望，加薪这件事，就再也不是激励因素了。如果说基本工资是公司对于员工价值的认可，那么，不定期发放的奖金相对来说更能起到激励的作用，问题是，大多数公司没有这样的灵活性。

由俭入奢易，由奢入俭难。人类对权力和财富的追求，永无止境。如果不加以抑制，就会酿成灾难。

未来的人类：更躺平还是更卷？我认为会更卷。在 AI 时代，人类肯定更卷。社会分工更细，赛道多了，从理论上说，出路也就多了。行行出状元，成功的路不止一条——科举。在科举上卷，不如在另外一百条赛道上选一条卷。我偶尔会想，如果我出生在古代，可能是个屡试不中的秀才，或者中了举人甚至进士但是做不了官、不会做官。多亏我出生在现代，成为心理学博士，还能出去讲讲课。但是从人类知识积累和技术的复杂度来说，一个人在成长过程中所需要获得的知识和技能的量、难度都增加了。

回首人类几千年，貌似越来越卷是规律。中国古代的普及教育是识字写字，精英教育是五经六艺。五经是五本经典：《诗经》《尚书》《礼记》《易经》《春秋》。六艺：礼、乐、射、御、书、数。礼是礼仪，乐是音乐，射是射箭，御为驾驭马车的技术（古代的考驾照），书是书写识字，数是算术。现代人要学的，比古代人多得多！随着互联网、智能手机的普及，未来属于 AI-Augmented Humans（AI 增强版人类），这类人将整合人类和 AI 的优点，扬长避短，所向披靡。

四

○

世俗的成功:
智力

成功与成就感不同。成功是客观的，成就感是主观的。有人在别人看来很成功，但是自己没有成就感。有人在别人看来不成功，但是自己有成就感。

在这里，我只讨论世俗意义上的成功，以社会地位、财富、知名度、人际关系质量和数量、硬技能的获得为标志。

基于实证研究，心理学家发现，在个人特质里面，与成功关系最密切的是勤奋和智商。要想预测一个孩子能不能成为人生赢家，其实只需要基于勤奋和智商这两点。加拿大心理学家彼得森回顾了心理学研究，得出这个结论。我表示同意。彼得森还说过，情商根本不存在，多元智商理论是垃圾。我也严重同意。所谓多元智商，是一种标新立异的智商理论，认为智商不止一种，连运动天赋和音乐天赋都算智商。对此，不仅我不同意，《能力孵化》[①] 的作者们也不同意。

智商比情商重要

智商是对事和人进行判断的基础，是学习能力的近义词。

情商（Emotional Quotient，EQ，更学术的名称是 Emotional Intelligence，情感智力）一直被人们挂在嘴边。这要归功于两个心理学家：一个是戴维·麦克利兰（David McClelland），他撰文论证素质比智力重要，主张用人不看智力看素质。另一个是他的弟子丹尼尔·格尔曼（Daniel Golman），号称情商之父，把情商界定为 18 种素质。

---

① 《能力孵化》由伊恩·麦克雷、阿德里安·弗纳姆、马丁·里德著，徐剑、李冬、路烽译，上海交通大学出版社 2024 年出版。

然而，很多心理学家对情商说的泛滥很无奈。以埃德温·洛克（Edwin Locke）为代表的一批心理学家甚至认为，情商根本不是一个有效概念。

情其实不存在"商"。有没有觉得我们这个时代的商太多了？情商、胆商、逆境商、钱商、创业商……主流学术界除了智商，其他"商"一概不认。为什么呢？因为一个东西成为"商"，必须纯！

关于情商有三个流派。一派认为它是一种能力；另一派认为它是一种特质；还有一派以格尔曼为代表，认为它是能力和特质的组合。汉斯·艾森克（Hans Eysenck）认为情商不是智力，因为它们的要素之间几乎没什么关联。洛克认为，情商不过是智力在情感上的应用，它不是智力，而是技能。情商甚至只是性格，根据兰迪（Landy）的研究，情商问卷与大五人格中的两个维度：神经质（Neuroticism）和外倾（Extroversion），高度重叠。

情商这个概念，虽然我跟好多心理学家认为它不科学，但是它早已进入了日常生活的语汇之中。心理学里面的术语，家喻户晓、妇孺皆知的，除了"内向－外向"，可能就属情商了。

情商决定成败吗？心理学家（Antonakis 等人 2009 年发表在《领导力季刊》上的论文）发现，只要把握智力和关键性格因素，情商基本不影响学习成绩和工作绩效。

很多试图证明情商比智商更能决定成败的研究，其前提都排除了智商差异。例如，在管理层中间，智力一般不会差太多，而差别主要体现在其他方面。所以，18 种情商素质平均比较高的管理者业绩自然比较好。这就好比在 NBA 球员中间研究各项指标，结果发现身高不是影响篮球水平的主要因素，身高以外的众多因素更能够影响篮球水平。实际上，这样的研究等于把身高的差异控制住了，导致永远不能发现身高的真正作用。

智商是情商的基础，情商是智商的应用。智商高，不见得情商高；情商高，则智商一定高。原理是：人际情境远比物理情境复杂，而且人际情境要求反应迅速，慢半拍则无法补救。需要注意的是：不能因为一个人情商不高而否定他的智商（他可能对人际交往不感兴趣）。但是，可以因为一个人情商高而肯定他的智商。一个高智商的人，跟人打交道久了，会拥有管理自我和管理关系的技能。

爱因斯坦是高智商和高情商的榜样。他智商高没悬念，但他情商高却不为人知。爱因斯坦对人感兴趣，他不仅对物理学和拉小提琴感兴趣，对权力和女人也感兴趣。还有，爱因斯坦特别会为自己讨价还价，以获得高薪资。

老子说：知人者智，自知者明。胜人者有力，自胜者强。老子的观点可以总结成一个智慧金字塔，智力是基础，在此之上是战略思维，到此即《大学》所说的"格物致知"。再往上是知人之智。这两样用曾国藩的话说，叫"知人""晓事"。再往上是自我认知和自我管理。

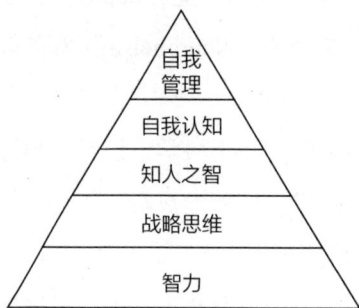

智慧金字塔

这是从智力到智慧的阶梯。智慧既有智力的成分，也有情商中比较适合作为"商"的成分。我没把关系管理放在里面，原因有二：第一，关系管理更像一套技能，而非智慧。第二，关系由双方共同决定，而非一厢情愿。

说完老子，咱们再说说孔子。孔子的心路历程是从智力到智慧的绝佳例证："吾十有五而志于学，三十而立，四十而不惑，五十而知天命，六十而耳顺，七十而从心所欲，不逾矩。"他四十不惑，不惑什么呢？我猜，应该是对自己是什么，自己想要什么，想得比较清楚了吧。

后来知天命（知道哪些是自己可以控制的，哪些是自己无力控制的）、耳顺（跟什么人都能相处而不会生气）、从心所欲、不逾矩（既能遵从习俗，让别人舒服，又能发挥个性，不委屈自己），则是情商的高等境界。

　　一个人聪明很重要，因为他的学习曲线会很短，他会找到规律。做事情就好比过一条大河，目标在彼岸，笨人游过去，聪明人划船过去，智者从桥上开车过去。问：为什么笨人不划船过去，而是冒着衣服湿了，甚至淹死的风险游过去呢？原因是：笨人既看不到船的存在，又看不到桥的存在。

　　怎么判断智力？首推智力测验。怎么选择智力测验是个难题。瑞文图形推理最经典，类似瑞文的测验最接近智力的本质：归纳。在归纳之后，演绎、语言理解、创造力也很重要。数学能力虽然与智力强相关，但毕竟是一种技能，而非智力。

　　图中是瑞文测验的例题，它太简单了，它的用途是告诉接受测验的人这类题的做法。它几乎没有难度。但是人群中的极少数智力有障碍的人，看不到这个规律。

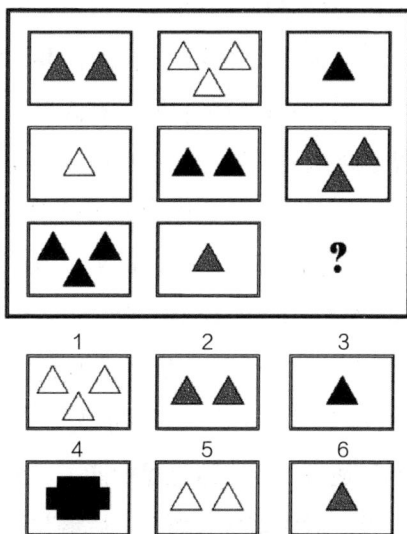

瑞文测验的例题

智力如此重要，所以，我一直用智力测验为企业筛选人才。在自说自话的性格测验的映衬下，智力测验显得格外靠谱。一些鲜活的个案告诉我，那些智力测验得高分的人，教练式辅导的效果特别好；相反，智力测验得分一般的人，教练式辅导的效果来得缓慢而吃力。

智力测验快速、简便，但局限性也很明显。

第一，智力测验测评的智力，实在是太基础了。这就好比用身高、体重、心率、呼吸频率和血压来测评一个人的健康程度，而对这个人是否吃好、睡好全然不顾。

第二，几乎在所有智力测验里面，问题都是界定好了的，条件也是确定好了的，甚至连答案都提供了。现实中的问题却需要人去界定。现实中的智力高下，在界定问题的时候就已经见分晓了。而条件从来都是不确定的。俗话说，"没有条件，创造条件也要上"。这就是现实。现实中没有标准的答案，而答案却有着数不清的标准。重新界定问题，甚至放弃问题，在现实中往往是上策，而在智力测验中，绝对是 0 分。

日常工作和生活中判断一个成年人的智力，可参考三点：

（1）记忆力。记忆的存储和提取是智力最基础的指标，记忆力甚至是自我概念的基础。为什么今天的我还是昨天的我？没有记忆力的人，每天都是新的自我，也就没有持续的自我。有人博览群书，却不能旁征博引，为什么？存储和提取有问题。主动地提取，几乎等于联想。

（2）语言能力。语言反映思维。而此处的语言，不是文艺青年的表达能力和修辞能力，而是普通青年的沟通能力。首先，要有听懂别人讲话的能力。听懂一句别人用母语说出的话，包含着复杂的假设验证过程，这是在分秒、毫秒之内发生的，是必须参照语境（Context）才能进行的，慢半拍就跟不上。其次，看表达能力。一方面，看迅速、流畅、准确、生动、幽默地用母语表达意思的能力。另一方面，看对外语的学习速度和学习效果。对大多数人而言，后者并不适用。

在对话中判断一个人的智力，有很高的效度。我研究名人的智力，一看其对话视频，二看其著述。我的心理学家前辈测出歌德的智商是270，拿破仑是250，也是这个原理。

（3）说话是否好听，也就是待人接物是否得体，特别是在人群中（如酒桌上、开会时）的表现。智者"从心所欲不逾矩"，愚者一开口就得罪一大片而浑然不觉。这个世界上敢说自己情商高的人，情商肯定不高，因为他们的自我认知和自我管理可能都有问题。那些八面玲珑、长袖善舞的人，其实已经在情商上丢了很多分，因为他们给人留下圆滑的印象。所以，当众人一致认为某人情商高的时候，他的情商很可能并没有很高。因为高情商的人，让人感觉自然、真诚、可信。

既然情商不是商，不如改成"情伤"。因为不知道自己是谁，不善于跟人打交道，所以情商低的人经常得罪人，伤别人的感情。一旦伤了别人感情，自己心情也不好，所以，情商不高就容易感情受伤，叫作"情伤"。

很多人不善于跟人打交道，情况分为三类：第一类是智商低。一个人到30岁，认认真真跟人打交道30年，如果还学不会，那只能说他智商低。第二类是对人不感兴趣，学者多属此类。第三类是极端以自我为中心，完全忽视他人的利益和存在。这些人是孤家寡人，人们避之唯恐不及。低情商者该怎么生存才能更轻松愉快，甚至成功呢？

除了提升情商，其实还有其他方法。一个是让自己善良，真诚待人。另一个是练就一手绝活儿。只要智商不低，就好办。所以，低情商的人有活法，低智商的人没法活。

智商比情商重要，不等于高智商的人可以恃才傲物。我对高智商者有个忠告：赶紧把智商升级到智慧！智商高的人不一定有智慧，甚至非常不智慧，小聪明、聪明反被聪明误说的就是这类人。高智商的人必须做五个反思，才可以到达智慧的境。第一个反思，战略地图：问自己眼下所做的事情是为了什么？大目标怎么分解成小目标，怎么为目标找到方法？第二个反思，自知：问自己什么是最重要的？这一生图的是什么？第三个反思，知人：反思别人的所求、所为、所感。第四个反思，知己。第五个反思：问自己我能否管理自己？

智慧比智商重要，最大限度利用有限的智商，就是智慧。那么，智慧比智商多出什么呢？我的回答是：战略思维、知人、自知。

克服认知障碍

这个时代，智者更智，愚者更愚。如果智商对生活质量的影响在过去是算术级数，那么在网络时代、数智化时代、人工智能时代就是几何级数。我发现，人类有五大认知障碍，前三个是根深蒂固的人性，后两个则是商业化和数智化时代的副作用。

第一个认知障碍：知识幻觉（Apophenia）。

这个概念由德国精神病学家克劳斯·康拉德（Klaus Conrad）提出，用来说明精神分裂症发病前兆的思维特征，这种思维障碍跟精神病的核心症状幻觉不同。前者是基于真实的感知觉而产生的错误认知，例如，认为别人的一句话跟自己的感冒有因果关系；后者则是完全凭空产生的错误认知，例如，认为别人在通过高科技仪器监控并操控自己的行动。后来学者们发现，虚幻逻辑实际上普遍存在于人群中，是一种人类认知的特征：人的大脑有一种习惯，会在事物之间找因果关系。哪怕事物之间并没有因果关系，人们也愿意做因果关系的推断。万物关联仿佛是人脑对宇宙的基本假定。"祸兮福所倚，福兮祸所伏"，福祸之间真的有因果关系吗，还是虚幻逻辑？我认为后者的可能性较大。普通人虚幻逻辑的典型例子有两个：股价预测和阴谋论。很多人认为股票价格是有内在规律的，甚至有人著书立说，提出各种公式。很多人觉得游戏的输赢并非随机，而是有内在逻辑的，而他们掌握了其中的逻辑，所以他们的胜算高于别人。阴谋论者不相信概率和偶然性，不相信黑天鹅效应（概率极小事件居然发生了的现象），总觉得一件事情的发生一定是有人谋划的，而且把那些并无必然联系的人物和事件放在一起做因果关系的推断。

第二个认知障碍：自我中心。

体现在三个方面：自恋、自卑、归因偏差。管理学者、领导工坊联合创始人肖知兴在《以热爱战胜恐惧：中国式领导力发展大纲》中提到一个案例，某企业大老板非常自恋，请著名学者讲课，寒暄之后，并没有学习的心态。这位老板正准备在南非做一个重大投资，而那位学者正好是南非问题专家。老板根本没问那位学者南非的政治经济状况。结果不久后，南非局势动荡，这位老板的投资打了水漂。成功导致更加自恋，更加自恋导致不学习。自卑也不利于获得真知，导致失去独立判断的能力。归因偏差让人对成败的原因做出有利于维护自尊心的解释，因而不能发现世界的真实因果关系。

第三个认知障碍：权力的游戏。

取悦他人是一种基本交往技能。说好听的话是交谈的基本规则。一个人能听到不好听的真实消息的可能性，随着权力的增加而递减。皇帝最难听到坏消息，往往是最后一个听到坏消息的人。所以贤明的唐太宗宽容敢于给他真实负面反馈的魏征，以人为鉴。善于跟人相处的人大多会过滤自己的言辞，挑好听的说。所以，即使不是当大官的人，也不容易收到使人不愉悦的真实信息。《邹忌讽齐王纳谏》（《战国策·齐策一》）里面，邹忌很帅，但是徐公更帅。连邹忌本人都承认自己比徐公差远了。但是，妻、妾、客都说邹忌比徐公帅。说假话的原因不同：

妻是真爱（所以不算有意说假话），妾是怕，客是有求于邹忌。后两者都是权力在作怪。社会学定义的权力，就是一个人占有需要的资源。所以，对于妾和客，邹忌就是有权力的。

第四个认知障碍：伪知识。

科学通过新闻报道、科普畅销书、文学艺术，以及应用技术的商业化而变得远离真理。自媒体让以讹传讹的速度呈几何级数增长，相比之下，充满争议和不确定性的研究结论更加难以走出实验室。例如，科学家发现，大脑左右半球功能具有不对称性。传播夸大了这种差异。急于赚钱的人开发出应用技术，开始进行左右脑全脑人的教育实践。科学家研究表情，刚刚尝试给表情编码，还没有确定的结论，富于想象力的编导们就拍了 *Lie to me* 这样的连续剧，仿佛真的有人凭肉眼就能看出谁在说谎。最有意思的是无食比（Digit Ratio），就是无名指和食指的长度之比。科学家发现，这个比例与胚胎的雄性激素含量呈负相关，而且，统计显示，男性无食比平均低于女性。这个比例与很多雄性特征有关，涉及多个生理和心理指标，包括阴茎长度（负相关）、第二性征（负相关）、攻击性（负相关）、学习成绩（正相关）等。目前，很多人已经开始用无名指的长度推测男人的阳具大小。

这个时代的愚昧，一半来自民间智慧，一半来自庸俗心理学。民间智慧告诉我们，红薯和柿子一起吃会得结石，鸡蛋和糖精一起吃容易中毒，洋葱和蜂蜜一起吃伤害眼睛，豆腐和蜂蜜一起吃引发耳聋，萝卜和木耳一起吃使皮肤发炎。本能告诉我们，爱吃什么就吃什么。动物都知道吃什么是对自己身体有利的。我们该信民间智慧，还是本能？可惜，人类的本能和直觉所剩无几。我们发达的大脑皮层已经抑制了皮层下中枢所负责的本能。唤醒本能，心脑合一，是我们追求的境界。

庸俗心理学让我们相信，要表扬孩子努力而非聪明，科学心理学虽然做了相关实验，但是只要采用科学的思考方式，我们不难发现，同一实验却可以得出不同的结论。你表扬孩子聪明,孩子当然就不用再努力了,因为自尊已经满足了。孩子在实验室里停止努力,不等于在现实生活中停止努力,除非,现实已经满足了他们的自尊。

庸俗心理学让我们相信,男孩要穷养,女孩要富养;科学心理学告诉我们,穷养和富养跟品质的培养无关。自信、乐观,这些品质的培养才是关键。培养这些品质,要靠父母克制而无条件的爱。

不能相信别人,只能相信自己。我们每个人都有两样东西最可靠:第一,作为动物的本能;第二,科学的思考方法。本能加上科学的思考方法,是生存的智慧。

就像第一财经《头脑风暴》主持人马红漫博士的话:"人云,我不亦云。"

跟心理学有关的伪知识

错	对
大脑只用了 10%	大脑都在用
成年后脑细胞数量不再增加	脑细胞一直在增加或减少
左右脑功能不同	左右脑功能不对称,上下脑功能不同
心理学是文科	心理学是理科
智商遗传自母亲,性格遗传自父亲	我们继承父母基因各半
情商比智商重要	情商不存在,智商和性格最重要
性格互补比相似重要	性格相似比互补重要
血型跟性格有关	ABO 血型跟性格无关
笔迹体现性格	笔迹跟性格无关
催眠可以操控人的意识和行为	催眠让人放松

应用技术的商业化是个急性子,而科学是个慢性子。于是我们有了近视激光手术、整容、转基因。应用技术远远跑在科学前面。急于赚钱的制药公司,只要证明疗效并且标明副作用就让新药上市,全然不顾副作用的长期危害。以前我们吃过的好药,如今有些成了禁药。科学是天

使，而应用技术往往是长着天使面孔的魔鬼。

第五个认知障碍：数智化时代。

信息时代是个美好的时代，智商高的人很快就可以成为某个话题的准专家。但是对于智商低的人而言则是灾难。**数智化时代的特征是：多元化、信息过载、碎片化。**对于智者，这些是好事；对于愚者，却可能构成认知的挑战。

这个时代，对于任何一个问题，都有不同的观点。有人点赞就有人踩。每个人要独立做判断，无形中增加了智商的负担。结果，很多人感到迷茫。

这是一个多元化的时代。在不知道信什么的时候，有些人选择了什么都信，有些人选择了什么都不信。

相比一元化，多元化给了我们多种选择。虽然选择有时是一种痛苦，但是在不同看世界的方式中，必有一种适合大家。

文艺青年选择文学作为世界观甚至生活的方法论，对于文艺青年，人生就是一出戏，自己扮演自己喜欢的角色，自己选择自己喜欢的剧本，自己导演自己的人生，自己作为自己的观众。喜怒哀乐，正如酸甜苦辣，成就人生的盛宴。他们欺骗自己，王子和灰姑娘终于结了婚，从此过着幸福的生活。问题是故事到此戛然而止，没有说婚后两个人由于出身不同而产生的价值观不兼容。

哲学的好处在于可以通过理性，回答科学回答不了的终极问题：宇宙的起源，生命的意义。然而能够建构自己的人生哲学的智者，毕竟是少数。

人脑的信息加工能力有限，装满了垃圾信息，就装不下真知。人喜欢好玩的、简单的、确定的东西。例如，关于性格的研究，把人分成四类（如希波克拉底的体液说）好玩，分成四种色彩更好玩，比喻成三五种动物也好玩，我觉得最好玩的是把人的性格依据三种体型和胚胎发育三个胚层的发达程度进行区分，而科学的东西，例如，艾森克的EPQ、卡特尔的十六因素、心理学家基本达成共识的大五人格，一般人记不住，相对无趣、复杂。

人喜欢确定的东西，这一点在看病的时候最明显。我们希望医生非常肯定地给出诊断：您就是气管炎。我们不喜欢医生给出不明确的判断：您可能是气管炎。

科学就像坚果，里面很香，但是壳很硬，要用牙咬，好不容易啃开，才能吃到。所以，一般人吃不到科学的果子。

智商低的人本来就难以融会贯通，知识碎片化让这个问题更加严重。现在读教科书的人越来越少了，这是天大的遗憾。教科书一般来讲，收纳的都是某个学科久经检验的、持续更新的系统知识。一万小时的碎片知识，不如一百小时的系统知识。

推送比以上问题都更加可怕，它阻断了人们的大部分信息通道，只开放一条通道。而这一切，都在不知不觉中发生。推送的本质是根据你的信息偏好为你提供信息。大数据的处理能力使得信息提供商可以为每一个人量身定制信息。后果很严重：你看到的都是你希望看到的。人的认知本来就有确认偏差——人会有意识或无意识地关注那些符合自己观点的信息而忽略那些与自己观点相左的信息——推送让这种偏差最大化。

怎样心脑合一？

把本能、经验、系统这三样用好，就能心脑合一。
本能和直觉有时准，有时不准。

直觉有时可以救命。英国利兹大学心理学家杰拉德·霍金森（Gerard Hodgkinson）讲述了一个真实案例：一位一级方程式赛车手正在赛道上驾车狂奔，过急弯时，他突然做出了一个让自己吃惊的动作——猛踩刹车。刹车的冲动远远超过了他想赢比赛的冲动。事后他才明白，有几辆车堵死了他转弯后的赛道，这一脚刹车救了自己的命。事后，心理学家借助录像资料帮助他在脑海中重现当时的心理过程，他才醒悟：当时自己瞬间感到一个不同寻常的现象，观众本该欢呼但没有欢呼；本该注视他，却惊愕地注视前方。他的无意识感受到了这个异象，并迅速采取了正确行动。

直觉有时会让人丧命。2002 年 7 月，德国南部上空一架俄罗斯客机的机载空中飞行安全保障系统指示飞行员"紧急爬升"，因为它检测到一架运输机正在同一高度飞行。与此同时，地面的瑞士调度员却两次发出"紧急下降"指令。飞行员困惑了，情急中，他把两架飞机上的 71 条生命压在调度员的判断上。结果悲剧发生了，两架飞机在空中相撞，机上所有人员罹难。

我一生酿成的大错，出自两种原因：该用心的时候用脑，该用脑的时候用心。后来，我立下一个成长目标：心脑合一，希望把直觉和理性结合起来。但是难！再后来，我发现心脑合一的第一步，是该用心的时候用心，该用脑的时候用脑。人生如同打游戏，遇到来自原始丛林的挑战，必须用直觉（下脑）；遇到来自复杂系统的挑战，必须用理性（上脑）。

我举一个养胃的例子。我时常问自己，我的胃怎么那么好？可惜我的其他器官不像我的胃那么好。

我经常看到比我年轻很多的人胃疼，所以想总结一下自己养胃的经验，却发现我的养胃大法与一般人所讲的"定时定量吃饭"不同。

总结下来是四个字：随胃所欲。因为我的胃会告诉我该做什么。

我一年四季只要想喝热的就喝热的，想喝冰的就喝冰的。我出门在外有时吃饭时间是由组织安排的，如果在饭点儿之前我饿了，我就吃点零食。如果晚上7点有人请我吃自助大餐，但是6点我饿了，我就吃一点东西。到了7点吃自助大餐的时候，我可能就吃不了多少了。有人觉得亏了，我觉得我赚了。我赚了一个好胃。

随胃所欲的意思很明确：饿了就吃，饱了就别吃。

有人问我，为什么我定时定量吃饭，胃却不好？我问他，你是不是定时定量作息？他说不是。

如果一个人作息规律，也许定时定量就是好事。如果一个人作息不规律，那就要跟着胃的规律走。

如果一个人7点吃了晚饭，但是加班到12点，离他吃上一顿饭已经有5个小时了，他当然要再吃。满足胃的欲望是第一原则。

随胃所欲，就是回归本能。本能比常识更靠谱，常识是我们后天的经验，而本能是上天赋予我们的好东西。

来自原始丛林的挑战有：在打工和创业之间选择、交朋友、谈恋爱、在林子里找路……

来自复杂系统的挑战有：商业模式的建立和创新、看病、结婚、在高架桥上找路……

理性分两种，一种是自己的经验和常识，另一种是人类积累的系统知识——科学。不幸的是，这两样都会出错。个人经验的致命缺陷是错误归纳。举个例子，一朝被蛇咬，十年怕井绳，就是一种错误归纳。因为怕蛇就可以了，没必要怕井绳。一个婚姻失败的人，很难找到婚姻失败的原因，也无法增加下次结婚成功的概率。吃一堑也很难长一智，实际上发生的是吃一堑减一智，原因还是错误归纳。智商的核心是归纳，归纳能力强的人错误归纳会少一些，但是不能完全避免。

科学也会出错，好在科学的本质是自我纠错。

亚里士多德说，思维的器官是心脏，因为人失血就会意识模糊，所以血来自心脏。他的老师柏拉图说，思维的器官是头脑，因为头脑在上离天近。亚里士多德的方法论是客观观察，他错了；柏拉图的方法论是类比，他对了。

科学分学科，不同学科的成熟度不同。科学的初级境界是分类，然后是解释，之后是预测，最高境界是控制和改变。

过去的博物学只是分类描述，仅此而已。现在的地震学能够解释地震，但无法精确预测地震，更做不到让地球不震。遗传学的应用——转基因技术，已经可以用来控制生物体的性状。然而，这些科学应用，是福是祸还两说。

科学给了我们转基因食品，却无法告诉我们它是否有害。科学家们众说纷纭。

面对宇宙和生命的神奇，众多科学家持不可知论。孔子自称五十而知天命，不是说他五十岁以后会算命，而是知道天命不可违，苦苦追求是徒劳。也许信命在某些境遇中是一种不失为智慧的态度，或者是自我防卫机制。信算命则是一种愚昧。

占卜之术，自古到今有诸多变式：星座、血型，早已深入人心；九型人格、MBTI，则披上心理学的外衣；手相、面相，满地摆摊儿；笔迹学、风水术，如火如荼。

客观说，以上内容有时准，有时不准。准的原因有四：第一，福勒效应。第二，选择性记忆。第三，自己实现的预言。第四，自我暗示。

福勒效应，说的是人们共享的自我认知：自认善良，自认有弱点，自认有孤独感，自认有时自信有时自卑，自认理想受现实所困。

选择性记忆，是指我们记得住巧合，记不住平常事。例如，我们看表，看到的时间有多种，我们会记住 11：11、22：22、14：44 等，而对其他时间不留印象。巧合让我们惊奇，让我们记住。这些巧合，让很多人觉得这是命运对我们发送的信号，让我们感觉仿佛有一种吉祥或不祥的预兆。

自己实现的预言，说的是一种社会心理现象：当我们相信一件事情会发生时，我们会采取相应的行动；而本来不一定会发生的事情，由于我们采取的行动，而真的发生了。例如，我们相信米会涨价，就会多买一些米储备起来，大家都这样做了，米就真的会涨价。

自我暗示，说的是当我们相信一种预言时，这种预言会对我们产生暗示，让我们更容易看到预言。例如，有人说屋子里有鬼，你信，你怕，你会有看见鬼的错觉（拿挂着的衣服当没有头的鬼）或者幻觉（凭空看见鬼）。

我的态度是：宁信命，不算命。这个多元化时代，将本能、经验、系统知识结合起来，心脑合一者胜。

怎样才能保持客观？

好的理论是什么样的？

社会心理学之父勒温有句名言："没有什么比好的理论更实用。"对于实用主义者，理论跟产品一样，就是被使用的，关键是好不好用，有没有副作用。消费者面临诸多困境：流行的理论不一定好，好的理论不一定流行。学术地位高的理论不一定实用，实用的理论不一定有学术地位。

怎样区分好理论和坏理论呢？答案是：不信邪。

一些小企业主想把企业做大，盲目照搬大企业的管理方式，结果非常惨：企业不大，却得了大企业病。它们总是从外部寻找人才，而对企业内部的优秀人才视而不见。

勒温认为好理论最实用，不过他本人不擅长理论建设，他更擅长领导科研，开创了行动研究（Action Research）。他的代表理论为场论和拓扑心理学，他喜欢用数学公式和物理符号注解人的行为。

对于很多开口闭口大数据的普通人，大数据只不过意味着数据而已。最近我看了一位文科背景的专家写的关于大数据在人力资源管理中的应用的文章，他得出了个相关系数公式，就感觉自己懂大数据了。对于我这个曾经靠数据挖掘（Data Mining）吃饭的理科生来说，他等于见了光头就以为是和尚。

《大数据时代：生活、工作与思维的大变革》的作者维克托·迈尔-舍恩伯和肯尼思·库克耶有三个观点：在大数据时代，第一，数据量比取样重要；第二，数据质量的缺陷和测量误差可以由数据量来弥补；第三，相关比因果更重要。

虽然他们的工作跟数据沾边，但他们并非数据专家。真正懂数据分析的人知道，大数据根本动摇不了取样原则，也改变不了垃圾数据只能得出垃圾结论这一铁律，完全无视相关数据背后存在的因果关系可能误导决策。大数据更无法准确预测未来，否则，统计学家肯定是股票市场中赚钱最多的人。

科学的核心是质疑。有些实验室中的结论，在实验室以外并不适用。有个著名实验发现，表扬孩子聪明和表扬孩子勤奋，造成的结果是：前者让孩子更容易在下一个任务中选择比较容易的那个，后者让孩子更容易在下一个任务中选择更难的那个。可是，大众都认为这个研究证明了表扬孩子最好表扬其勤奋，不要表扬其聪明。我一直强调行为科学实验的内在效度高但是外在效度低的问题。所谓内在效度高，指的是实验设计完善得出的结论靠谱；外在效度低，指的是这个结论对于应用而言意义不大，对于一般民众基本没有意义。如果将这些结论过度延展，则会误导大众。这一点《心理学大曝光：皇帝的新装》里面有详尽阐述。

研究结果的可复制性是科学方法的关键，心理学在这一点上面临挑战。2015 年有机构重做了 100 个已经在一线学术期刊上发表的心理学实验，发现仅有 36 个实验的结果能够重现。

心理系的研究生问我，实验研究外在效度低的问题怎么解决？我认为好的理论可以超越实证研究的局限。

在制造品质这一点上，理论太像产品了，也有假冒伪劣品。造假分为两种：有意造假和无意造假。

有意造假，我认为是少数。其中，2011 年，荷兰蒂尔堡大学发布了一份初步调查报告，称该校心理学家迪德里克·施塔珀尔（Diederik Stapel）的数十篇已发表的文章存在捏造数据的情况。

无意造假，可能是因为研究者的学术功力弱。多篇调查报告显示，在已发表的医学研究中，至少半数使用的统计分析方法是错误的。这意味着，当一个研究报告声称"差异在统计上是显著的"时，那么这个研究可能采用了错误的统计分析方法。如果用了正确的统计分析方法，其差异可能是不显著的。反之亦然，那些声称"没有统计上显著的差异"的研究，如果用了正确的统计分析方法，其实可能是有显著差异的。

汤姆·西格弗里德（Tom Siegfried）2010 年在《科学新闻》（*Science News*）上发表的文章提出："即使统计方法是正确的，统计检验却普遍被错误解读。这导致科学文献中的很多结论是错误的，而且对于医疗风险和治疗方法的检验经常自相矛盾。"他甚至认为，科学界公认的统计学方法本身是站不住脚的。

无意造假，也可能是因为整个学术界的规则造成的系统误差。这个误差有多大我无法估计。在行为科学界，无论基于相关逻辑还是基于实验逻辑的统计分析，如果得出的结论是变量之间没有关系，则这类文章相对于那些结论是变量之间有关系的文章，很难获得发表。闹得沸沸扬扬的"意志力自我损耗"研究就是一例，参见丹尼尔·恩博（Daniel Engber）发表在 *Slate* 上的文章，《科研圈》将此文的标题译为——《又悲剧了：一个假理论在十八年间被"证明"了几百次，学界大众皆受其害》。

鉴别劣质理论有一个好办法，就是审视"逻辑距离"。我一直让我的学生用这个方法抵抗伪科学。例如，星相学，它号称宇宙万物都是有联系的，这是星相学的第一个逻辑。不同时间段出生的人，天体之间的相对位置不同，这是星相学的第二个逻辑。问题是，天体之间的相对位置，对一个新生儿心理特征的影响有多大？这是一个关键问题。还有，如果有足够大的影响，那么，什么样的天体相对位置对应什么样的心理特征？星相学无法论证。星相学的逻辑距离太大，推理的跳跃太大。

关于逻辑距离，我再举一个例子。人口与房价之间的逻辑距离很大，所以，人口增减对房价的影响肯定有，但是影响的程度很难说。我们缩短一下这个逻辑距离：某个城市，如上海，其人口增减与上海房价的逻辑距离比较短，但是短得还不够。我们可以进一步缩短这个逻辑距离：上海高收入人群的人口增减与上海房价，这是一个我可以接受的逻辑距离。当然，这个逻辑距离仍然可以进一步缩短。

用逻辑距离这个概念武装自己，我们就不太容易被伪科学忽悠。例如"全脑人"概念。科学研究只是发现大脑左右半球的功能不对称，仅此而已。多数人的语言中枢在左半球，但是还有一些人的语言中枢在右半球。这样看来，左脑人和右脑人的提法就不科学。

流行理论具备以下四大特征。

第一个特征：结构简单。在世俗眼光中，理论本是烧脑的东西，复杂晦涩的理论，可能少有人知。1965 年安索夫出版了《公司战略》一书，提出了 3S 模型：战略（Strategy）、组织（Structure）和系统

（System）。后来麦肯锡的彼得斯和沃特曼出版了《追求卓越》一书，提出了 7S 模型，除了安索夫的 3 个 S，还加了 4 个 S：人员（Staff）、技能（Skills）、风格（Style），及共享价值观（Shared Values）。虽然《追求卓越》比《公司战略》畅销，但是简单的 3S 比复杂的 7S 更容易流行。

人类的短时记忆容量也就 3~5 个。所以，理论越简单，越容易流行。这可能是人类记忆力的局限所致。我问过好多人，波特五力是哪五力？一般人会想起 4 个，剩下一个怎么也想不起来。

第二个特征：外形性感。 就像工业设计对产品很重要，很多人买产品看包装、材质，等到使用了一个阶段才知道品质的好坏，例如，买手机就是这样。一个理论的表达是否形象生动很重要。所以，隐喻式的理论容易流行，例如，长尾理论、蓝海理论、刺猬理论。

第三个特征：偏激、反主流。 比较另类的理论容易流行，因为它们抵消了当时主流理论的副作用，就好比大家都用差不多的电脑，突然苹果电脑出现了。

埃尔顿·梅奥（Elton Mayo）领导了管理学划时代的霍桑实验。这个实验让他极为震惊，这个实验甚至被认为导致了一个革命性流派的诞生——人际关系学派，与当时主流的科学管理学派相抗衡。然而，这个实验对大众来讲，则是对常识的验证而已。所以说，经典，有时是部分人的自嗨。

在人才管理领域，当智力测验大行其道很长一段时间以后，大卫·麦克利兰（David McClelland）提出测评素质（Competency）而非智力。一般人不知道素质是什么。丹尼尔·戈尔曼（Daniel Goleman）大肆炒作情商概念使之家喻户晓，随之各种"商"（如钱商、胆商、逆境商）层出不穷。

流程再造（Business Process Re-engineering，BPR）是企业经营被偏激理论误导的一个例子。迈克尔·哈默（Michael Hammer）1993 年

的流程再造，其理念和气势，跟现在互联网革命下的各种颠覆性概念异曲同工。"破坏现有的机制""用信息技术联结一切"。哈默颠覆的是亚当·斯密的经典概念"分工"。当时世界 500 强企业中有 60% 的企业趋之若鹜，结果是近七成以失败告终。与哈默合著《企业再造》的詹姆斯·钱皮（James Champy）所在的咨询公司——美国计算机科学公司，靠着再造业务，营业额于十年间增加了二十倍，但随着再造热退去，不久后就倒闭了。

对于大多数国内企业管理者而言，我的忠告是：先别急着颠覆，赶紧恶补基本功，因为很多企业的管理水平还没有达到泰勒制的及格线。我曾经深入一家位于上海的外资工厂调研，发现员工流失率高达 80%，远高于行业平均水平的 50%。原因是，班组长有辱骂工人的行为，工人连上厕所都来不及（厕所距离工位太远），工人上班的 8 小时不能坐。我调研或者参观过的工厂，这类事情很常见。记得我在课堂上讲工作价值观时，我出示了一个清单，罗列了工作的人们所追求的价值，诸如成长空间、认可等，共有 26 项。每次讲课我都会问大家有没有补充，一次，一个外国管理者告诉我，缺一个物理环境，他工厂里的办公室在车间的铁皮房子里，嘈杂闷热。白领工作也一样，很多人超负荷工作，结果是职业倦怠和工作质量低。

第四个特征：有利用价值，迎合了某类人的需求。如果这类人身居高位，这个理论就容易火。

无论好理论还是坏理论，如果具备以上四个特征，就容易成为流行理论。

学术界和企业界的游戏规则不同

学术界的游戏规则：目标是发表，不贵真，而贵新。偏激的理论胜出。企业界的游戏规则：目标是盈利，不贵新，而贵真。中庸的理论胜出。我倡导应像韦尔奇和任正非那样解决问题，不建议像张瑞敏那样拿自己的企业做实验来颠覆传统管理学，那是学者干的事儿。韦尔奇看中了六西格玛，就在企业内推广。任正非在采购理论上花了100亿元。但是他们从未试图颠覆经典。

学术界对于好理论有着不同于应用界的标准，例如，好理论必须容易证实或证伪，好理论做出大胆预测，好理论假设很多事件的不发生而不是发生。但是从应用的角度看，好理论有不同于学术标准的四个特征。

第一个特征：好理论基于对人性的准确把握。心理学一百多年的研究，并未给我们总结出一个靠谱的，至少是主流心理学家公认的《人性说明书》或者《人的使用手册》。例如，经济人假设把握了人性自私、算计、好逸恶劳的一面，而忽略了人性在乎人情脸面、感情用事、闲着难受寻求意义感的另一面。

在激励理论中间，我们看到很多好理论：麦克利兰的成就动机论、马斯洛的需求层次论、赫茨伯格的双因素论（保健因素和激励因素）。以上理论都是基于对人性的准确把握。弗洛姆的期望理论则是一个坏理论，因为它基于人本质上是理性动物这个错误假设。

第二个特征：好理论超越常识。例如，常识认为，船小好调头，小企业比大企业更灵活，但是《组织变革的极限》的作者赫伯特·考夫曼（Herbert Kaufman）提出了一个反常识的理论：大企业有更多的资源应对环境变化，因而比小企业更加灵活。第一，大企业有充足的资源尝试新领域。第二，大企业可以用不同的子系统同时做一件事，从而找到最好的解决方案。（如今的腾讯就有这个传统：组织内部两三个团队同时做一个项目。）第三，大企业有多样化的团队（教育背景、文化背景或技能），更能够创造性地解决问题。

第三个特征：好理论解释让人费解的现象。为什么现代社会出现了企业？企业成长的上限在哪里？这是两个让人费解的问题。相对于亚当·斯密的专业化和社会分工理论，科斯的交易成本理论更好地解释了企业存在的意义。

第四个特征：好理论具有整合对立观点的能力。学术界有个现象，叫作不破不立。一个新理论的建立，往往通过整合另一个已经建立的理论而实现。如果一个理论可以整合两个甚至更多的对立理论，那么这个理论很可能是一个好理论。例如，交互作用论整合了人格学派和情境学派。再如，智力的反应范围理论认为遗传决定智力的上下限，环境决定智力最终落在上下限之间的哪个点，它在一定程度上平衡了对立的智力的遗传决定论和环境决定论。

理论分等级。当然是级别越高越好。由低到高，第一等级的理论只能对现象进行描述和分类，第二等级的理论可以解释现象的机理，第三等级的理论可以预测现象的发生。

对于行为科学而言，达到第三等级的理论非常少。第一等级上的理论也不乏好理论。例如，SWOT 分析法实际上是一个用于描述和分类的好理论。在管理界中被使用最多的概念是客户满意度，其次就是 SWOT 分析法。几乎受过管理培训的人都知道它。平心而论，它是少有的既流行又真实的模型。

我用一个著名的坏理论和一个著名的好理论做例子结束本节。在战略咨询领域中，BCG 矩阵是一个坏理论，而麦肯锡矩阵是一个好理论。

我在课堂上把这两个理论讲给大家听，所有人都知道 BCG 矩阵，却没有一个人知道麦肯锡矩阵。我问大家喜欢哪一个，全班 20 个人，19 个人喜欢 BCG 矩阵，只有一个人喜欢麦肯锡矩阵。喜欢麦肯锡矩阵的人是班里唯一的企业家，其他人都是经理人。大家听了他的解释后，也都开始喜欢麦肯锡矩阵。

据《经营战略全史》的作者，波士顿咨询公司前顾问三谷宏治透露，BCG 矩阵是刚刚进入公司一年的咨询顾问为了向客户做展示而灵感突现的发明。BCG 矩阵具有流行理论的很多特征：第一，它简单，只考虑两个指标，即市场增长率和相对市场份额。用两个百分数就可以决定资金流向哪个业务单元。第二，它性感，业务的名字很好记：奶牛、明星、问号、狗。太形象了！奶牛可以挤出现金，狗就是个鸡肋，不能吃又不能挤奶还要消耗狗粮。公司里，的确有些业务不挣钱，但是公司喜欢一直做下去，类似养宠物狗。四类业务一一对应各自的投资策略。第三，它有利用价值。三谷认为，BCG 矩阵受热捧的一个重要原因，是公司 CEO 将其用在事业部之间进行资源协调。这个理论最大的问题是短视和扼杀创新。

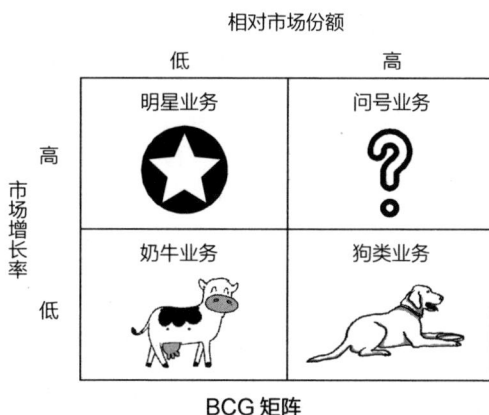

BCG 矩阵

麦肯锡矩阵，是比 BCG 矩阵晚出现的理论。它比较复杂，甚至比较含糊，它考虑四个维度，画在一个平面上。其中两个维度（市场规模和市场份额）可以数量化，市场规模用圈的面积表示，市场份额用圈的扇形阴影表示。但是另外两个更重要的维度（行业吸引力和业务实力）则比较不确定。图中的三类区域，代表三种经营策略：投资/成长、维持/收获、收割/放弃。我班上那位唯一的企业家喜欢它的原因很简单，他觉得麦肯锡矩阵可以指导他做生意。

按照学术标准，BCG 矩阵是个好理论：可证实、可证伪，麦肯锡矩阵则是个坏理论。但是在应用上，正好相反。

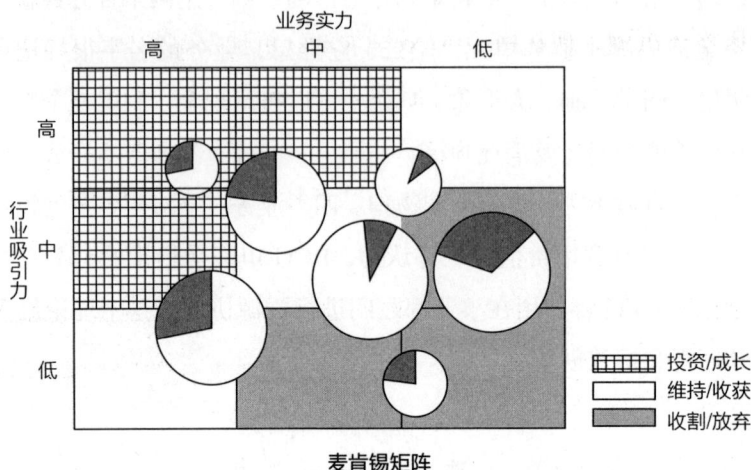

麦肯锡矩阵

警惕 AI

对智者来说，AI 是个神器，效率、效果都能得到提升。为什么这么说？智者学习能力强，AI 有什么优缺点，他们很快就摸透了，然后就能扬长避短，把 AI 用得得心应手。而且智者判断力也强，不会满足于 AI 的输出，他们能以 AI 的输出为基础，让作品更上一层楼。人和 AI 配合起来，就是人剑合一，非常厉害。我有个朋友，过年的时候想写副春联，他试过国外的 AI 模型，认为都不灵，他喜欢豆包和通义，但发现它们写对联也不太行。后来他用了 DeepSeek，发现它还是不如人类高手。他自认为文学鉴赏力强，但也不得不承认，AI 头脑风暴比他猛。AI 的作用是刺激他思考，而不是代替他思考。最后他用 AI 增强版（AI-Augmented）写出来的对联很好。

对愚者来说，AI 是个坑。它也就能提升效率，效果反而会降低，让愚者变得更平庸。例如，平庸的专栏作者，文章本来就没什么洞见，文字风格还沉闷，现在用了 AI 效率大增。可他没鉴赏力，对 AI 生成的文章还挺满意。其实他原来的作品和 AI 输出的内容一个水平：严重缺乏深度和独创性。还有比他更差的作者，直接把 AI 产出的平庸之作当佳作。更要命的是，愚者碰到 AI，容易崩溃。例如，他们看到机器人打球和跳舞的视频，就认为机器人真能跟人似的打球跳舞，还觉得机器人要抢他们饭碗了。甚至还相信机器人很快就会有自我意识，要威胁人类生存了，有些杞人忧天，所以说愚者忧 AI。真正值得忧患的，是人类基因里自带的恶。

AGI 难实现，因为，心理学太弱了！

通用人工智能（Artificial General Intelligence，AGI）是相对于窄人工智能（Artificial Narrow Intelligence，ANI）而言的，至于超级人工智能（Artificial Super Intelligence，ASI），很难实现。

AGI 是人造的、跟人一样智慧的智能。这么说很抽象，具体有几个测验可以参考。

1. 图灵测验：一个人分别跟机器和真人进行线上对话，如果他分辨不出哪个是真人，哪个是机器，机器就算通过了测验。这个 1950 年定的标准太低。2014 年聊天机器人 Eugene Goostman 就成功通过了图灵测验。

2. ARC（Abstraction Reasoning Corpus），后来改称 ARC-AGI，由法国人弗朗索瓦·肖莱（François Chollet）于 2019 年开发。它相当于测评人类最核心智力的瑞文测验。Open AI o3 得分 87.5%，人类平均得分 84%。下面几个测试的标准才是我心目中 AGI 该有的标准。

3. 咖啡测验：机器人能独立做出一杯咖啡。这个测验是苹果公司联合创始人史蒂夫·沃兹尼亚克（Steve Wozniak）提出来的。

4. 学生测验：机器人跟真人一起上大学，听课、考试、最后毕业。这个测验是本·格莱尔（Ben Goertzel）博士提出来的。美国有个红毛猩猩上过大学，会美式手语，但听不懂课，也没法参加考试，后来因偶然失手伤了人类同学被"退学"。这个事还被拍成了纪录片，片名：《上过大学的猩猩》（*The Ape Who Went to College*）。跟红毛猩猩比，目前的 AI 做题很厉害，在 STEM 科目上完胜人类学霸，在人文社科领域稍逊；但是在生活自理能力方面，比红毛猩猩差远了。

5. 打工测验：机器人跟人并肩工作，不仅完成技术性工作，而且善于合作。这是最难通过的一个测验。最好的标准我认为是中国学者提出的 Tong（通）Test DEPSI 标准（Dynamic Embodied Physical and Social Interactions）。

① 胜任无数种任务。

② 自驱产生任务。

③ 有人类价值观。

④ 理解因果关系。

⑤ 具身化。用大白话说，就是什么都能干、眼里有活、三观正、有脑子、有身子。

专家对实现 AGI 的时间进行预测，由于对 AGI 的定义不同，乐观的估计是几年之内就会实现（埃隆·马斯克属于这种）。最乐观的是 AI 公司 Anthropic 的 CEO 达里奥·阿莫迪（Dario Amodei），他的预测是 2026 年！基于 10 个调研总计 5288 个业内人士的意见，多数专家的预测是 AGI 有 50% 的概率在 2040—2061 年之间实现。有一个趋势很明显：近年来专家的预测越来越乐观，这跟 2023 年左右的 AI 热有关。

2012 年，认知科学家加里·马库斯（Gary Marcus）发表了一篇题为《"深度学习"是人工智能领域的一场革命吗？》的文章，剑指深度学习三剑客之一的杰弗里·辛顿（Geoffrey Hinton）（诺贝尔奖得主），马库斯的类比极其犀利：辛顿造了一部更好的梯子，但一部更好的梯子并不一定能让你登上月球。

深度学习三剑客之一的杨立昆（Yann LeCun）和 Open AI 的创始人山姆·阿尔特曼（Sam Altman）都觉得通过大语言模型不会实现 AGI。号称深度学习三剑客之一的约书亚·本吉奥（Yoshua Bengio）说，AI 目前在系统 1（启发式）方面比较接近人类，在系统 2（推理）方面比较吃力，在机器人学习（如行走能力、手的灵活性等）方面很弱。他不认为把传统的符号人工智能（Symbolic AI）和机器学习结合起来是一个解决方案。未来的路怎么走，他也不知道。

大语言模型的热度极高。AGI 什么时候能够实现，甚至到底能不能实现，很大程度上取决于人类能不能弄清楚自己是怎么思考的。难道符号人工智能更接近人类学习吗？这是心理学应该回答的问题。作为心理学博士，我认为拥有 150 多年历史的科学心理学，面对这个问题基本上交了白卷。心理学不但帮不上计算机科学，相反，计算机科学一直在帮助心理学。毕竟，研究课题的难度有着天壤之别——计算机科学研究并开发计算工具（从算盘到人工智能都是计算工具），心理学研究人。美国心理学直到 20 世纪 50 年代（这个时间也是 AI 起步的时间），才开始认真研究人类是怎样思考的，由此认知心理学才开始出现。在这之前，因为盛行行为主义，心理学只敢研究可客观观察的行为，对于人类思维这个黑箱子，则敬而远之。在行为主义之前，美国心理学跟哲学没太大差别，研究方法是思辨。威廉·詹姆斯（William James）就是这种研究风格。认知心理学的研究成果，就像把心理过程用计算机术语包装一下，例如，信息加工、编码解码、信息存储、提取、工作记忆、长期记忆、启发式、算法等。

深度伪造，眼见为虚

在人工智能时代，智力的重要性更加突显。

一不留神，我们已经进入了眼见为虚的时代。深度伪造是指利用人工智能制作虚假媒体内容。位于美国洛杉矶的仅有不到 10 个人的影视制作公司 Corridor Digital，坦诚地揭秘了其是怎么用 CGI（Computer-Generated Imagery）做出网上疯传的 "机器人被人类虐待然后奋起反抗" 的短视频的。其用真人演员演完整个剧本（穿戴特殊装备，使用动作捕捉技术），然后把真人影像替换成机器人影像。这个只有三分半钟的短视频，其整个制作过程耗时近三周。大家都以为是 Boston Dynamics 的机器人，其实大家看走眼了，视频上标记的是 Bosstown Dynamics。所以，机器人在视频里展示任何高难度的人类肢体动作都是可能的，例如，跳舞、格斗、打球。

如果李白穿越到今天，你带他去看电影，他会觉得看到的电影是真实发生的。但是他会很快适应现代社会，变得跟我们一样看电影。深度伪造的好处有很多。例如，各种逼真的效果，或赏心悦目或惊心动魄。未来人人都可以是编剧、导演、演员。社交媒体上到处都是自媒体电影。造梦技术离我们越来越近了。我们现在做美梦不愿意醒来，醒来依然回味。深度伪造在将来某一天会帮我们造梦。也许未来的恋爱是这样谈的：女孩问，你的梦想是什么？男孩就把梦想放映出来。男孩问：你的童年是什么样的？女孩就把自己的童年放映出来。所以，深度伪造既能造假，又能造梦。但是目前造假这事儿有点让人头疼。

有图有真相？这个说法早就过时了。声音和视频都可以以假乱真，也就是混淆视听。深度伪造正在普及化，直接后果就是造假泛滥。会有大量的"善意"的玩笑，更会有大量的恶意造假——诈骗和诽谤。例如，人的肉眼已经分辨不了真假了。这让我想起《红楼梦》里的一副对联：

假作真时真亦假，无为有处有还无。

肉眼无法鉴别深度造假，技术也只能以一定的准确率鉴别已经暴露的伪造技术。打假与造假的现状是：道高一尺，魔高一丈。这就好比先有计算机病毒，才有针对这种计算机病毒的杀毒软件。哲学家尼采指出，人类不关心真相，只想用自己的价值观取代真相。深度伪造让"后真相"（Post Truth）时代更加远离真相。信任危机、眼见为虚的直接后果，就是社会失去信任。这对于本来就缺乏信任的社会，更是雪上加霜。人们会觉得眼花缭乱，不知所措。有批判性思维、有常识和良好知识结构的高智力人群，日子会稍微好一点，至少他们不会对科技有不合理的恐惧和焦虑。在眼见为虚的时代，智力、常识、知识结构、批判性思维的权重增加了。智力很难提升，但是常识和知识可以恶补，批判性思维则可以迅速培养起来。

勤，能不能补拙？

基于我掌握的心理学知识和直觉，我认为基因决定智商的60%～70%，但是还有30%～40%是由后天因素所决定的。我相信反应范围理论，这种理论认为，基因决定智力的上限和下限，而最终一个人的智力定位在上下限之间的哪一个点，是由后天努力决定的。我对照自己的成长经历，发现我自己就是勤能补拙的例子。

小学和中学时代的我，听课懂得慢，往往是到了期末，对知识才开始融会贯通。因为勤奋，我数学经常考满分，数学老师误以为我有数学天赋，就让我参加数学竞赛，每一次我都是初赛就被淘汰了。原因是我做不了难题，平时的期中考试和期末考试，数学题都是中等难度的。而数学竞赛的题，相比学校的题更难。

能考上好大学，例如，我考上了北京大学，到底是智力起的作用更大，还是勤奋起的作用更大？我认为是勤奋。因为高考的几个科目的题目难度中等。能取得高分，需要十年寒窗，一直勤奋；需要安排好自己的时间和精力，在几门学科之间合理分配，无论自己喜欢的科目还是不喜欢的科目，无论自己擅长的科目还是不擅长的科目，都要用心。所以，考上好大学的人，不一定是智力很高的人，但一定是管得住自己的人。靠突击、临阵磨枪、小聪明，就算通过一年的疯狂备考还是考不上好大学的。

到了大学，有两门课显著地提升了我的思维水平，一门是实验设计，另一门是统计学。为什么是这两门课呢？因为实验设计告诉我，想要直接得出两个变量之间的因果关系，简直比登天还难，因为这需要我们有缜密的逻辑和批判性思维。统计学与实验设计相辅相成。实验设计是实然判断，统计学是或然判断。实然判断关注现实中"是什么"的情况，强调客观事实。或然判断关注事物发生的可能性，强调不确定性和推测。

下图是我 2006 年加入美国的著名领导力咨询机构 PDI 时的测评结果。当时用的是瑞文测验。我在 1006 名北美管理者数据库里面的百分位是 99，就是说，100 个人里面，我比 99 个人的分数高。根据反应范围理论，我通过后天努力，最终把自己的智力定格在了我基因设定的接近上限的位置。

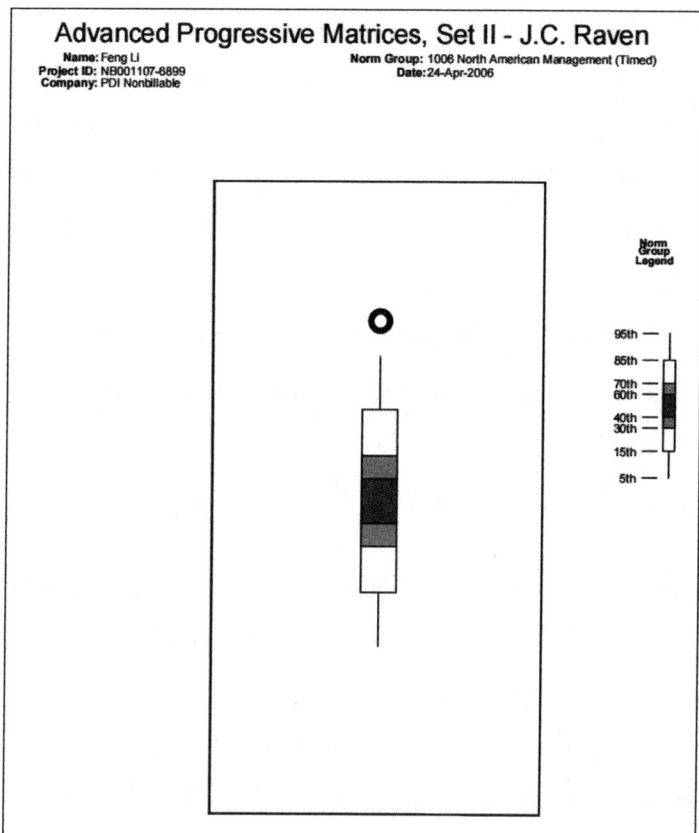

Advanced Progressive Matrices, Set II - J.C. Raven

Name: Feng Li
Project ID: NB001107-6899
Company: PDI Nonbillable

Norm Group: 1006 North American Management (Timed)
Date: 24-Apr-2006

Norm Group Legend

95th —
85th —
70th —
60th —
40th —
30th —
15th —
5th —

测评结果

学习曲线和成长曲线

    我把学习知识和技能的进度，称为学习曲线，这是向外的学习；把一个人走向成熟的进度，称为成长曲线，这是向内的学习。

    两条曲线的横轴都是年龄，从 0～100 岁。对于学习曲线，竖轴是知识／技能的造诣；对于成长曲线，竖轴是心理成熟度。这两条曲线，有人陡峭，有人平缓，甚至有人走下坡路。作为培训师，我发现助教有两种，一种在多年后学到了很多甚至成为培训师，另一种则没有学到什么。王雅梦 12 岁参加世界吉他比赛，战胜了弹了几十年吉他的成年人，她的学习曲线非常陡峭。孔子的成长曲线非常陡峭。坏人变老是成长曲线平缓，老人变坏是成长曲线下滑。我一直在思考是什么使这两条曲线的陡度呈现出巨大差异，现在终于有了一些心得。

先说学习曲线。学习曲线陡度的个体差异跟三个因素有关：智力因素中的流体智力（Fluid Intelligence）、知识结构和非智力因素中的成就动机。

流体智力

流体智力是总结能力，是学习能力的主要成分，是瑞文测验（或者类似测验）所测评的东西。流体智力是学习任何东西都用得到的智力，如学西班牙语、学 Python 编程、学大提琴、学滑雪等。我非常喜欢的心理学大师雷蒙德·卡特尔（Raymond Cattell）率先提出流体智力这个概念，他认为，对于适应新环境、学习新知识，流体智力的作用大于晶体智力（特定领域的知识和技能）。

知识结构

知识结构其实有点像晶体智力，我以前忽视了它，这两年才发现它的重要性。一些创业者和高层管理者跟我学习组织行为学，他们很用心却学不到精髓，我发现其原因是：他们的"已知"不足以学习"新识"。我对知识结构有一个定义：知识结构者，欲有所知之必先知之也。（Knowledge structure is what you need to know to know.）学医出身的教育心理学家戴维·保罗·奥苏贝尔（David Pawl Ausubel）说："对于学习，最重要的因素是学习者已知什么。"（The most important single factor influencing learning is what the learner already knows.）可惜我没有早点知道他的观点。

优秀的知识结构，从古至今都是一个让人尊重的品质，在数字化时代，是否拥有它则变得生死攸关。

这个飞速变化的时代，属于知识结构好的人：免费的、唾手可得的碎片知识，到了他们的脑子里就成了系统知识。反过来，知识结构不好的人，系统知识到了他们脑子里，也会成为碎片知识。知识结构好的人的脑子像造纸机，知识结构不好的人的脑子像碎纸机。

几十年来，认知科学的研究发现，高手和菜鸟的认知结构和认知过程有诸多不同。

1. **围绕一个主题，高手概念多，菜鸟概念少。**我在大学学认知心理学的时候，对"信息加工深度"这个概念印象深刻。现在看来，加工深度＝概念之间连接的数量。高手的概念是一个分层聚类结构（Hierarchical Clustering of Concepts）。例如，你问一个外行"领导者必须具备哪些品质"，他平时没有思考和学习过相关内容，只会说出两三个概念；而人力资源从业者多数可以说出一大串：影响力、变革创新能力、感召力等。而真正透彻研究领导力的人，会给出一个分层聚类结构。例如，在 2020 年 DDI 举办的第四十二届测评方法和领导人才发展国际大会上，我从领导成效、领导过程、领导情境、领导者特质四个方面解析领导力。针对领导者特质，我分享的树根结构，就是一个简单的分层聚类结构。

2. **解决一个问题，高手有好几条路，菜鸟就一条路。**围棋高手能赢围棋菜鸟，AlphaGo 能赢围棋高手，就是这个道理。谷歌工程师曾宣称 AlphaGo 每天可以尝试百万量级的围棋走法。

3. **高手用策略，菜鸟用套路。**策略是先定目标再找路径。套路是套用公式和已知路径。著名的大白鼠走迷宫实验，心理学家猜想：聪明鼠用认知地图（策略），笨鼠记路线（套路）。菜鸟下棋，刚刚弄明白游戏规则，按照规则走一步看一步。如果是象棋，人工智能凭借脑容量和计算速度就可以完胜人类。但是下围棋，可能性太多，人工智能目前的计算速度也不够快，它之所以能战胜人类棋手，专家认为，这要归功于算法的改进：策略网络和估值网络。按照我的说法，这就是知识结构的升级。在商业领域，优秀的知识结构体现为商业模式和战略思维。

4. 大多数情况下，高手的成败促进学习，菜鸟的成败破坏学习。高手通过复盘，找到成功和失败的真正原因，而菜鸟通过复盘，找到的是成功和失败的错误原因，用错误的总结指导未来的实践，从而导致未来失败概率的升高。爱因斯坦去世的时候，有人偷偷收藏了他的大脑，但是无法收藏他的智慧。人工智能最可怕的是不知疲倦、无止境地终身学习。

成就动机

成就动机，是设定目标并持续努力实现目标的个人特质，个体间差异体现为目标的高度和持续努力的强度及时长。马斯克的目标极其高远，努力的强度极大，持续时间极长。不过，定目标和努力其实不是一类东西，有人目标高远，但是不努力，属于空想家。有人努力，但是目标很低，属于工匠。

如果一个人已经长大成人，但发现自己智商不够高，怎么办？我有五招可以补拙。

第一，龟补。

以乌龟的持久，弥补速度的不足。同样的任务，只要不是特别难、期限不是特别紧，那么你多花时间，也能出色完成。

第二，田忌补。

田忌赛马，马不如人，但是策略用得好，也能赢。田忌补的要点是多思考方法论。我高考前苦于数学不好，就去问数学成绩最好的同学的解题思路，然后用他的解题思路做题，分数一下子就提高了很多。解题思路就是策略，或者叫作战略思维。战略思维的作用，就是最大限度地发挥有限的智商。

第三，吕蒙补。

吕蒙从小不爱读书，孙权问他为何不读书？吕蒙说忙，孙权说：你再忙还能有我忙？我都读书，你凭什么不读书？

后来吕蒙也恶补了很多该读的书。孙权跟吕蒙讨论问题，夸吕蒙：士别三日当刮目相看。吕蒙补的要点是选择好书。相比我们的时代，吕蒙的时代没有超载的碎片化信息。现在，碎片化信息过载让智慧的人如鱼得水，让愚昧的人几乎崩溃。结果就是智商极端化：智者愈智，愚者愈愚。我建议：大家先读教科书，后读专著，至于碎片化信息权当娱乐。

第四，曹操补。

曹操补的要点是集体智慧。曹操麾下谋士云集，集体智慧可以弥补个人智慧的不足，何况曹操本身就很有智慧。

百事通创始人冯子豪，阅人无数，遍访名师。他说，他每两年就会成为一个新的自己。

第五，太公补。

姜太公活到老学到老。传说他八十岁出山，帮周武王打天下。那个时代平均寿命也就四十来岁，他等于活了两辈子。太公补的要点有二：第一，要活得久；第二，要学到老。人工智能的可怕之处在于机器人能一直学习，人比不了。有人十五岁停止学习，有人二十岁停止学习，有人三十岁停止学习，也有人从未停止学习。学习是一种习惯，假以时日，人和人之间的智商差别会很明显。

人脑是脆弱的器官，以勤补拙，千万不可用脑过度。

再说成长曲线。成长指的是不断成熟，我对成熟有好几种角度的定义，现在我想说，成熟就是克服两个人性的弱点或者说特点：以自我为中心和情绪化。克服以自我为中心的表现是有同理心。克服情绪化的表现是情绪稳定，在做重要决定时保持冷静，而且认知不被情绪绑架。检验一个人的成熟度的尺子是挫折。

人生难免遭遇挫折，成熟的人，在遭受挫折时自我革新；不成熟的人，在遭受挫折时怨天尤人。决定成长曲线陡度的是反思的习惯。反思就是拿自己当客体来看，跳出自己看自己。这是人类了不起的能力，我不认为其他灵长类动物有这个能力。其他灵长类动物有向外学习的能力，但是没有向内学习的能力。人之所以为人，就在于会反思。笛卡儿说，我思故我在；我说，我反思故我为人。不反思，枉为人。不反思的人，成长曲线是平的甚至是向下的。无意识地自我防卫，无意识地歪曲现实，无意识地用童年的方式解决成年后面临的难题或进行认知重构，即，通过变换视角，把失败看成成功，就像相机的美颜功能。"总有人要害我"的偏执型人格障碍我认为是这样形成的：他们遇到的挫折比较多，内心不能承受，如果把失败归因为自己，他们内心的感受就会很差，并且难以接受。于是他们把失败归因为世界不好。根据组织心理学家塔莎·尤里希（Tasha Eurich）的调查结论，95%的人号称有自我意识，其实只有10%~15%的人真的有。我虽然从本科到博士一直学心理学，但直到很大岁数了才真正开始反思自己。人类不能反思的原因非常明显：Self-Esteem（这个英文没有准确对应的中文，勉强可以翻译成"自尊"）的需求太强烈了（必须自我感觉良好）。导致"自我服务的认知偏差"的表现是：专门接收有利于自我感觉良好的信息来加工，无意识地屏蔽不利于自我感觉良好的信息，或者，当不利于自我感觉良好的信息铺天盖地而来的时候，要么偏执（总有人要害我），要么自我厌弃（抑郁）。

向外学习让人有所成就，向内学习让人内心平静。两者兼备不易。

五

○

世俗的成功：
毅力

在个人特质里面，与成功关系最大的，除了智力，就是毅力。它是意志力的另一种说法。

心理学中描述毅力的术语是审慎，它由两个要素构成：勤奋和秩序。

在研究智力因素以外人和人之间的不同方面（个体差异），心理学走了一条弯路，结果是基本达成共识的大五人格理论。其基本思路是，研究人们用自然语言里面的哪些词来形容人和人之间的不同，结果发现，这样的词在英语里面有 8000 个左右。然后用因素分析的统计方法，归结为五大维度：思维的开放性、尽责性、外倾性、随和性、神经质。最后在这个框架下研究成功和幸福。

从日常语言来研究性格，还不如艾森克从生物学的角度研究个体差异，而生物心理学从古希腊的希波克拉底的体液说就开始了研究，当今方兴未艾的神经科学正在复兴这个传统，未来将有所突破。

一个有实用价值的研究思路，应该从适应环境的结果倒推，研究什么人更成功，什么人更幸福。

大五人格理论的研究成果表明：在五个维度中，只有一个维度与成功（以教育和收入为尺度）有稳定的、较高的相关系数，这个维度就是尽责性。尽责性的含义就是勤奋＋责任感：做事认真、做人靠谱。相关系数仅次于智商。因为智商可以相对精准地测评，而人格问卷只能靠人们自说自话，而且还需要考虑以下两点：首先，人们愿不愿意说实话；其次，想说实话的人们是否了解自己的行为。所以，测不准也可能导致相关系数低。我猜测，如果人格能测得准，那么勤奋对于成功的作用应该不低于智商。

延迟满足

饴糖实验是心理学的经典实验。

人物：四到六岁的孩子，一个一个地出场。

事件：面对一种特别好吃的糖，孩子有两种选择，一是当场吃掉一块糖，二是等心理学家回来（实验设计为 15 分钟后回来）吃到两块糖。

结果：一些孩子等不到两块糖，另一些孩子等到了两块糖。在等不到两块糖的孩子中间，等的时间各有不同。

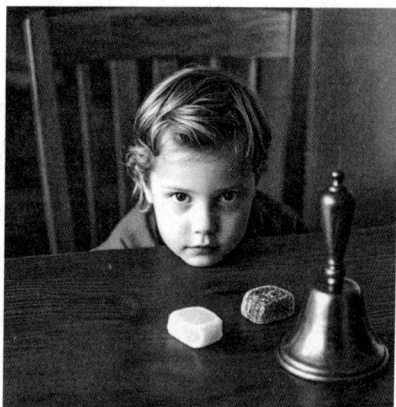

饴糖实验

结论：等的时间将对孩子的人生造成很大影响！心理学家持续地跟踪了四十年，直到这些孩子长到四十多岁。中间有很多研究发现，那些等待时间比较久的孩子，与那些迫不及待地吃一块糖的孩子相比，有以下五个特点。

第一，高考分数更高（美国"高考"SAT 分数）。

第二，学生时代交际能力更强、自理能力更强、更自信。

第三，学生时代在父母心目中更成熟、更抗压、更有计划性、更理性。

第四，在学校违纪更少。

第五，成年后更少上瘾、更少离婚、更少体重超标（统计分析结果是：每多等一分钟，体脂率少 0.2%）。

延迟满足（Delayed Gratification）是心理学的重要概念，指的是个体通过抑制眼前欲望的满足感而在未来获得更大回报的自我管理过程，可以说，延迟满足是意志力或毅力的近义词，它刻画了意志力或毅力的本质——为了未来的更大利益而抵制眼前的小诱惑。20世纪60年代开始的饴糖实验激起了心理学家对延迟满足的浓厚兴趣，迄今，他们得出的结论相当一致：有意志力的人在教育、人际关系、身体健康、心理健康、收入等方面都优于没有意志力的人。

关于意志力的总量是否就那么多（意志力守恒），心理学界有争议，不过我相信不同人的意志力不尽相同。心理学家认为，意志力或者叫自由意志，是一种大脑进化出的非常新的功能，体现为自控力和理性决策，这种功能非常消耗心理能量，必须省着用。[①]

学霸把意志力用在了考试上面，在走向社会时意志力就没剩多少了。所以笑得最早不一定笑得最好。

有一种人才，叫作低起点人才；与之对应的，是高起点庸才。

Sandy的起点是幼儿教育专业的中专学历，后来经过不断努力，她读了大专，又读了本科，目前读完了EMBA。如今，Sandy是一家即将上市的高科技公司的总裁。

我在人才测评师和领导力教练生涯中，遇见过不少像Sandy这样的低起点人才。低起点人才也包括那些因少壮不努力、没有考入好大学而进入普通高校的人。起点低可以是劣势，也可以是优势。起点低反而造就了某些人的街头智慧（Street Smart）。例如Sandy，她天生丽质，追求者众多，怎么办呢？情窦初开的她早早谈了恋爱，学习成绩也就受到了影响。

不过，不要小看恋爱的教育意义。法国作家莫里哀对此深有体会，他说："爱情是一位伟大的导师，教会我们重新做人。"领导力教练梦寐

---

① Baumeister, R.F. Free Will in Scientific Psychology

以求的目标，就是教会领导者重新做人，但要达到这个目的很难。我们其实可以试试让领导者去恋爱。恋爱提升了一个人的什么呢？

第一，爱上一个人，会产生一系列积极情感：对人性阳光一面的信念，会泛化为对世界的信任、对未来的憧憬。爱上一个人会让人产生利他行为，自私的人也可能开始为他人着想。

第二，被爱和渴望被爱也会让自己产生一系列积极情感：自信、自尊，并对自我有更高的要求。被爱的人经常称要"做最好的自己"，这不就是心理学家马斯洛说的"自我实现"吗？爱吃的人开始节食了，懒惰的人开始运动了，庸俗的人也开始文艺了。

第三，失恋虽然会让一些人沉沦，却让另一些人产生一系列的正面情感：正视自己的缺陷，消除一些自我认知的盲点，甚至产生心理学家阿德勒所谓的"自卑与超越"的情绪。

第四，恋爱让一个人学习操练关系能力。求爱过程关乎一个人的人际技能。开始、维护、终止一段关系所需要的技能，跟领导一个团队所需要的技能高度重叠。

以上四条概括一下，就是恋爱提升情商（自知、知人、自我管理、关系管理）的过程。

起点低的人，往往很早就进入社会。如果说社会是教人做人的最好的学校，那么起点低的人跟一路读书而有高学历的同龄人相比，在做人方面其实是提前起跑的。一个一路读到博士的 27 岁的人，跟一个中专毕业的 27 岁的人相比，晚进入社会差不多 10 年，在街头智慧方面也就落后 10 年！

低起点人才不甘落后，所以，他们往往工作到一个阶段，就又回到学校恶补知识。由于工作经验丰富，所以，他们学东西往往更容易结合实际，也就更能学到东西。而一路读到博士的人，他们出了校门也可能找不到工作。

再说说高起点庸才。他们从小就不是具有领导力的孩子王，也不是合群的追随者；同时长相和体格上也没有竞争力，他们除了好好读书，就没多少路可选择了。人的时间、精力、智商都是有限的，这三样，在书本上用得多了，在与人打交道上用得就少了。高起点的人在为人处世和领导团队上的起点较低。可是，由于学历高，简历好看，可能还有点儿书本智慧（Book Smart），这类人往往能进大机构，坐高位置，最后导致德薄而位尊，知小而谋大，力小而任重，鲜不及矣。

我补充一下：也有很多学历高并且德才兼备的人。他们在学校期间不仅学习成绩好，而且热衷于学生活动，当学生干部，广泛接触社会。我说的高起点庸才是高起点人群中的一部分，这个部分有多少人，我没有数据，但是感觉比例不低。

低起点人才的优势是有软技能，不是硬技能。像医生、科学家这类人，非科班出身的一般不如科班出身的。但是在领导团队这件事情上，低起点人才的优势更明显。低起点人才常见的弱点是缺少概念思维，进而影响了他们的战略思维。

拿负面反馈当"药"吃

每个人的成长轨迹都不一样。大体上有三种形状的成长曲线，第一种是平的：人一直就那样，从小看到老。第二种是上升的：人变得越来越好。第三种是下降的：人变得越来越坏。

第一种人遇到成败不反思，所以他们不成长。

第二种人遇到成败经常反思，不仅能看到别人的问题，还能找自己身上的原因，然后不断改进。所以他们越来越好。

第三种人遇到成败经常反思，总是找别人的问题，不找自己的问题。挫折和成功不能使自己升级，反而越来越不相信别人，越来越喜欢抱怨。所以，他们越来越不受欢迎。

一个人的成长曲线，不是平滑曲线，而是有转折点的。重大事件和挫折，往往就是转折点。

人都爱听表扬。正面反馈能让你愉悦，塑造你的有效行为。但是，负面反馈更能让你成长。

心理学研究发现，一个人收到负面反馈，一般会历经四个心路历程：震惊、防卫、反思、行为改变（自我升级）。

举个例子，有人告诉你：你有口臭。无论他的语言多么委婉，他话里的意思非常明白：你有口臭。

震惊

震惊，这是因为负面反馈与自我概念冲撞。这种冲撞，是自我发现的前兆。

忠言逆耳，此刻典型的内心独白是："我有这么差吗？"

防卫

自我发现并不会立即发生，自我防卫机制却几乎不假思索地出击，以捍卫自尊（自尊 = Self-Esteem = 自我感觉良好的状态）。

自我防卫机制，是弗洛伊德提出的概念，在我看来，是心理分析对人类自我认识的最大贡献。自我防卫机制由弗洛伊德的女儿完善。恶魔化提供负面反馈的人，是自我防卫机制的低级形式，是不成熟的。比较高级的自我防卫机制是升华，就是俗话说的"化悲痛为力量"。

此刻，你用手罩住嘴呼气，再用鼻子吸气，内心独白："没什么气味啊！他骗人！以后少跟他见面，远离负能量！"

反思

自我防卫机制，由于本质上是一种"无意识自欺"，所以，心理健康的人往往不会停滞于此。过一段时间，也许是一两个小时，也许是一两年，在情绪渐渐消退后，特别是当发生一些事情的时候，人们会用一种更加成熟、理性的方式，重新审视负面反馈。这时候，自我发现才会真正发生。

此刻，你的内心独白："也许我真的有口臭，只是我习惯了自己的气味所以闻不到。"

行为改变（自我升级）

有人把学习成长定义为行为改变，这是有道理的。反思的结果是自我发现，导致理想自我与现实自我（这两个概念，是卡尔·罗杰斯提出的）的落差再次显现，产生心理上的张力，或者说认知上的不协调。于是，美好的事情发生了：一方面，人会调整自我概念；另一方面，人会改变做事方式。

从此，你升级了自我，你的版本从 3.0 升级到了 4.0。你开始注意口腔保健，你去看牙医，看内科，然后你知道是龋齿造成的口臭。你修补了龋齿，你开始使用牙线，你变成了口气清新的人。更可贵的是，你开始主动寻求反馈，你会问你的闺蜜："我的香水味儿好闻吗？会不会太浓？"

一个人是否成长，取决于是否反思，在反思时是否找自己的问题。一个人成长的速度，取决于第二阶段，即"防卫"：采用何种方式的心理防卫，防卫持续多久是关键。对负面反馈进行归因的方式因人而异。负面反馈有些是噪声，有些是偏见，有些是有用信息、自我提升的催化剂。"有则改之，无则加勉"说起来容易，做起来难！因为，判断负面反馈哪些是"有"，哪些是"莫须有"，哪些是"无"，决定着一个人是接受、反思还是付之一笑。

这世界上有口臭的人不少，而这世界上敢于告诉他们有口臭的人不多。人格缺陷就像口臭，别人不说，自己不知道。

给你负面反馈的人，不是特别恨你的人，就是特别爱你的人，或者是情商特别低的人。珍惜并寻求负面反馈吧！

一个对自己好，且能让自己更好的事情是自我升级。我讲一个孔子的例子。

我的理解是，他30岁知道自己的事业目标和人生追求（三十而立）。40岁好多事情想明白了，其他事情想不明白也就不再想了（四十而不惑），例如，"未知生，焉知死"。50岁知道有些事情是个人无法改变的，必须接受（五十而知天命）。60岁听到不好听的话（如负面反馈）也不生气，而是反思，有则改之，无则加勉（六十而耳顺）。70岁自我和社会高度一致，不用压抑自己，不会冒犯别人（七十而从心所欲，不逾矩）。

但我要说，孔子的个人成长存在一些问题，因为按照当时的人均寿命，四十不惑的时候他已经去世了。人生短暂，时光荏苒，我们应该早点耳顺，拿负面反馈当"药"吃。

修炼个人魅力

机会和运气并不会均等分配到每个人头上。有些人就是命运的宠儿，这类人自带一种东西，也就是个人魅力。

我们先通过三种典型的领导者来感悟下个人魅力到底是什么。

第一种是海选的领导者。海选的特点在于群众对这些候选者并不是知根知底的。要想赢，取决于两个重要因素：长得好、会说话。

第二种是任命的领导者。典型的任命的领导者是小学的班长，有三个特点：听话、学习好、有背景。

第三种是天然的领导者：孩子王。他们一般胆子大、花样多（创新）、讲义气、争强好胜。

将上述三种领导者的特点结合起来，就是影响个人魅力的6项内容：

1. 经历
2. 成就
3. 关系
4. 相貌
5. 性格
6. 能力

个人魅力其实是可以量化的，我简单地做了量化，设计了一个"魅力指数"的计算公式，从6个方面来衡量个人魅力。其中1、2、3、4很重要，但是最重要的、真正起作用的，从长时间来看，是5和6。

第一，经历。就是你做过什么。例如，作为军人，你打过仗吗？作为职业经理人，你创过业吗，你建立了多大的公司？当然也包括学历，你在海外受过教育吗，你有没有读过名牌大学？你吃过的苦，都是经历。在管理领域有三种最值钱的经历：负责过盈亏、"炒"过人、有过不止一种职能。人生经历也可以打分："读万卷书"，学历高；"行万里路"，出过国门；"阅人无数"，分为四项，跨文化、跨语言、跨阶层、跨年龄段。这些都能极大增长一个人的见识，非常有价值。相反，一个足不出村、不与人交往的数码盲（不会上网），注定是井底之蛙。

第二，成就。就是你做成过什么。我认为世俗意义上的成就是权、钱、名，它其实可以很客观。主观的成就或者干脆叫作成就感，其实是对生活的满足感，属于幸福感的范畴。我觉得对于幸福感而言，主观的成就比客观（世俗意义上）的成就更重要。不过，接下来我说的成就，特指世俗意义上的成就。

权、钱、名，这三者其实可以换算，兑换率因社会不同而不同。权的含金量比钱和名要高。参加老同学聚会，大家忍不住比较谁更成功，其实就是比较权、钱、名。

第三，关系。也就是说，你能调动多少人来帮你的忙，你的关系的数量和质量怎么样，你认识哪些有资源的人。圈子非常重要，人的社会属性是由圈子界定的。马克思·韦伯（Max Weber）的社会分层，其实就是我们所说的圈子。

韦伯的社会分层有三个要素：

1. 阶级：经济地位。
2. 社会地位：声誉之类的非经济因素，其实就是你的格局。
3. 政党：跟权力沾边。

第四，相貌。美貌也是一种力量。按照正态分布，我们假定平均颜值上下各一个标准差之间的人是 3 分，那么这样的人占 68%。再往上、下分别走一个标准差，这样的人各占 14%，分别给 4 分和 2 分。再往上、下分别走两个标准差以上，是少数颜值极高和极低的人，各占 2%，分别给 5 分和 1 分。

相貌的正态分布

1分	2分	3分	4分	5分
在人口中占2%	在人口中占14%	在人口中占68%	在人口中占14%	在人口中占2%

据统计，美国财富 500 强公司 CEO 的平均身高是 1.83 米，而美国男性的平均身高是 1.76 米。

最重要的是第五和第六。

第五，性格。性格好的人总是惹人喜爱。有三种特质对人格魅力的贡献最大，即外向、勤奋、自信。

外向的人热情、温暖、阳光、爱说、主动、自来熟。心理学有个理论，认为人人都是朴素的心理学家，无意识深处都有一套关于人的看法，学名叫"隐含人格理论"（Implicit Personality Theory）。例如，一些西方人认为红头发的人脾气大、金发美女不如黑发美女聪明，一些东方人认为三角眼的人奸诈。心理学有一个发现，温暖是隐含人格理论的核心，人们对温暖的人有特别多美好的联想，对冷漠的人有特别多不好的联想。温暖的晕轮效应和冷漠的犄角效应影响都特别大。外向的人温暖，这似乎可以作为一种对外向的人性感的解释。

勤奋是一种稀有的品质。人性本惰，勤奋的人是少数。少数勤奋的人并不是不懒，而是因为有追求所以克服了懒惰的天性。这样的人从内心深处想把事情做好，有使命感，对工作有激情。这种激情会感染别人。勤奋的人往往有一两样硬技能，硬技能也是一个重要的魅力源。沟通能力、领导能力都是软技能。专业技术、运动技能，以及文艺技能（例如，会一样乐器）是硬技能。唱歌是硬技能，比唱歌还硬的技能是写歌词，比写歌词还硬的技能是谱曲，比谱曲还硬的技能是弹钢琴。硬技能一定是长期努力的结果。追求卓越的人有上进心且能坚持。立志容易，坚持不容易。有句话这么说："无志之人常立志，有志之人立常志。"音乐人流传着一种说法：一天不练琴，自己就能感觉到手生；两天不练琴，乐评家就能感觉到；三天不练琴，观众就能感觉到。

自信的人更能充分展示自己的魅力。如果你都不欣赏自己，别人凭什么欣赏你？自信的人在自信的时候实际上是在行使权利。一个人在谈论自己擅长的领域的时候，最自信，也最迷人。

第六，能力。大多数人会被高智商的人吸引，甚至一些"高智商控"（Sapiosexual）觉得高智商的人特别性感，高智商这一特征本身就会让高智商控产生性冲动。智商经常以幽默和机智的形式表现出来，真正高智商的人说话好听、有趣，会聊天。谁不喜欢妙语连珠的人呢？

大脑是最性感的器官。性格和能力都是大脑的外在表现。

你可以用五分制，和你的参照群体比较，和同龄人比较，最好和老同学比，因为起点差不多。给自己的六项逐一打分，然后算一下平均分。假如说 3 分算及格的话，你能不能及格呢？

然后，基于这六项，你要开始自我修炼了。这里面的每一项都可以修炼，但是有些需要花时间，比如经历和成就，想要短时间速成太难了，要慢慢修炼。至于关系该怎么修炼呢？对于外向的人，我给你个建议：你要清点一下，哪些关系是资产，哪些是负债——不良资产。对于内向的人，我给你个建议：把关系分门别类，然后做一个利益相关方分析，集中精力维护重点关系。

投资回报最快的其实是相貌。投资回报最慢的是关系、经历和成就。投资回报率最高的是性格和能力。

我从前带过一个团队，成员都是刚刚大学毕业的，我从头教他们相貌管理。

第一点，做好个人卫生，干干净净。

第二点，要修边幅。英文中有一个词叫 Grooming，这个词在中文中没有对应的词，可见这是西方现代文化的产物。Grooming 大概就是修边幅，头发、指甲，还有其他毛发，都必须经常修剪。我经常见到太多男人，甚至女人，鼻毛从来不修剪任由它长到鼻子外面。还有不注重口腔清洁的人，一说话就熏死人，顿失魅力。

第三点，身材管理。一个人过了 30 岁，要想身材健美，至少匀称、苗条，就需要毅力。

以上三条都做好了，再考虑穿衣服。关于衣品，男人的打扮，跟女人的打扮有一个不同：男人的打扮像玩"跳一跳"游戏，要么用力不足，趑趑趄趄，要么用力过猛——不自然。

男人穿衣要考虑的几个细节：袜子、皮带和短袖衬衫。

不要穿白袜子配正装皮鞋。原因不解释，因为没法解释，这是传统。男人的袜子要跟鞋子、裤子一色。皮鞋、皮带和皮表带一色。这些规则都不是绝对的，打破一个规则是标新立异，打破很多规则是不懂穿衣。

皮带扣不要那么笨重、花哨，有修养的男人的皮带扣都是很简洁的。皮带要短，不要围着腰转一圈。皮带上不要挂钥匙及任何其他东西。

不要穿短袖衬衫，哪怕已经45℃。我做过的最英明的决策之一，就是把短袖衬衫都扔了。为什么不能穿短袖衬衫呢？男人不需要短袖衬衫，有7个理由。

第一，长袖衬衫挽起袖子，其实就是短袖，但比短袖衬衫帅气！

第二，挽起袖子的效果是贴身裁剪，而短袖衬衫的袖口往往是松松垮垮的。

第三，既然长袖衬衫可以替代短袖衬衫，那不是省钱了吗？

第四，不仅省钱，还省衣橱空间。

第五，省下来的钱，可以买或者定做更好质地的衬衫。

第六，如果你不喜欢挽起袖子，那么你可以直接穿Polo衫。Polo衫可以代替短袖衬衫，不过，我不穿Polo衫，因为我直接穿短袖T恤了。为什么？原因是T恤更简单，更凸显身材。

第七，你看看周围穿长袖和短袖的人群，你就明白了。物以类聚，人如其衣。那些穿长袖衬衫的人所出入的场合大多是高处不胜寒的……

要注意，穿衣服不能跟风，不能被走投无路的设计师和模特联合忽悠了。模特穿什么都好看，你穿不一定好看。

再说说女人的穿衣。真正有影响力的穿衣方式，是正式的，是自然的，是简单的。

我提出几个"无"，供大家参考：

第一，没有花哨的东西。比如说花边、褶子、蕾丝、镂空、流苏，这些东西，不要有。

第二，不要有太多的颜色，一种颜色最好，两种颜色也行，但不能超过三种颜色。

第三，不要有 Logo。

第四，不要有多余的布料，要贴身裁剪，方能凸显你的身材。

关于性格的修炼，你要知道自己的性格是什么样的。你不见得会改，而且改起来特别难。但至少你要知道你的性格是什么样的，这样就可以管理性格。例如，你知道你不够自信，不够果敢。

知道了之后，你就可以鼓足勇气，用各种方式壮胆。

能力能不能提升？我建议你跟智者交往，这样的话，你能够逐渐提升自己的能力。智商 60%～70% 都是遗传基因注定的，但是还有30%～40% 是后天形成的，慢慢来。战略思维，就是把有限的智商发挥到极致。

做好印象管理

很多人不被提拔，不是才不够，而是德欠缺。有人真的是人品有问题，也有很多人很冤，他们不缺德，但缺印象管理！

德才兼备，那叫圣人。谁见过圣人？我是做人才测评的，我发现发掘圣人属于小概率事件。

《资治通鉴》提到，德大于才叫君子，才大于德叫小人。"君子"这个标签一贴，谁不想用？"小人"这个标签一贴，谁还敢用？

中国传统重德甚于才。姜太公（《六韬·龙韬》）的人才标准是：

一曰问之以言，以观其辞。

二曰穷之以辞，以观其变。

三曰与之间谍，以观其诚。

四曰明白显问，以观其德。

五曰使之以财，以观其廉。

六曰试之以色，以观其贞。

七曰告之以难，以观其勇。

八曰醉之以酒，以观其态。

辞、变、诚、德、廉、贞、勇、态，其中五条属于德的范畴。

外国其实也有重德轻才的传统。巴菲特说：正直、才智、活力三者之中，如果缺了第一个，后面两个会杀了你。（他的原话："In looking for people to hire, you look for three qualities: integrity, intelligence, and energy. And if they don't have the first, the other two will kill you."）

重才轻德的人古今中外都是少数派。重视情境领导力算是西方的一个少数派。情境领导力理论用能力（Competence）和动力（Commitment）两个指标把员工成熟度（Development Levels）分为四个档次：最高档（D4）是能力高和动力高，但是其他档次我们根本想不到提出该理论的保罗·赫塞和肯尼斯·布兰查德是怎么划分的。居然最低档（D1）是能力低、动力高。D2是有些能力但动力很低，D3是能力高但是动力和信心比较低。这里的动力类似于工作态度和意愿，勉强算是德的范畴吧。

曹操算是一个少数派。他说，治平尚德行，有事赏功能。意思是，守业崇尚品德高尚的人才，创业就要看业绩和能力。

清朝的皇帝雍正也算是少数派。雍正的理念特别有启发性："卿等封疆大臣，只以留神用才为要。庸碌安分，洁己沽名之人，驾驭虽然省力，唯恐误事。但用才情之人，要费心力，方可操纵。"

德是个很难操作化的概念。

好色算不算缺德？

贪钱算不算缺德？

脾气暴算不算缺德？

心高气傲算不算缺德？

急功近利算不算缺德？

苏格拉底认为，美德即知识。按他的看法，求知就几乎等于儒家所谓的修身了，而自我认知是最重要的道德修炼。

职场人士应该学会印象管理。韦尔奇情绪化，听不进批评，主观臆断，一意孤行，占公司的小便宜，按照《资治通鉴》的说法，他才大于德。当韦尔奇知道别人这样评价他的时候，他震惊了，因而有所收敛，以至于后来成为CEO。

至于怎么做印象管理，其实就是个人品牌管理，品牌管理的那一整套方法，都可以运用到个人印象管理中。我举个例子：可报销可不报销时，坚决不报。如果你想塑造一个勤奋的职业形象，就不要经常晒你吃喝玩乐的照片。因为群众一开始会依据零星的信息形成对你的印象，所以，你必须为你的印象负责。

重视外貌资产

外貌，特别是男人的外貌，比你想象的重要！

科学地研究长相，始于半世纪前，至今方兴未艾，横跨心理学、人类学、经济学、动物学等众多学科。关于长相与成功的关系的书就有好几本，例如，《为什么美丽的人更成功》（*Beauty Pays: Why Attractive*

People Are More Successful）和《长相为什么比你想象的更重要》(*Looks: Why They Matter More Than You Ever Imagined*）。

人们喜欢漂亮的人，因而给他们更多的机会和耐心。职场上，外表的得分与收入成正比。美国的一项调查发现，长得好看的律师，比长得不好看的律师多挣 10% ~ 12%。

一项由三所大学（佛罗里达大学、北卡罗来纳大学和匹兹堡大学）的学者共同进行的研究发现，身高与收入成正相关。高个子的人比矮个子的人挣得多。

《为什么美丽的人更成功》的作者，得克萨斯大学经济学家丹尼尔·哈默梅什（Daniel Hamermesh）博士的研究发现，相对于外表平庸的人，外表有魅力的人求职和晋升的速度更快，销售业绩更好，薪酬更高。他发现，长得好看的教授，比长得不好看的教授的收入多 6 个百分点。他认为，不管从事什么职业，相貌都很重要，只是程度不同而已。

德国吕讷堡大学经济研究所的克里斯蒂安·法菲尔（Christian Pfeifer）基于3000多名德国人的收入和相貌数据，拟合出外貌与收入的曲线。法菲尔用的统计方法叫作普通最小二乘法，图中的对数，应为自然对数。

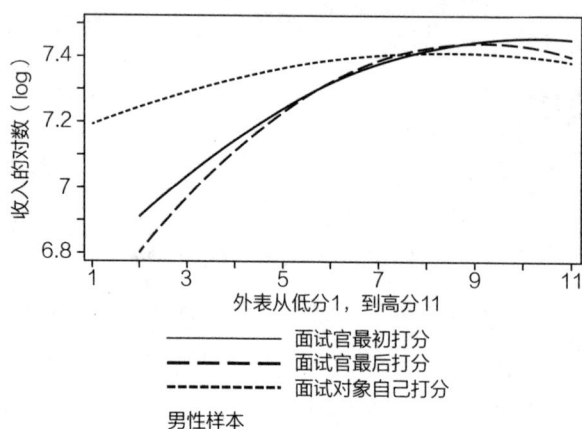

男性样本

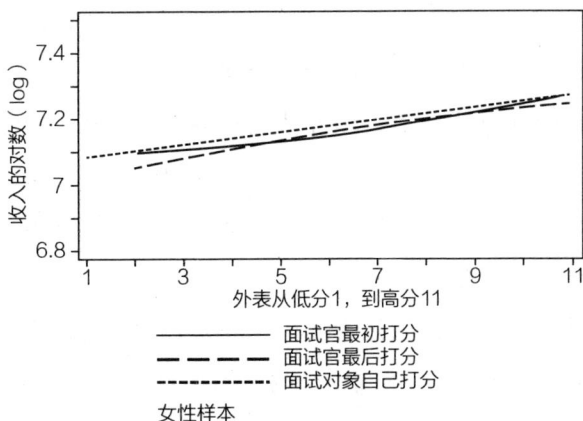

图中纵轴："收入的对数（log）"，数值标注 6.8、7、7.2、7.4

横轴："外表从低分1，到高分11"，数值标注 1、3、5、7、9、11

图例：
—— 面试官最初打分
- - - 面试官最后打分
····· 面试对象自己打分

女性样本

男女的曲线形状不同：对于女性，相貌与收入是直线关系；对于男性，则是曲线关系。另外，此研究有一个有趣的附带发现：女人的自我评价与他人评价更接近。

人可貌相

中国有一个说法：人不可貌相。外国也有一个说法：你不能以封面来评判一本书。（You can't judge a book by its cover.）很多人同意这些说法，但他们的做法却是以貌取人。

人们提到科举制度，首先联想到的就是八股文，其实，科举对人才的考察范围很广泛，其中就包含对外貌的考察。

以貌取人是个贬义词。研究却发现，以貌取人居然有一定的准确性。美国莱斯大学心理学教授麦琪·荷宝（Mikki Hebl）的研究发现，在其他条件相当的情况下，长相好的老板比长相差的老板更有能力，更容易合作，更善于授权。

美国塔夫茨大学的两位研究者（Nicholas Rule 和 Nalini Ambady）发现，随机挑选一批人，让他们看 CEO 的面部照片，他们就能判断 CEO 的能力、支配欲、招人喜欢的程度、心理成熟度、可信度。

更有意思的是，美国威斯康星大学的伊莲·王（Elaine Wong）的研究小组发现，男性 CEO 脸的宽度与长度的比例较高，他们所在公司的业绩较好。研究小组研究了 55 个大公司的男性 CEO，研究对象包括连年盈利的美国西南航空的前 CEO 赫伯·凯勒（Herb Kelleher）及多年亏损的 AT&T 的 CEO 鲍勃·艾伦（Bob Allen）。凯勒方面大耳，一脸福相，鲍勃则是一副"亏损相"。

长相与智力有关。民间认为矮个子的人聪明，说矮个子的人"不长个儿，光长心眼儿了"；而高个子的人不聪明，故有"傻大个儿"一说。研究却得出相反的结论：身高跟智商成正相关，尽管相关系数仅在 0.2 左右。

不仅身高，一个人的外表整体漂亮程度跟聪明程度成正相关。伦敦经济学院曾对 52000 名英国人和美国人进行研究，发现外表有魅力的男性智商高出平均智商 13.6 分，外表有魅力的女性智商高出平均智商 11.4 分。

美国杜克大学以约翰·格雷汉姆（John Graham）为首的研究者们发现，人们在不知情的情况下只凭相貌给 CEO 的能力打分高于非 CEO。而且，被他们认为能力强的 CEO，的确有更高的收入。

美貌是客观的

"情人眼里出西施，但是情人所见略同。"这是《为什么美丽的人更成功》中的观点。

关于面容美有两个科学发现：平均脸定律和对称脸定律。

平均脸定律告诉我们，五官位置处于人群中平均位置的脸最美。多伦多大学的研究者为平均脸找到了参数：眼睛到嘴的距离占脸长的 36%，同时两眼之间的距离占脸宽的 46%。美国明星杰西卡·阿尔芭完全符合这个标准。对称脸定律告诉我们，左右对称的脸最美。科学家们对平均脸和对称脸的审美价值的解释是，两者预示着健康。那么，人们在求偶过程中对美的追求，就是对下一代健康的追求。这种假说，听起来比"红颜薄命"更有道理。

决定外貌的因素，除了面容，还有身高和体型。面容似乎可以在一定程度上弥补身高的不足，反之亦然。

男人的身高在恋爱、婚姻中的作用不用多说，已经得到众多研究的证实。

关于女性，身高的作用在下降，体型的作用在上升。研究发现，女人偏爱宽肩瘦腰的 V 字体型男性，而男人喜欢腰臀围比例较低的女性。

美貌创造商业价值

商人很早就懂得用美貌来招揽生意。一本杂志，以美女作封面，则销量大增。难怪很多杂志，不管内容是否相关，都喜欢用美女作封面。

1972 年，发表在美国《社会心理学杂志》上的一篇文章——《美的就是好的》认为：广告模特的美貌有助于加深消费者对产品和服务的印象。后来的研究发现，美貌的广告模特还能增强消费者的购买意向。

当然，用美女做广告有一定的负面效应。研究发现，美貌的广告模特让人，特别是女人，感到自卑，从而产生反感。

外表可以管理

美貌，虽然不是最重要的成功要素，但毕竟是成功要素之一。可以说，美貌是一笔资产。

既然外貌如此重要，那么也许在整容上花一大笔钱，同花在教育上一样值。伦敦经济学院社会学教授凯瑟琳·哈金（Catherine Hakim），写了一本书《性感资本：从会议室到卧室都适用的魅力优势》。她号召女性充分利用性感资本，获得事业成功。不过，如果人们拥有性的魅力，即使他们不主动地加以利用，性的魅力也在起作用。

相貌几乎全是父母给的，外表却是可以管理的。相貌一般的人，可塑性最强，外表管理的投资回报率更高。俗话说，"三分长相，七分打扮"，适用于大多数人。

派泽博士认为，外表是一种多维度综合体，每个人都有资产（加分项）和负债（减分项）。他建议，人们要主动管理自己的外表，尽量提升自己的外表得分，至少不能让外表得分下降。

漂亮的人，应该像理财一样管理自己的美貌。同时，还要管理美貌可能产生的副作用。例如，嫉妒，一些女性因为漂亮而招致流言蜚语，一些招聘负责人有意识或无意识地拒绝漂亮的同性应聘者。

大多数人可以通过管理，给自己的外表加分。林肯说过，人过了四十岁，就该为自己的相貌负责了。我说，读了本书，就该为自己的相貌做点儿什么了。

1. 整容手术可以改善面容和体型。不过，这种方法具有风险。

2. 以下小的变化可以带来巨大的收效：修边幅（指甲、鼻毛、体毛），关注胡须、发型、眼镜、化妆（弥补脸型缺陷，使得五官位置接近平均脸），选择尺寸合身、风格适宜的衣服。

3. 注重个人卫生，特别是口腔卫生。牙齿是重点，既影响面容，又是口腔异味的主要症结所在。除了每天多次刷牙，还要养成用牙线的习惯。一些人习惯用一侧牙齿咀嚼，久而久之，会损害脸部的左右对称性。

4. 重视情绪、营养和睡眠。忧愁毁容。失眠让人憔悴。

5. 加强姿态、表情、语调的修炼。保持微笑！

个人风格、态度等，能够改变你在自己和他人眼中的形象。

数智化时代的五个好习惯

好习惯之一：随时搜。不懂就上网查，不懂就问 AI。在数智化时代，知识唾手可得，必须杜绝不求甚解，无知无可辩解的情况发生。被猫咬了怎么会得狂犬病？当然可能！要把使用谷歌学术、知乎、百度知道、维基百科和各种智能工具变成习惯。子曰："日知其所亡。"

好习惯之二：把不喜欢的事集中在一天做。每个人都有不喜欢做的事，例如，我不喜欢做财务的事，我就把它集中在一天做。例如，每月最后一天，我把这一天称为"财务日"。这一天做完这些事，我就好好慰劳一下自己。

拖延，不一定是因为我们懒，而是我们内心深处无意识地讨厌某人或某事，而理智决定应该见此人或应该做此事。无意识跟意识在打架，拖延似乎就是谈判达成的妥协。

好习惯之三：定时关闭社交媒体。秒回是个让对方感觉特别好的动作，但是会让一整天的时间被切成碎片。埋头做重要事情的时候，关闭微信。重要的事情包括：烧脑的工作、度假、跟客户或者亲朋好友在一起，还有一个重要的事情是睡觉。

急事耽搁了怎么办？重要的事情错过了怎么办？手机要确保能打通。不过，我问过一些创业者，他们从来不接来历不明的电话，很少有耽误大事和急事的。也有例外，有位创业者确实耽误过一件事，跟税务有关的事，他没接电话，导致损失了一些钱财。

好习惯之四：大事做完之前，当天不安排其他事，这就是能量管理。小事情会消耗一个人的能量，让人不知不觉失去最佳状态，甚至进入疲惫状态。"一鼓作气，再而衰，三而竭。"烦心的小事情会让人情绪变差。听说撒切尔夫人做重要的事情之前，不吃东西。不吃东西（间歇性断食）让人处于极佳的精神状态：专注、灵感迸发。我试过不吃早饭和不吃午饭讲一整天课，的确很棒。有基础病的人别跟我学。

好习惯之五：不轻易分享信息。好东西要分享，但是不要轻易分享。换位思考一下，长长的文章或者背景音乐嘈杂的长视频，别人转发给你，你面临两难：看的话，不感兴趣；不看的话，对不住好意转发的人。如果转发者是上级，那就倍感压力。转发的文章或者视频，就像铺天盖地的作业，生生把一个成年人打回学生时代。

这个原则，也有例外。特别好的朋友，可以与之分享。如果分享，最好写几行文字作为导读，告诉对方你为什么分享，内容大概是什么。

在群里分享，如果这个群比较大，总有人会看，会觉得有价值，不看的人也不会感到压力。社会心理学把这种现象叫作责任扩散。

数智化时代是后真相时代。不轻易分享信息，是对别人好。不招别人烦，是对自己好。人在成长，当一个人对人生的体验更深，当一个人看到的信息更完整，其观点就会转变。谁都曾经幼稚过，一生幼稚的人也大有人在。丘吉尔从保守党退出加入自由党，然后退出自由党再次加入保守党，结果两党都不信任他。其实，他只是个性情中人。我不恨，我也不想招仇恨。所以，我点的很多赞，都是私密赞。

六

世俗的成功：
领导力

忍功：克服人性的弱点

如果你感觉累，而且是我下面所说的五种累，说明你正在当领导的正道上。因为，领导力是一种忍功。这是领导超出一般人的地方。

领导力，根据我提出的领导力语法模型，指的是三样东西：

1. 领导成效，就是以结果论英雄。

2. 领导过程，就是管理学教科书上面的规定动作，是领导者必须做的。

3. 领导者个人特质。

从领导者特质来看，五样东西：与人为善、追求卓越、自信果敢、战略思维、知人之智，居然都是"违反人性"的！

当领导有五累。

1. 自私是人性，与人为善＝克制自私。此为第一累。例如，老板分钱这件事，就很累，最累的不是怎么分，而是舍不得分。著名管理学者肖知兴在一次演讲中说了这么一个现象，就是老板分钱很纠结。一些老板三年前就唠叨着要实行股权激励，到了现在还在唠叨股权激励，想了这么多年，就是不做。就像有人评价刘邦和项羽：刘邦舍得把地赏给功臣，项羽也想这么做，但不舍得。有人夸张地形容项羽，把官印都做好了，就是攥着抚摸着，心想给出去一片土地，自己就少了一片土地。结果官印的棱角都被他摸圆了。（说项羽抠门的是韩信，"印刓敝，忍不能予"，见《史记·淮阴侯列传》。）企业家的每一分钱都是辛苦钱或者冒险挣来的钱，来之不易，分享财富非常难！

2. 懒惰是人性，追求卓越＝克制懒惰。此为第二累。人性本惰。领导一懒，团队就散。克制懒惰靠毅力／意志力，毅力就是自己跟自己过意不去的能力。

斯坦福大学的心理学家凯莉·麦戈尼格尔（Kelly Mcgonigal）博士研究意志力，并就这个主题写书、开课。她发现，领导者比一般人更有意志力，而且领导者使用意志力的方式与众不同，他们一直努力，耗尽意志力，直到目标实现。这有利也有弊，领导者若成功，就会很成功；但是一旦失败，就败得很惨。而且他们往往把意志力用在某一方面，其他方面就没剩多少意志力了。例如，有些功成名就的人在花钱上毫无节制。

能够坚持到目标实现，除了靠毅力，还靠另一种能力：自我管理。自我管理就是把自己像狗一样训，在别人看来苦不堪言的事情，高成就者（High-Achievers）能够想办法让自己上瘾，例如，跑步和举重。

自我管理是一种自己感召自己的能力。健身者的个人空间里多半会有一张健美形象的海报。企业家则用使命激励自己。

3. 抑郁和恐惧是人性，自信果敢＝克制抑郁和恐惧。此为第三累。领导力事关成功。勤奋和智商，足以让一个人安身立命。但是作为杰出的领导者，只有勤奋和智商不行，还要多一样：勇气。

4. 随心所欲是人性，战略思维＝克制随心所欲。做计划累，厘清逻辑累，抓大放小累。此为第四累。事无巨细地扑上去貌似很累，其实不累脑子，这反而是一种偷懒。人类的思维有很多硬伤，例如，脑子慢（CPU不好），记不住事情（硬盘不好），受情绪干扰（降温设备不好）。所以，在规则清晰的情况下，人类比不过机器人。在规则模糊的情况下，人类的直觉有时很准。

5. 以自我为中心是人性，知人之智＝克制以自我为中心。此为第五累。

子曰："克己复礼。"克己就是克制自己的任性，就是一个"忍"字。我观察周围人发现，无论年龄大小，能忍得住话、听别人讲完、不打断别人的话，符合会聊天的最低标准的人，不过半数。

我活到现在，最欣赏的是理不糙的一句话：婴儿憋不住尿，老人憋不住话；情商低就是憋住尿，憋不住话；成熟就是既能憋住尿，又能憋住话；老了就是憋得住话，憋不住尿。

学会四种思维

领导者的思维必须领先。

管理学上有个毫无争议的公理，就是罗伯特·卡茨（Robert Katz）的三类技能模型。管理者需要掌握三种能力：专业技术能力、人际能力和概念能力，这三种能力随着级别的不同相应的权重也不同。随着级别的提升，专业技术能力越来越不重要，概念能力越来越重要。根据《人类简史》作者的说法，如果人类没有抽象概念，而只有具体概念，那么靠脸熟和就事论事进行沟通，人类长期稳定聚集起来的群落的最大规模不会超过150人。但是如果有了抽象概念，那么群落的规模就没有上限。

有些概念可以改变一个组织的命运。对于一个商业组织来说，事关使命、愿景、价值观的概念，作用在于对内凝聚人心，形成文化认同感；对外指明战略方向，攻城略地。

有四种思维让人很累，甚至有点反人类。不过，这四种思维对于领导者特别有效！所以，尽管当时很累，但长期看则省事又省心。所以说：劳心者治人。孟子这句话对我的启示是：动脑子的是领导，傻干的是群众。

第一，换位思维。

人的本性是多为自己着想。不然，人这种有机体就太不容易生存了。文雅的表述就是：人不为己，天诛地灭。《自私的基因》里面的社会达尔文主义，是有道理的。我相信人类和其他动物都有自私的基因。当领导的人，必须克制这种自私的本能，多为他人着想。

换位思维分为三个境界。

境界一：心里有别人。

境界二：以己度人。

境界三：以人度人。

我不是要你利他，我是要你理解他人，从而让组织利益的满足带来个人利益的满足。要知道，领导者领导的组织中的每个人，都是非常自私的。你不换位思考，怎么做领导？

换位思考比较难，人们不容易从别人的角度想问题，往往以己度人。俗话说，己所不欲勿施于人，说的是人类的共性。如果考虑人和人之间的差异性，那么以己度人就容易被错误理解。以君子之心，度小人之腹，或以小人之心，度君子之腹，不同的君子想法也不一样。

例如，在聚餐的时候，你有没有遇到喜欢给你夹菜的人？他给你夹的菜不一定是你爱吃的，很可能是他爱吃的。自己给自己夹菜才是最有效率的。

关键句型：

如果我是他，我会怎么想？

我毕竟不是他，以他的性格和价值观，他会怎么想？

所以，换位思考的升级版，就是以人度人。按理说，一个人过了四岁，就有了心理理论（Theory of Mind）——知道每个人都有各自的情绪、动机。但是这与人类以自我为中心的本性相背离，所以不会时常发生。以人度人比较难，一种方式是：在脑子里拍电影，运用形象思维。例如，乔布斯推出鼠标的时候，希望消费者在拆鼠标包装的过程中熟悉鼠标的使用方法，于是想象拆开包装的过程。其实很多 IT 人设计的用户界面反人类就是因为缺乏换位思维。如果觉得运用形象思维太难且没把握的话，以人度人还有另一种方式，干脆直接问：

你怎么想？

你要什么？

战略咨询顾问德文·帕特奈特（Dev Patnaik）认为，大公司缺少换位思考，严重影响它们理解客户，以至于经营失败。他觉得耐克和哈雷戴维森在理解客户方面做得很好。而我想到的是腾讯和阿里巴巴，特别是腾讯的微信，换位思考做得好，愿意并善于理解用户。

其实，经营管理的基础，无非就是理解人，具体说，就这么几类人：客户、员工，以及其他利益相关方。

第二，内省思维。

内省思维就是反思自己。曾子曰："吾日三省吾身：为人谋而不忠乎？与朋友交而不信乎？传不习乎？"我觉得可能有点儿多，领导三日一省比较合理。

我觉得今天的领导者应该定期问自己这几个问题：

我是不是太作了？太自我膨胀了？

我是不是得过且过了？

我是不是太软弱了？

我是不是轻重缓急不分了？

在关键事件（成或败）发生之后，要问自己：

为什么成功（或失败）？

哪些是外在因素？哪些是自身因素？

可否归因为自己的知识、技能、经验、能力、策略？

从中吸取了什么经验教训？

之后怎样才能做得更好？

怨天尤人是内省思维的反面。怨天，就是抱怨环境因素。尤人，就是抱怨对方。遇到类似的事，也要反思：是不是自取其辱？自己是否也有不对的地方？

面对关键决策和重大取舍，要问自己：

我要什么？

我最在意什么？

我是谁？

什么是我做人做事的底线？

第三，目标—手段思维。

世界上大多数人在大多数时间的做事方式，都是漫无目的的。无论混日子的，还是兢兢业业的，大多是为了做事而做事。我问了很多已婚的人，当初为什么结婚？得到的回答都是为了结婚而结婚。我问了很多没结婚的人，以后为什么结婚？得到的回答也是为了结婚而结婚。如果知道结婚的目的，就会知道结婚的方法：跟谁？什么时候？婚后怎么过日子？

在行动学习会议上，最有意义的提问就是，我们的目标清晰吗？大家开会开着开着就忘了目标了，人性使然。所以，行动学习会议要安排一个专门的主持人，不时提醒大家。

目标—手段思维的关键句型只有两个：

为什么？

怎样做？

这两个问题的顺序绝对不能颠倒，一定是先问为什么（Why），再问怎样做（How），养成习惯，目标—手段思维就形成了。

第四，前瞻思维。

菲利普·津巴多（Philip Zimbardo）说幸福的人长这样：过去的积极看法给了他们根基，他们知道自己是谁；未来给了他们翅膀，他们知道方向；享受现在，给了他们能量。他引用了那个著名的饴糖实验，现在就吃一块糖的人，远不如等到未来吃两块糖的人厉害。

在我看来，规划未来的人很牛！班组长和小主管看眼前，部门领导看一年，高层看三年，企业家看十年，政治家看五十年。对过去不满意却偏偏生活在过去的人很悲催！生活在此时此地的人最擅长及时行乐！

我自己决定把 80% 的时间用在现在，10% 用在过去（9% 用来从经历中学习成长和理解自己，1% 用来怀旧），10% 用在未来（9% 用在近期规划，1% 用在中期和远期规划）。没人可以预测未来，我们谈论的趋势，都是眼看着发生的事情。领导者并不比群众更能预测未来，领导者只是为未来做准备。

在战略思维方面，一个是大局观，一个是前瞻性。三国时，若说大局观，鲁肃很厉害；但是说到前瞻性，吕蒙更出色。《三国志》有这么一段。

蒙问肃曰："君受重任，与关羽为邻，将何计略以备不虞？"肃造次应曰："临时施宜。"蒙曰："今东西虽为一家，而关羽实熊虎也，计安可不豫定？"因为肃画五策。肃于是越席就之，拊其背曰："吕子明，吾不知卿才略所及乃至于此也。"

鲁肃的意思是：到时候再说。吕蒙的意思是：必须预先筹划，而且他设计了五个方案。品德高尚的鲁肃当面承认自己的战略思维不如吕蒙。

前瞻思维的关键句型：

什么会改变？

现在该做什么准备？

我在战略思维的课上会带着大家做情景分析（Scenario Analysis），拿财务分析工具当前瞻思维工具用。这个方法很简单，就是抽上、中、下三个签，然后努力做好该做的事，让上签发生。

以上四种思维都是大脑的高级功能。换位思维指向他人（他要什么？），内省思维指向自己（我是谁？），目标—手段思维指向目标（为什么要做？），前瞻思维指向未来（什么会变？我该怎么办？）。

齐家体现领导力

修身，齐家，治国，平天下，这个逻辑出自《礼记·大学》。

"古之欲明明德于天下者，先治其国；欲治其国者，先齐其家；欲齐其家者，先修其身；欲修其身者，先正其心；欲正其心者，先诚其意；欲诚其意者，先致其知，致知在格物。物格而后知至，知至而后意诚，意诚而后心正，心正而后身修，身修而后家齐，家齐而后国治，国治而后天下平。"

这里面没有提到公司，没有提到领导力。但是说的道理完全适用于公司里面的领导者。领导力不只是一套技能，更是一种自我修炼，就是古人说的修身。前面的自我管理，说的就是修身，而修身的效果好不好，就看能不能齐家。

所以，在家庭中的地位，能够体现一个人的领导力。如果粗略地把领导力的境界分为小、中、大三等，那么，小领导力可以用来管家里养的狗，中领导力可以用来管孩子，大领导力可以用来管老婆或老公。

人管狗比人管人容易多了，但是难度也不是零。在狗的心理世界里面，它是家庭成员之一，在它看来，这个家庭里面的成员地位有序。它最认可的人是老大，相当于狗群中的头狗（Alpha Dog），是领袖。如果这个家里面它自以为没有谁的领导力超过自己，那它就自认为是头狗。这种情况一旦发生，这条狗就翻天了，这个家就乱套了。根据家庭成员领导力的高低，狗在内心有个排序。老公、老婆、孩子、狗，这只是一种可能的顺序。实际情况是任何顺序皆有可能。

我专门研究过养狗和驯狗。我的收获是，养狗和驯狗跟当企业领导至少有三点相似性：第一，奖惩要严明。以奖为主，以惩为辅。因为奖励可以塑造有益行为，而惩罚只能消除不良行为。第二，奖惩要持续，标准要一致，不让下属无所适从。底线不能动摇。第三，要有爱。体现爱的方式就是花时间与下属相处。

中领导力可以用来管孩子。做父母其实就是做领导，反过来说，做领导有好多地方很像做父母。当孩子稍微长大一点儿，管好孩子就需要中领导力了。父母双方，如果有一个领导力很弱，那么很快就会在孩子心目中失去领导地位，不仅管不了孩子，而且可能被孩子轻视。孩子往往对父母区别对待，比较听一方的话，而不听另一方的话。能够一生做孩子的朋友，一生维持对孩子影响力的父母，一定至少具有中领导力。我们都知道《傅雷家书》，估计傅雷对傅聪的一生都有一定程度的影响力。

我曾经有位儿时玩伴，他的父亲在他三十多岁的时候，仍然对他有影响力，这种影响力一直持续到他父亲辞世。

管狗的三点原则，完全适用于管孩子。但是管好孩子不止于此。爱，在亲子关系中是不缺的。缺的往往是同理心。管好孩子的关键在于从孩子的角度、用孩子的语言影响孩子。心理学家常讲一句话：孩子不是缩微版的成人。按照我的理解，孩子有自己的部落、有自己的语言、有自己的文化。父母想要与孩子终生保持对话，必须像文化人类学者一样走进这个部落，学习他们的语言和习俗。孩子看什么书，父母就跟着看；孩子喜欢什么明星，父母就跟着研究。只要你有一颗童心，这样做不仅不难，还能成为一种持续学习的方式，让你与时俱进。

大领导力可以用来"领导"老婆或老公。这里的"领导"，指的不是自上而下的领导，而是一种非职权性的影响力。实际上，在配偶的心目中保持威信，是一种极大的挑战，这种挑战，甚至大于在员工中保持威信。所以，俗话说：身边无风景，枕边无伟人。

正因为领导配偶很难，所以很多人干脆放弃领导配偶。如果真的放弃，何谈齐家？

领导老婆或领导老公为什么这么难呢？原因在于三个冲突和一个混沌。三个冲突：第一，法律地位与社会角色冲突；第二，自我独立的心理与相互依存的关系冲突；第三，利益相关方冲突。一个混沌：组织结构混沌。

　　先说法律地位与社会角色冲突。在多数当代文化里，法律规定夫妻双方地位平等，但是仍然保持着传统的夫妻角色期待：男主外女主内，男尊女卑。即使在女性地位相对较高的北欧，这些传统理念依然存在。如果丈夫的领导力高于妻子，那么还好。如果丈夫的领导力低于妻子，那么就会出现这样的情景：一个领导力较低的人，强迫自己领导一个领导力较高的人。如果妻子也认同男尊女卑的传统理念，她也会产生认知不协调：应该让我依靠的人为什么靠不住？

　　再说自我独立的心理与相互依存的关系冲突。夫妻之间的关系是人类关系中最亲密的一种，亲密到不分彼此的程度。这就造成双方弱点一览无遗。

　　最后说说利益相关方的冲突。夫妻双方都希望对方随叫随到，解决所有问题。不仅有夫妻利益之争，双方还会为自己的父母和兄弟姐妹争利益。

　　家庭是个组织，但是组织结构大多混沌。极少数夫妻能够分配权利，可能是夫为主，妻为辅，也可能是妻为主，夫为辅。无论哪种都好。最怕的就是夫妻都以为自己是领导者，谁也不服谁。夫妻之间的相处，或者叫互相管理，难在分不清谁是上级，谁是下级，还是平级。一个分不清上下级的组织，对领导力的挑战肯定非常大。

　　齐家是大领导力的体现。关于尧传帝位给舜的版本之一是这样的：尧将两个女儿嫁给舜，以考察他的品行和能力。舜不但使二女与全家和睦相处，还化解了父母、兄弟之间的冲突。如果真的是这样的话，舜就是大领导力的典范。

子女教育五项基本原则

心理学最大的用处就是教育子女。心理学学得好的标志是成为更好的家长。很多人为教育子女付出了很多努力，但是没想清楚目标。你辛辛苦苦地培育下一代，你到底想达到什么效果？我在课堂上的调查发现，大家的目标基本一致：希望孩子成功、幸福。我追问：成功和幸福选其一，选哪个？所有人都选择幸福。我再追问：成功与幸福有关系吗？有什么关系？答案就众说纷纭了。我的想法是：成功与幸福不能说没有关系，但是关系不大。这种关系就是，首先，成功有助于幸福。幸福，需要一定的成功作为前提，一定的成功就是在经济上自给自足。而且，成就感本身就是幸福感的成分。其次，幸福有助于成功，幸福的人心态好；心态好，做事就顺利。

很多人在成为父母之后有两种不好的心态。

第一种是望子成龙。子女是与父母中任何一方都不同的独特个体。基因有 50% 的一致性，父母双方各贡献一半基因，但是父母双方的基因有无数种组合，基因型不等同于表现型。父母望子成龙，子女可能想成为虎、狼，甚至猪。这是困扰很多父母的问题。一些功成名就的创业者，希望自己的子女接班，掌管家族企业，但是子女却对企业经营毫无兴趣，转而投身艺术或科研。冲突之下，甚至有子女以极端行为抗争。所以，不要逼子女成为他们不想成为的那种人，不要逼子女过他们不想过的生活。尊重子女的人生选择，是对孩子好的第一步。

第二种是养儿防老。这是一种自私的心理。其实，养儿并不防老。子女没出息有可能会啃老，养儿防老就变成了养儿啃老。子女有出息后可能远走高飞，你在最需要他们的时刻牵不到他们的手。真正防老的东西有三个：一个好身体、一个好老伴儿和一个兴趣爱好。这是防老三宝。身体好不仅能让自己生活得好，还能减轻子女的心理压力和生活负担。很多父母的牺牲精神让人感动，为了子女，自己省吃俭用，操心劳神，甚至牺牲事业。我相信他们这么做是一种幸福，但是多数这样做的人，其实也在渴求子女的回报，得不到回报则难免伤心。子女成年之后，有了自己的事业和家庭，他们与父母的关系将退居第二位。所以，智慧的父母也会把与子女的关系放在第二位，而把自己的夫妻关系放在第一位。最大的伤害来自最亲的人，夫妻之间的伤害往往是最大的伤害。美国总统林肯说过，婚姻既不是天堂也不是地狱，而是炼狱。夫妻双方一起去世的概率不高，老年人最怕孤独，在老伴去世后，最能化解孤独感的就是一个真正的兴趣爱好。对一个人的爱，不能保证获得回报。对于一个事物的爱，则可以获得回报。

以上问题说完了，我可以开始分享关于子女教育的五项基本原则了：一、保护；二、呈现；三、施压；四、助力；五、让子女感到无条件的爱。这些原则，是以心理学的研究为依据，以子女的成功和幸福为目标，给父母提出的建议。

保护

对未成年子女，父母必须在生理上和心理上对他们严加呵护。除了要预防对儿童的各种犯罪，还要注意防止性变态者对儿童进行性骚扰，不仅女孩子需要保护，男孩子也需要保护。校园欺凌不是小概率事件，儿童世界并非童话般美好，反而很像动物世界——弱肉强食。在孩子被欺负时，家长要出面。

心理上的呵护重点有两条：第一，不要把自己的悲伤、愤怒、焦虑等负面情绪暴露在孩子面前，父母的这些不好的情绪，会给孩子最初的记忆涂上一层惨淡的色彩。第二，不要让孩子看到儿童不宜的场面。恐怖画面等，都是儿童不宜的。

有人担心会不会过度保护。我有一个原理：重大挫折对于年幼的孩子，一般会成为创伤；对于年纪大的孩子和成年人，有可能成为成长的催化剂。所以，不要担心孩子的成长经历太顺不利于成长，要知道生活从来不缺波折。

呈现

父母应该尽其所能，把缤纷的世界呈现给年幼的孩子。这里主要指的是各种生涯技能。现在的父母很重视孩子的才艺培养，但往往注重自外而内，而疏于自内而外。什么叫自外而内？例如，父母觉得弹钢琴很有用，就让孩子学钢琴。什么叫自内而外？例如，父母发现孩子喜欢武术，就让孩子学散打。有些父母不知道孩子喜欢什么，孩子自己也不知道自己喜欢什么，因为他们不知道世界上有什么。很多人热爱某个事业是因为偶然，父母应该让这种偶然变成必然。发现孩子到底喜欢什么，这是一个长期的探索过程，需要父母花费很多精力、时间、金钱。你不让他尝试，怎么知道他喜欢？

施压

父母发现孩子喜欢画画，于是就让孩子参加绘画培训班，结果孩子失去了对画画的兴趣。这个过程，我称之为内在动机的外化：动机从自己要学变成父母让学。平庸的老师也是内在动机外化的原因，就拿画画这件事来说，一个立体视知觉没有完全发育的孩子，你教他素描透视，他怎么会感兴趣？好的老师培育兴趣，差的老师强求技巧。小孩子就应该让他们涂鸦，重视创造力和色彩感知力的培育，不要过早教他们透视、素描等技巧性强的内容。

动机外化是必然的，因为小孩子的毅力有限，不逼着孩子学一样东西就不行。动机既可以外化，也可以内化。本来孩子对一件事情不感兴趣，父母逼着他学一个阶段，可能孩子就苦中有乐，后来居然乐在其中了。莫扎特是音乐神童，四岁就能作曲。这种孩子不用逼得太紧。贝多芬小时候并不喜欢音乐，父亲逼着他练钢琴，动机内化后，贝多芬最终成了音乐大师。

施压的最美好的结果，就是让孩子更加勤奋。勤奋是一种好的习惯：设立目标，付出努力，遇到挫折，柳暗花明，内在奖赏，外在奖赏。

父母不施压，孩子不勤奋。但是不可处处施压，要集中一个方面施压。如果所有方面都施压，父母就成了虎爸虎妈，也许孩子才艺一流，但是心理健康和幸福就毁了。

助力

父母要帮助孩子成功。但是，孩子的成功最终要靠自己。巴菲特的父亲在巴菲特十岁的时候就带他去股票交易市场，比尔·盖茨的母亲把公司的生意介绍给他。人生的路很长，各种蜿蜒崎岖和坎坷险恶，父母不帮助孩子走捷径，孩子就会走弯路。扶上马，送一程，然后"路漫漫其修远兮"，再让他"上下而求索"。人生的赛道，起跑非常重要。父母是孩子起跑的助力器。

不仅孩子的成功，孩子的成长也需要父母的助力。父母应该成为孩子的人生教练。教练的主要作用有五个：分享观点和经验、传授知识和技能、提供资源、提问、示范行为。

让子女感到无条件的爱

关于父母的爱应该是有条件的还是无条件的，在心理学家之间有争论。罗杰斯认为，父母不仅要爱孩子，还要无条件地爱孩子——爱他们的个人属性，而非他们的行为和成就。我坚信罗杰斯的观点。对于孩子的行为和成就，我们可以按照奖惩原则，塑造有效行为，强化成就动机。但是对于孩子稳定的个人属性：长相、智力、性格、兴趣爱好、价值观，我们要无条件接受。原因有几个：第一，如果我们不给他们无条件的爱，估计没有第二个人会给他们，包括他们的配偶和子女。第二，如果孩子不止一个，没有无条件的爱就很难公平，父母偏心给孩子造成的创伤不可低估。

管人、管事、管自己

开公司就像开店，最小的店是一人店或者夫妻店，最大的店是超级连锁店，跨国多元化公司就是在不同的国家开店，卖不同的东西。

连锁店的优势在于管理标准化、有品牌、文化和规模经济。单店之间的效益差异，主要取决于选址和服务。服务标准化比较难。盖洛普专门研究过连锁店的效益，发现店长不同，效益大不同（见盖洛普的文章《对软数据的硬思考》）。这一点，在餐饮、时装、美容等行业的连锁店中得到了印证。

星巴克品牌价值高、文化强、选址也非常有经验，并且善于运用大数据，选址成功率很高。但是，每一家星巴克给我们的体验又大不相同。

选址有模型，选店长能不能有个模型呢？

素质模型是典型的由咨询公司推动、企业曾经趋之若鹜的管理概念，虽然不如流程再造掀起的波澜，但在相对低调的人力资源管理界，也算得上出名了。

一个有争议的说法是，就像流程再造昙花一现一样（见《经营战略全史》，作者：三谷宏治），素质模型也以失败告终。用素质模型选拔管理者，犹如按图索骥。按图索骥没有错，错在图画得不好。好的素质模型有三个特征：第一，必须能够撬动业绩；第二，必须简单；第三，必须性感。

我以连锁店长的素质模型为例，三个素质，足以构成一个优秀店长的核心心理结构。这个素质模型，在几家著名的连锁店被使用着，效果显著。这个模型，用一句话就可以说清楚：

胆大、心细、脑子灵。

胆子小、心不细、脑子笨，任何一样都会导致店员不服气。

这三点，其中两个是性格因素，一个是智力因素。三点中的每一点都可以从三个方面来看：管人、管事、管自己。这三个方面就是管理的用武之地。管理无非管人、管事、管自己。

胆大很重要。俗话说：店长不狠，业绩不稳。对人胆大，挑战从低到高，可以用几个动词短语描述清楚：提要求、表达不同意、批评人、激烈地对峙。我研究过一个差劲的女店长，她让下属把店面打扫干净，下属顶撞她，而她哑口无言。胆大体现在对事胆大上。我研究过一个优秀店长，顾客提出一个不合理的要求，店员不敢做主，就报告给店长。店长犹豫了半秒钟，在客户满意和避免经营风险之间做出了干脆的选择，冒经营风险让客户满意。由此可见，不敢冒险做决策的店长，根本当不了家。胆大也体现在对自己胆大上，不断挑战自己，提高标准。好店长爱学习、爱思考、爱总结，对自己的职业生涯负责任。

心细很重要。俗话说：店长心不细，老板很生气。这同样体现在对人、对事、对自己等方面。对人心细，体现为换位思考，这是激励和培养店员的基础。对人心细的店长说话算数，能在严格要求和体贴入微之间达到平衡，在绩效评估时做到公平。对事心细，就是勤奋。我曾经跟着一个店长10分钟，发现她在10分钟之内处理了大大小小几十件事。对自己心细，就是主动接收正面和负面反馈并反思自身。我提出将心细作为优秀店长的关键性格特征，是有大量心理学研究作为依据的。在大五人格中，只有一个因素与成就显著相关，这个因素就是审慎。

脑子灵就是智商高。如果店长智商不高，那这世界上就没有多少职位要求智商高了。智商如此重要，情商我就不再赘述了。有了胆大和心细，基本上就抓住了情商那四个象限里面最重要的东西。根据心理学的研究，从相关系数的大小来说，智商比大五人格里面的审慎与成功的作用更大。对人智商高就是看人准。对事智商高就是善于权衡利弊和长短期利益，也就是总结问题的能力。对自己智商高，就是有自知之明。

心理学的好多概念说得清楚但测评不准。而智商是心理学中最拿得出手的概念。测智商主要是测四个方面：归纳、演绎、书面语言理解和创造力。这四样，店长每天都用得到。通过这四个方面，10 分钟就可以粗略地知道一个人的智商够不够做店长。店长越聪明越好，至少要比一般店员聪明。有人用过特别聪明的店长，发现不好管、总算计。其实，这不是聪明本身的问题，而是这位店长管不住自己的私心杂念，对自己和别人不够心细，不能换位思考，不能客观看待自己。除了智力测验，智商还可以从面试过程中的沟通环节进行观察。智商高的人话说得清楚、问题听得明白，甚至说话好听。还有一个方法：看一个人的朋友圈就能看出智商。

至于胆大和心细，这些人格特质，比较难测评。问卷不过是自说自话，面试的准确程度更高一些。原因是：问卷有选项，属于封闭式问题；面试没有选项，属于开放式问题。我最常用的一个面试问题是：讲一个最近一年你在工作上跟人产生的最激烈的冲突。翻译成大白话就是：讲讲你工作中跟人吵架吵得最凶的一次。测评胆大和心细最靠谱的方法就是背景调查和日常观察。所以，优秀的店长大多是从一线员工中选拔出来的。

胆大、心细、脑子灵，这个模型好不好用，在于你能不能取舍。胆大、心细、脑子灵是主要优点，相对而言，经验、技能、业绩、相貌、人口统计学指标（研究发现店长年纪大、已婚、有孩子等特点与业绩成正相关，但不是因果关系。而且这些研究没有把店长的个人软指标，即心理素质考虑进去）都是次要的。但是它们严重影响着我们选人。胆大、心细、脑子灵这三样凑齐了本来就难，再加上经验多的人一般难以坚持。经验可以积累，缺少经验的人不能立即使用，就像水果太生要放一段时间才好吃，技能不足可以培训。业绩不好可能是环境因素在起作用，但是胆大、心细、脑子灵是基因与成长环境长期交互形成的，很难后天培养出来。

人性化管理的正确方式

人性化管理＝基于人性的管理。人性化管理不一定是对人好，也可能是对人狠！

第一，人性本弱，别把人用残。

不考虑人的体能和心智的局限，只想压榨出生产力，就会把人用残：扼杀灵感，收获疲劳。这种情况下管理者需要恶补泰勒制。

一天只有 24 小时，必要睡眠时间为 6~8 小时，因个体而异。24小时中，效率最高的时间不足 3 小时，绝非工作时间规定的 8 小时。其中，能够创造价值的时间可能仅为平均每天一两个小时。8 小时以外和周末的时间如果被工作占用，产生的负面影响包括：士气低落、挫折应对能力下降、创造力下降、工作关系恶化、工作质量下降。公司占用员工工余时间，对于公司来说是一种直接损害，而非得益。创业阶段要不要加班？要，但是心理学研究发现，压力不利于创新。多任务处理不利于创新。

欧美有很多人提议，每周其实只需要工作 4 天！反对这个提议的大多是资本家，支持这个提议的大多是打工者。

我们从人的心理和生理特点来看，一周减少工作几个小时，或者多休一个周末，其实没什么坏处，而且有很多好处。基本事实：哨兵站岗一小时要换人，否则他的机警度就会下降。成年人听课，45 分钟之后就心有余而力不足。注意力的持续时间就这么久。

第二，人性本惰，要施加压力。

不要相信自觉，人的自觉是有限的。自觉是在压力下产生的。压力会产生动力。没有挑战，员工会懈怠。因此，管理者必须严格要求下属。压力过大，员工会崩溃或者逃避。因此，管理者施压必须有分寸。客户带来的压力与上级带来的压力的总和应有一个上限，因个体差异而不同。当客户压力增加时，上级压力应该减少。因此，面对客户的员工，应该拥有更大的自主权和获得更多的内部支持（例如，财务部门对销售代表的支持）。

第三，人性本懦，要给员工足够的安全感和控制感。

安全感：员工的安全感来自主观感觉到的自身价值（即自己为企业所创造的价值），大于企业为员工付出的成本和投资。员工主观感觉到的自身价值，以客户（包括内部客户）认可和上级认可为主要线索。新员工缺少安全感，所以会通过努力工作赢得客户、同事、上级的认可，一旦他们获得足够的安全感，他们就会产生新的需求。如果新的需求不能被满足，他们就会产生抱怨。

控制感：人需要对生存环境有基本的控制感。员工需要上级具有一致性或可预见性。管理者即使是一个灵活多变的人，也必须刻意避免在员工面前反复无常。不仅如此，管理者还要及时与员工沟通企业状况和策略。

第四，人要脸，不仅要给面子、要给公平感，还要让大家比着干。

你给员工面子，他很难不要脸。自尊会受到个体之间相互比较的影响。人在心理上归属于自己的参照群体。员工整体的多样性越高，对每位员工的包容能力的要求就越高，对管理者的要求就越高。虽然员工队伍的多元化有利于创新，但是同质性团队的效率高于异质性团队的效率。管理者应该尽量让"臭味相投"的人在一起工作。

要产生期望效应，你觉得他行，他可能真就行。你觉得他不行，他可能真就不行。

员工需要感到最低限度的分配公平，并且会在感觉不公平的时候，自行调整自己的工作行为（如感到薪酬太低，于是少出力；感到无功受禄，于是加倍努力），以达到主观感受到的公平。所以，管理者容忍一个无能的或不努力的员工，会降低其他员工的工作动力。员工会想：连能力差的人都能拿那么高的工资，我再怎么不努力都对得起公司。

中小学老师把成绩单贴在墙上，销售团队的领导把销售代表的销售业绩贴在墙上。一家公司使用 ERP 系统，所有人的工作进展一目了然，滥竽充数的、偷懒的待不下去了，自动走人。他不走，你让他走他也会服气。

第五，人会进取，永不满足。要注意人才的生命周期。一个人在一个岗位上不被提拔，干几年就会疲惫。而且这个周期会越来越短。那些一直在公司待着不走的人，要么是不求上进、安于现状的庸人，要么是每两三年被提拔一次的人。记住：公司发展比员工成长慢，员工淘汰公司；公司发展比员工成长快，公司淘汰员工。

第六，人性本色，要戒色。纯粹的性愉悦身心，能增加血液中的多巴胺，从而减压、抗抑郁，甚至还能减轻疼痛，促进睡眠。大白鼠实验结果说明，纯粹的性行为，还可以增加脑细胞和长时记忆。人类很少有纯粹的性，总是牵扯到利益。色令智昏：发情期的动物很暴躁。

男女搭配干活不累，但是领导累，因为同事间的男女关系会增加管理难度，形成非正式群体，两人抱团，疏远其他同事。亲密关系和心理距离太近，会产生刺猬效应。关系在朦胧期能激励当事人，关系失败则上班尴尬。

第七，人有自我认知和自我管理能力，要给反馈。在工作中，员工渴望认可，憎恶批评。少数渴望成长的员工有时会真心欢迎批评，少数成熟的员工也能做到真心寻求负面反馈。大多数员工渴望正面反馈，抗拒负面反馈。不过，负面反馈在管理中是必要的，如何给予员工负面反馈是一门艺术。负面反馈的时机最重要，例如，当员工刚刚升职时，由谁给出负面反馈也很重要。管理者提示员工自己给自己负面反馈，效果比较好。

第八，人的角色多样，要给员工自由。

人，特别是有责任感的人，必然要承担家庭责任。很多家庭责任，是必须在 8 小时以内，而不是在 8 小时以外承担的，例如，父母或子女突然发病。作为管理者，要鼓励员工为私事请假，特别是在"农闲"时节，只有如此，管理者在"农忙"时节，才可以要求员工拼命和加班。如果一直是"农忙"，从来没有"农闲"，那么不是业务太好了需要增加人力资源，就是管理者不会安排优先级。

第九，人有基本的焦虑和对死亡的恐惧，要赋予工作意义感。

高级需求包括满足好奇心和应对挑战带来的乐趣、意义感（与其他工作比较）及自豪感（与参照群体比较）。所以，管理者要让员工觉得，他们所做的工作，其意义远远大于工作本身。公司使命就是起这个作用的。例如，乔布斯让苹果公司的员工相信他们的工作是在改变世界。

"画饼"的正确方式

"画饼"是什么意思呢？它有两种含义，一种是贬义的，就是忽悠；还有一种是中性的甚至是褒义的，就是期货交易。

上级跟下级，老板跟员工之间实际上就是一种交易关系；当然，又不仅是一种交易关系，但是首先必须是一种交易关系。不做好交易就谈感情，谈愿景，谈价值观，其实没用。

交易有现货和期货之分，"画饼"我指的是期货，也就是你现在无法给他，但是你给他描画一个未来的交易条件。如果他做到了，你会兑现承诺。这就叫"画饼"。

怎么"画饼"？我讲四个"画饼"的正确方式。

在开始"画饼"前，你先要了解世界上有哪些饼。人和人其实有很多一样的东西，只要你是人，你都会喜欢吃这些饼。比如，人生在世，有三种饼都会是你想吃的：第一种叫作名，第二种叫作利，第三种叫作权。

这世界上还有哪些饼呢？有不同的分类方法，我打个比方，其实饼很形象，可以吃的饼有葱油饼、煎饼、烧饼、肉夹馍、Pizza、印度飞饼、土豆饼……

不同的专家有不同的分类。比如说心理学领域，有一个著名的专家叫马斯洛，他把人的需求分成了五大类：先是生理需求，你要有食物和水，还要有空气。满足了生理需求，你会有对安全的需求。人们不喜欢处在一种不安全的状态中，不喜欢生命安全受到威胁，也就是要有一种安全感。在生理和安全的基本需求之上，会进一步产生社会需求：要属于某一类人，属于某一类群体（有形的或者无形的），要有一种身份感，这叫归属感。之后是更高一级的需求。在基础的需求都满足的情况下，人会有更高的需求，就是尊重的需求，人都是有尊严的。如果说归属是一种被接纳的需求，那么尊重就是要求被别人高看一眼。最后是自我实现的需求，就是人生一世，一个人能做什么，能成为什么，把他所有的潜力都发挥出来，就叫自我实现。有些人基础需求（温饱、安全）都没有充分满足，就开始追求自我实现了！

我再说一种饼的分类。著名心理学家约翰·霍兰德（John Holland），把我们愿意吃的饼（如职业价值观）分成六类——第一种叫务实型，第二种叫常规型，第三种叫艺术型，第四种叫思索型，第五种叫交往型，第六种叫进取型。

第一种是务实型。这种人做具体的事，具体的事就是指他看得见摸得着的事。比如说，他喜欢跟大自然融为一体，喜欢使用一些劳动工具，乐在其中；比如说，把东西拆了再装上。工程师就是这种。

第二种是常规型。这种人是安于一些日常工作的，比如说日复一日地做一样的事情。重复做一件事对很多人来说是很痛苦的，但这类人可以坚持做下去。比如说记账，当会计，做行政工作，或者说做图书馆的管理员。

第三种是艺术型。有一些人喜欢做有创造性的、关于审美的工作。

第四种是思索型。这种人喜欢探求真理，最近我有一个朋友经常跟我讨论一些问题。其实，我虽然是博士，但我并不是思索型的，我比较务实；他呢，比较喜欢探索理论，他总是鼓励我要写书，因为他有很多问题希望我来解答，所以他希望我能多出书。这种人其实做学问是最好的。

第五种是交往型。他们喜欢跟人在一起，不喜欢宅着，跟人打交道使他们获得很多乐趣，很多工作适合这类人，比如销售人员和服务人员。

第六种是进取型。进取型的人喜欢创业，喜欢做生意，喜欢当管理者，喜欢在商业机构里面工作。这种人不反感扛指标，喜欢挑战自己，喜欢领导团队。

霍兰德的这六张饼我觉得很有道理，我们在判断一个人的职业发展方向并给他提建议的时候，都会用到这六张饼；另外，你招聘员工的时候也会用到这六张饼。

再说一种关于饼的分类，美国心理学家迈克尔·勒伯夫（Michael Leboeuf）写了一本书，叫作《世界上最伟大的管理原则》。他给大家画出了 10 张饼，分别是：金钱、认可、休假、员工持股、最喜欢的工作、晋升、自由、个人发展、娱乐、奖品。

重点说说其中两个：一个是休假，另一个是自由。

休假是一种非常好的激励方式，但是很多老板舍不得用，心想，让员工多上点班，自己就能获得更多的利益。实际上人是需要休假的，而且有的时候休假其实是一种对员工很有效的奖励，它的成本并不高。"农闲"的时候，你让员工休假，对你来说没有什么成本；"农忙"的时候，员工就会愿意加班。

什么叫自由呢？你规定他不做什么，就没有自由，你规定他可以做什么，这反而是一种自由。比如说我当总经理的时候，曾经用过弹性工作制度。团队一定是某一个时间段必须在岗的，但其他时间，爱干什么干什么，只要完成指标就可以。

关于饼的种类，我自己有一个理论。我把员工粗略分成两种：一种叫事业型，一种叫工作型。

事业型员工寻求意义，对他们来说最重要的问题是：这工作有意思吗？他们寻找一种毕生的事业，思考这一辈子应以什么样的方式度过。一个人做的工作就是他生活的很大一部分。一天 24 小时，除去睡觉、吃饭，8 小时甚至 10 小时都用在工作上，所以说工作是一种主要的生活方式。

工作型员工经常思考的是，这份工作能挣多少钱，他们主要把工作当成一种养家糊口的手段。

你把工作首先当成生活方式，你就属于事业型；你把工作首先当成养家糊口的手段，你就属于工作型。当然每个人也都是混合型的，只是比重不同而已。你可以试着问自己：你到底是更追求工作上的意义感，还是更追求工作能带来的收入呢？

这两种不同类型的员工，其实都是不好管理的。事业型员工，他有时候一年下来觉得没意思就想跳槽；工作型员工，你稍微让他多干一点活儿，他就在想，我凭什么多干这些呀？我能多挣钱吗？所以都不好管理，都有挑战性，你先要知道他喜欢吃哪种饼。

"画饼"的正确方式，是这样的：

第一，要了解世界上有哪些饼。

第二，要知道，你的员工，每一个人，好哪一口。

第三，先让员工吃到小饼，然后画大一点的饼，人家才会相信。从来没有吃到过小饼，你还画大饼，人家就不会相信。

举个商鞅变法的例子。当时商鞅推行变法，但没人信他，他为了建立信任，做了一件很简单的事情。他说，这个木头杆子，谁能扛过去，就给谁赏金。

有一个好事者扛过去了，商鞅真给了他赏金。这件事让大家觉得，商鞅说话是算数的，以后他的话就有人信。

第四，不管最后员工吃得到大饼还是吃不到大饼，你都要给他个说法。你要去沟通，我讲一个真实的案例。有一个老板招一个员工，说你不错啊，你跟着我干两年，如果业绩好我给你加钱，并且让你当主管。后来这个员工就来了。两年之后，这个员工非常不高兴地离职了，因为他没有吃到这个饼。他觉得他很敬业，辛辛苦苦地工作，成绩也不错，可是这个招他进来的老板并没有给他加钱，也没有让他当主管。

我们换一个角度，老板是怎么想的呢？把员工招到公司以后，老板确实很看好这个年轻人，但两年下来老板对他很失望：第一觉得他不努力工作，第二觉得他业绩不好。但是，老板又不好意思跟他说，觉得说的话丢面子，他感觉这个员工自己应该知道自己做得不好，而且应该有内疚感，所以老板觉得不给他吃这个饼是应该的。以方有误解，都"怀恨在心"，这个结局很让人遗憾。

所以无论你给他吃大饼还是不给他吃大饼，这个期货兑现与否都要有说法。

意义感管理：感召

管理风格有一种叫交易，还有一种叫感召。如果你已经做好了交易，就可以进阶，学学感召。

交易就是你让员工出业绩，员工让你给钱、面子和前途。每个人在每个阶段要的东西不同，所以交易要做到位必须费心。感召就是改变员工的心态。

在管理中有三种不恰当的做法：

1. 不建立信任，不拿员工当人，只用管理套路。

2. 做交易不做现货（就是不给员工吃饼），只做期货，总是给员工画饼，可员工总是吃不到饼。

3. 不做交易，只做感召。

第一种做法，就是人性化管理不及格。员工是人，不希望被当成工具。员工不傻，你利用他，他不会心甘情愿。

第二种做法，就像让驴拉磨，前面吊着一个胡萝卜，那可怜的驴一直在拉磨，一直想吃胡萝卜，就是吃不到，而且永远吃不到。我有一个朋友，10年不见，跟我讲他的经历——悲惨经历，为什么呢？他说他跟错了领导，跟了一个领导10年，一直没有吃到那个胡萝卜。

第三种做法，不做交易，只做感召。跟眼下所流行的浪漫主义领导力有关。

浪漫主义领导力鼓吹感召型的领导风格，贬低交易型的领导风格。实际上交易和感召最好都有，如果只能有一种，还是只有交易比较好。

管理者必须先做好交易，才谈得上感召。善于感召的管理者，会让员工觉得跟着自己干是有意义的，员工觉得自己做的绝对不只是一份工作，工作不只是一个养家糊口的手段，而是一种意义的来源。

我认为，感召，就是让员工感到他做的事情的意义远远大于工作本身。

感召这种方式，其实很多管理者是不会用的，很多管理者的工具箱里面没有感召这种管理工具。因为会做交易已经不错了！但是在交易的基础上使用感召，就会如虎添翼！

说到感召，我想到一个词，叫逼格。这个词有一种考证是源于英语单词Bigger（更大）的音译。

更大，就是让员工感到工作的意义大于工作本身。所以，感召的另一种说法是逼格管理。

我举一个例子，乔布斯。乔布斯曾经挖过一个人，这个人其实当时已经很成功了，在一家非常大的公司，叫百事可乐，负责全球的营销，他叫约翰·斯库里（John Sculley）。当时苹果还没有生产手机，只生产电脑，是一家规模很小的公司。其实他们两人本来就认识，而且是朋友，都喜欢工业设计。但是乔布斯一直没好意思开口，他想挖斯库里过来，但觉得自己的公司小，怕对方拒绝。终于有一天乔布斯忍不住了，他抓住了一个很好的机会，估计是斯库里比较郁闷的时候，乔布斯说了这样一句话，非常典型地体现了什么是感召。

乔布斯说：斯库里，**难道你下半辈子一直卖糖水吗？加入苹果，跟我一起改变世界吧！**

这就是感召，乔布斯把在苹果做 CEO，说成是改变世界。

其实，人人都可以像乔布斯这样做感召。比如我是做人才测评的，这个事业我觉得很重要。但是我的团队中很多人很年轻，刚从大学毕业，他们觉得这只是一份工作，所以我要感召他们。我是怎么说的呢？

我说我们做的事情，是消灭怀"才"不遇：人才有能力，得不到重用，挣不到高工资，过不上体面的生活，所以人的才能与钱财不遇；消灭怀"财"不遇：企业花了很多钱，高薪聘请了一个管理者，但是这个人没有能力，所以企业怀有钱财，而遇不到人才。所以说我们做人才测评，是消灭怀"才"不遇和消灭怀"财"不遇。当然，你可以使用负感召。你可以说人才测评其实是测不准的，是骗人的。

你要不是一个有使命感、有情怀、有追求的人，还真没法做感召。你说你用行动去感召，以身作则，完全可行，但是我怕你累死，有些员工还是看不懂你的行为。他们会误以为你只是个工作狂而已。所以我要教你一招。

现在企业管理都在强调三件事情，愿景、使命和价值观，这三样东西就是感召的方法。

先说一下这三样分别是什么。愿景就是一个企业、一个组织、一个团队想成为什么样的企业、什么样的组织、什么样的团队。这叫愿景。

使命就是企业为什么存在，这个世界缺了你，它就缺了什么？如果什么都不缺的话，企业的存在就没有意义，企业的使命也就是给这个社会带来的价值。

价值观就是你认为对的东西，你认为非常重要的东西，哪怕是不赚钱，你也不会放弃的东西。例如，如果你认为损害人们的健康是作孽，而你的价值观就是不作孽。那么，一旦你发现你生产的药品有了副作用，你会立即停止生产和销售。否则，你就是伪君子。

愿景、使命、价值观这三样东西，可以只有一样，也可以有两样，也可以三样都有。无论你有哪一样，你都可以用来感召员工。

我举一个例子，有一个伟大的公司，目前并不是很大，它叫百事通，一个法律服务平台，它的使命是让法律成为中国人的生活习惯。这家公司如果完成了使命，它将改变人们的理念、生活方式和生活质量。

在百事通的新办公室，"Believe in Law"的标语随处可见，赫然醒目。

万科的愿景是：**成为中国房地产行业的领跑者。**

万科一开始这样表述自己的使命：**建筑无限生活。**后来改为更好的版本：**让建筑赞美生命。**

万科的价值观有四条：

第一，客户是我们永远的伙伴；

第二，人才是万科的资本；

第三，阳光照亮的体制；

第四，持续地增长和领跑。

如果你善于做交易，那么感召是一个进阶过程。你想一想，你的团队、部门、组织有什么样的使命、愿景和价值观，用能够打动人的话把它写出来，通过以身作则、奖惩机制让这些内容深入人心。

公司政治

只要有一个人，就有情绪；只要有两个人，就有冲突；只要有三个人，就有政治。即使天伦之乐，也在所难免。几乎所有夫妻都曾吵过架，夫妻吵架，是两人世界的关系冲突。几乎所有父母都问过孩子一个问题：爸爸好，还是妈妈好？父母争子女之"宠"，是三口之家的政治。家庭尚且如此，公司就更不用说了。

我曾经与一位跨国公司中国区的 CEO 讨论公司政治，这位外籍CEO 对公司政治不感兴趣，从他的话语中，能听出来他认为政治是个贬义词。

职场上有句话：小公司做事，大公司做人。在英语世界，与此相对的一句话是：It's not what you do but who you know. 这句话说得很对。只要公司有两个人，就有人际关系，有人际关系就一定有人际冲突。只要公司有三个人，就足以产生非正式群体，利益共同体就会出现。公司越大，关系越复杂。这种复杂性，会使得做事相对显得不那么重要。而这一点，是大型公司管理的一个挑战。

我早年曾以人际关系作为博士学位论文的题目，研究发现，人际关系有三个主要维度：第一，互动频率；第二，亲近感；第三，权力落差。其中，亲近感是关键维度。我研究的主要结论是：亲近感决定人际交往的性质。具体说来，就是亲近感让关系向共生关系发展，疏远感让关系向交换关系发展。

互动频率、亲近感、权力落差三者之间相互影响。人与人之间必须达到一定的互动频率，才可能产生亲近感。对于团队建设的启示：应在非正式场合增加人际互动频率。另外，权力落差越大，亲近感越不容易产生。对于团队建设的启示：8 小时以外的上下级互动，有助于减少权力落差的感觉。

亲近感的核心是相互喜爱和信任。一个组织内相互的喜爱和信任越多，群体的凝聚力就越强。社会测量学测量团队凝聚力的方法就是统计一个团队中，彼此喜爱的两人关系数量占团队总人数的比例。衡量团队管理成效的盖洛普 Q12 的 12 个问题中有一个问题是："我在工作单位里有一个非常要好的朋友。"有些公司甚至鼓励内部结婚，以提高凝聚力。我认为，内部结婚虽然提高了凝聚力，但是也增加了复杂性，所以不建议借鉴此法。

组织内人与人关系的本质是共生加竞争。从公司在竞争环境中生存的角度讲，员工属于一条船上的乘客、一个战壕里的战友。船沉了，所有人都得落水；仗打败了，所有人都得丢脸甚至丢掉性命。所以，大家的利益在相当长的时间里是一致的。同时，公司回报员工的资源是有限的，晋升、加薪、培训的机会给了 A，就不能给 B。从这个角度看，公司内人和人之间是竞争关系。因此，有人说，同事永远不可能成为朋友。这句话，在一定意义上是真理。曾经的好朋友，后来成了同事反而做不成朋友的案例并不少见。但是必须注意一点，过去的同事，是可以成为好朋友的。

为了强调团队成员利益的一致性，从而淡化冲突，精于团队建设的领导者，会为团队成员寻找共同的敌人（例如，竞争对手、生存的压力），精于此道的领导者，同时还会为团队成员描绘共同的愿景。

彻底消除公司政治是不现实的，我们能够做的有两件事。第一，建立有利于公司的游戏规则；第二，降低复杂性。

最核心的游戏规则是公司的利益高于个人的利益。个人争权夺利，不应该以公司利益为代价。公司领导者则是这个规则的捍卫者。虽说清官难断家务事，但是公司不是家庭，领导者面对人际冲突和公司政治，应该勇于做裁判，耻于和稀泥。

降低复杂性的最有效方法，是一个人说了算。

人际冲突和公司政治，就像每个健康的机体都有的原癌基因，只要不发展成癌细胞，就不会影响组织的健康。为了不让组织发生癌变，领导者必须防微杜渐。

权力让人变坏，还是坏人容易当权？

人性本恶，所以与人为善是一种必要。人性本善，所以与人为善是一种可能。

不要看到犯罪行为就抱怨社会不好。我们应该感激社会。社会是好的，只是人性有丑恶的一面。所有人类社会，哪怕是落后的社会，都是劝人向善的。如果没有社会教化，没有角色期待，人们就会脱掉文明的伪装，人性的"素颜"很可怕。绅士、淑女不是天生的，是养成的。学坏容易，学好难；坏不用教就会，好很难教会。

人们说，善恶是一种选择。善良应该是无条件的，善良本身就有意义。但是现在我要讨论一下，为了成功，要不要选择善良？这要看游戏规则。零和游戏，善良不利于成功。多赢游戏，善良有利于成功。研究《孙子兵法》非常有见地的李零教授言简意赅："兵以诈立，可以，商以诈立，不行。"在人生的大多数情况下，我建议还是尽量做好人。因为好人更容易成功。

把人分好坏是一种幼稚的儿童心理。从道德极端败坏到道德典范之间，是一把尺子的刻度。芸芸众生的道德水准，散落在不同的刻度上，不好不坏的最多，好的很少，坏的也很少。这种现象在统计学上叫作正态分布。一个健康的社会会有偏态，好人稍多；一个堕落的社会也会有偏态，坏人偏多。

不过如果一定要在好人和坏人之间画一条线的话，还是可以画的，我们姑且叫它"品德及格线"。我的线是这样画的：对人有起码的尊重，有基本的信任且不以恶意揣测他人（不偏执），对自己的愤怒和攻击性有一定的控制且不冲动、不泄愤伤人，没有不择手段地利用他人有恻隐之心这一特点。

好了，如果一个人达不到这个及格线，那这里就称他为坏人。问题是：坏人当权，他是会任用坏人？还是会任用好人？

可能有人认为坏人会任用坏人，物以类聚。但我不这样认为。

坏人不一定自认为是坏人。更重要的是，坏人即使自认为是坏人，他也怕其他坏人害自己，所以他还是会任用好人。不择手段更容易实现目标，但是从长远来看，往往不得善果。

在领导力课堂上，每当我讲到领导力的心理基础是"诚信"时，总会引起激烈的争论。争论的焦点是，在其他条件相同的情况下，作为职业经理人，到底是好人容易成功，还是坏人容易成功？成功者认为好人容易成功，失败者认为坏人容易成功；乐观者认为好人容易成功，愤世嫉俗者认为坏人容易成功。

暂且给好人下个定义：好人符合三个特质，信任他人、尊重他人、有良心（或者说有正义感）。我发现这三者具有巨大的功利价值。

信任他人指的是习惯于把人往好处想。信任的反面是多疑（Paranoia，学术上一般翻译成"偏执"）。在智力、阅历相同的条件下，信任他人的人相对于戒备心较重的人，也许上当的次数更多一些，但是信任带来的机会更多。从这个意义上说，信任比多疑更有效。

尊重他人是一种看重他人利益，以诚相待、主观上不损人利己、知恩图报的心态。尊重他人的反面是利用他人、视他人为工具的马基雅维利主义，与《厚黑学》如出一辙。信奉并实践马基雅维利主义或者《厚黑学》的人有心术，讲权谋，给人以城府很深的感觉。他们认为脸皮够厚，心够黑，才能成功。事实并非如此。博弈论的实验，模拟的是充满尔虞我诈的世界，实验结果却告诉我们简单透明、与人为善才是最容易胜出的战略。具体来说就是：从良好的合作意愿出发，不先做恶人，但是如果对方先做恶人，那么我方就一定要以牙还牙。另外，如果对方弃恶从善，我方必定不计前嫌。我方战略必须简单，让对手明白。

有良心相当于弗洛伊德的超我（Superego），是一种道德自我。即使在没有外力约束的情况下，具有正义感的人也不愿做损人利己、损公肥私的事情。人具有善恶两面性，正义感并不能保证一个人不做坏事，但是正义感会催人自责、认错、道歉。正义感的反面是反社会。反社会的企业领导者可能凭借超越常人的智力和成就欲取得暂时的成功，爬到领导岗位，但是他们的结局往往是身败名裂。

领导者是资源分配者，而公正是最基本的游戏规则，不公正的领导者必定丧失威信。公正的领导者不仅心里面一碗水端平，而且善于"论证"公正，从而在员工中产生公平感，并强化企业核心价值观。公正产生凝聚力，不公正造成离心离德。调查发现，90% 离职的员工会抱怨领导不公正。从这个意义上说，公正是比不公正更有效的策略。正如孟子所言，得道者多助，失道者寡助。

心理阴暗的失败者认为混得好的人都是溜须拍马的无耻之徒。请不要低估领导的智力，也不要低估坏人的贪欲。

有人问：为什么很多位高权重的人会干坏事？那是因为，虽然说好人容易成功，但是成功之后好人容易变坏。各位好人，你成功之后请克制自己的欲望，不要变坏。小坏的人成功之后容易变成大坏的人。

2005 年，英国萨里大学的两位心理学家（Belinda Board 和 Katarina Fritzon）用性格问卷对照测评了两组人——管理者和患有精神病的罪犯。他们发现，有 11 种人格障碍在管理组中间的比例，居然高于精神病罪犯组。其中三种人格障碍最为突出：戏剧型人格障碍、自恋型人格障碍及强迫症型人格障碍。变态心理学目前似乎依旧难以摆脱类型学的烙印，例如，把自恋型人格障碍和戏剧型人格障碍列为两个不同类型的人格变态，其实这两种类型的症状之间，有太多的重叠。

最专注于领导力的阴暗面的，当属精神分析学派的始祖——弗洛伊德。弗洛伊德不仅认为梦是无意识欲望的满足，而且认为领导者也是民众无意识欲望的满足。民众在焦虑的时候，渴望具有消除他们焦虑的人出现并领导他们前行。根据弗洛伊德的理论，詹皮耶罗·彼得里利耶里（Gianpiero Petriglieri）在《哈佛商业评论》（*Harvard Business Review*）上撰文指出，越是危机之中，民众越容易拥戴不理性的人。

我对照了感召型领导力模型对魅力型领导者个人特征的描述，发现得势时的希特勒基本上符合。

权力让人变坏，还是坏人容易当权？有些身居高位的人的确做了坏事。对于领导者作恶的现象，我认为可以从两个角度来解释。

第一种解释是，某种坏人更容易成为领导者。正如英国萨里大学的研究所揭示的，某些人格障碍（如自恋型、戏剧型和强迫症型人格障碍）在领导者中的比例甚至高于精神病罪犯。这些具有阴暗面特质的人，往往更善于操控他人，追求权力。俗话说，人无耻则无敌，而且在危急时刻能够展现出极强的决断力，这使得他们更容易在竞争激烈的环境中脱颖而出，成为领导者。然而，这种"坏"的特质也使得他们在拥有权力后，更容易滥用权力，甚至走向极端。

第二种解释是，权力让人变坏。即使一个人原本并不坏，但在拥有至高权力后，也容易滥用权力，从而变坏。当一个人处于权力的顶峰时，他们往往更容易忽视他人的感受，甚至认为自己可以凌驾于规则之上。这种权力的腐蚀性，使得原本善良的人，也可能在权力的诱惑下逐渐变得自私、冷漠、甚至残忍。以上两种解释并不矛盾，可能都对。解决人性本恶的问题，只能依靠法治。对于商业组织来说，就是公司治理。

从领导力发展的角度，我想到两点。

第一，越有魅力，越需要道德自律。

魅力型领导者往往具有极强的个人魅力和说服力，能够在短时间内吸引大量追随者。然而，这种魅力背后往往隐藏着极端的自我中心主义和对他人的操控欲望。魅力型领导者的危险在于，他们的个人魅力在某种特定的社会心理状况下，会让他们的缺德被错认为美德。魅力型领导者往往自恋。骗子综合征（身居高位者无意识或有意识地自知其并不胜任这个职位）是一种脆弱，自恋是解药。而自恋型领导者往往认为自己无所不能且不容置疑。这种领导者通常会对批评和否定产生强烈的敌意，甚至会采取极端手段来消除反对声音。精神分析学派的心理学家米谢勒·麦科比（Michele Maccoby）似乎偏爱自恋型领导者。在他的著作《自恋型领导者：惊人的成功与惊人的失败》中，麦科比区分了破坏性自恋和卓有成效的自恋。他认为，虽然自恋型领导者确实存在许多问题，但某些自恋型领导者——尤其是那些具有自恋特质的人——能够在特定情境下带来巨大的成功。这些领导者通常具有远见卓识、强烈的自信和冒险精神，能够在危机时期带领组织突破困境，取得卓越成就。麦科比指出，自恋型领导者的成功，关键在于他们能够平衡自己的自恋倾向与团队的需求。他们虽然自信，但也能够听取他人的意见，尤其是在面对复杂问题时能够依赖团队的专业知识。这种类型的领导者往往能够在短期内推动组织实现重大突破，但长期的成功则依赖于他们保持自我反思和团队合作的能力。

　　第二，必须控制控制欲。

　　身居高位的公司高管，如果想做出一番事业，往往表现出强迫症人格倾向——极强的控制欲和完美主义。他们往往对细节有着近乎偏执的关注，要求团队成员严格按照他们的指示行事。这种领导风格可能会带来一定的成功，但在大多数情况下，它会导致团队的创造力和灵活性受到严重限制，导致团队成员的压力和不满情绪的增加，甚至导致团队成员出现心理问题，如焦虑和抑郁，进而影响团队的整体表现。

向变革者学习

变革者有两种：成功的和不成功的（包括成败有争论的）。此刻我把致敬指向前者，而把尊敬留给后者。我只提三人，一位中国人、一位俄国人、一位日本人。

第一位，全盘胡化的赵武灵王。

冯梦龙的小说《东周列国志》这样描写赵武灵王的外貌：

"话说赵武灵王身长八尺八寸，龙颜鸟喙，广鬓虬髯，面黑有光，胸开三尺，气雄万夫，志吞四海。"

虽然算是白话小说，跟现代语言还有点儿距离。八尺八寸，如果按照冯梦龙所处的明代算，一尺为 30 到 34 厘米，赵武灵王身高在 2.64 到 2.99 米左右，不太可能。按照赵武灵王所处的战国时代算，一尺为 23 厘米左右，他身高 2.02 米左右，比较可信。龙颜是什么意思？我的理解是脸长。龙的脸比较长。算命的人说龙颜，指的是额头饱满。古代老百姓说龙颜指的是皇帝的脸。鸟喙，嘴像鸟嘴，突出。广鬓虬髯，卷毛胡子长了满脸，汉族人里面比较少见。脸黑，符合现代审美。胸开三尺，69 厘米的宽度，符合现代健美冠军的标准。气雄万夫，志吞四海，说的是气质。总之，赵武灵王非常阳刚。

中文的优点是简练，"胡服骑射"四个字，高度概括了赵武灵王的变革。他让自己国家的人穿方便骑马的匈奴款式的衣服，练习骑马射箭。他那个时代的汉族军队，打仗用战车，机动性差。匈奴人用骑兵，打仗有很大优势。在胡服骑射变革之后，赵国打了很多胜仗。

变革的难度可想而知，几乎所有人都反对。人性是保守的，因为排斥新事物，还因为懒得改变习惯。

赵武灵王值得我们学习的是见到好东西就学，不管传统，不管周围人的意见。戊戌变法的推动者梁启超说赵武灵王是"黄帝以后第一伟人"。

赵武灵王是典型的领导力素质偏科，战略思维强，知人之智弱。可能知人之智也不弱，因为爱情，他丧失了知人之智，死得很憋屈。简单说，他娶了一个侧妃，非常宠爱她。侧妃为他生了儿子，他就做了一个组织调整：把大儿子从太子岗位上撤了，换成未成年的小儿子，自己退居二线，亲手扶持小儿子上位。大儿子不高兴，发动了政变，手下人包围王宫，故意不放赵武灵王出来，活活把他饿死了。

第二位，全盘欧化的彼得大帝。

彼得大帝是个有个性的领袖。他跟赵武灵王一样，很高，身高接近两米。他不爱红酒爱啤酒，特别爱喝英国特伦特河畔伯顿的啤酒。对于业绩好的下属，他请喝啤酒作为奖励。

彼得大帝到英国学习先进技术和文化。他回到俄国，规定俄国成年男人必须有一套西装，贵族必须像欧洲贵族一样把脏兮兮的大胡子剃掉。他还要求贵族像欧洲人那样戴假发，上面撒香粉。他的全盘西化就是好的坏的一起学，因为根本分不清好坏。

跟赵武灵王相反，他不是因儿子而死，而是儿子因他而死。彼得大帝的儿子保守，跟彼得大帝政见不同，发动政变，把彼得大帝惹急了。

第三位，全盘西化的明治天皇。

明治维新有一大批变革者力推，明治天皇算变革的受益者，他就顺势而为地支持了。明治维新和彼得大帝的变革一样，是进行西化。明治维新成绩斐然：明治时代的日本，通过变革，跻身强国之列。

世界各个民族，都在现代化的跑道上赛跑。中西不是对立的。民族性，在我们的身体里早就根深蒂固。

从这三个人物我感悟到的，关于变革，总结一下：

1.变革招人讨厌。

2. 变革的成功多数是自上而下的。

3. 变革者必须勇敢。从事不同事业的领导者需要不同量级的勇气，而经理人之勇、创业之勇、变革之勇有所不同。职业经理人，必须敢于拍板做有风险的决策，必须敢于批评人。麦克利兰的研究发现，权力动机小于亲和动机的领导者不是好领导者。好领导者的特点是权力动机大于亲和动机。创业者，必须具备赌徒心态。变革者，必须具备亡命徒心态。

七

主观的幸福感

心理学曾经花费很多的资源研究变态，发现变态其实很难治愈，药物治疗的副作用很大。尽管从事心理治疗的人不愿意承认，我认为心理治疗的效果有限，有些心理疾病不治疗症状也能慢慢缓解。毕竟变态的人是少数，多数人的心理健康才是更值得关注的问题。

直到 20 世纪末，主流心理学才开始认认真真地研究如何让人幸福。增进人类幸福本应该是各个学科的最终目的，在这一道路上，随着积极心理学的诞生（以 1998 年塞利格曼当选美国心理学会主席为标志），在这方面的研究上心理学开始领跑。塞利格曼从 1967 年研究习得性无助，到 2002 年研究习得性幸福。这个前后对比，很有戏剧性。

幸福这个课题，心理学使用的术语是：主观幸福感（Subjective Well-Being，SWB）。

未来会更好吗？

研究抑郁症的大师阿伦·贝克（Aaron Beck）的认知模型认为，得抑郁症的人的观念可以概括为"三个不好"：自我不好、世界不好、未来不好。我不觉得研究透了历史就可以准确预测未来，但是历史的发展有两个趋势非常明显，那就是，人类社会越来越理性，人类社会越来越尊重个性。

人类越来越文明了。《丑陋的中国人》《丑陋的日本人》《丑陋的美国人》，感谢此类畅销书，唤起了各个民族的自省。《丑陋的中国人》曾经提到一种现象：中国人进出酒店大门不顾及身后的人。而此书流行之后，我发现大家基本已经改掉了这个毛病。

自省用力过猛，就会妄自菲薄。其实，妄自菲薄似乎也是人类的共性。

有一种心理分析的说法：中国人做出随地大小便及缺少其他公德的行为（如往车窗外扔东西），跟从小穿开裆裤有关。新加坡人守纪律、素质高，跟政府打屁股有关。西方人没有开裆裤这种东西，所以厕所训练是他们童年要过的一道难关。想从文化上理解中国人的行为，可以看看孙隆基的《中国文化的深层结构》。

虽然我也是心理学出身，从心理学本科一直读到心理学博士，也喜欢心理分析学派，但是我尽量避免专业病，不会过分依赖心理学。看什么都从心理学的角度看，这容易忽视社会因素的作用。对中国人不成熟行为的解释，其实可以十分简单且浅显：工业化、现代化时间短，现代化时间短是最重要的原因。

住在村落里的人，只需要对熟人好，不太接触陌生人，离公众比较远，走路跌跌撞撞也不会影响别人。住在大都市的人，由于大都市人口密度大，陌生人比较多，例如，在地铁、电梯上不守规则就会给彼此添麻烦，公德和教养就变得十分必要。

文明的本质是现代性。关于现代性的说法很多，我的说法是现代性有两个维度：对个体的尊重和对理性的发挥。

第一个维度：对个体的尊重。具体表现为平等、人权、民主、法治、包容、多元。

在对个体的尊重方面，中国还有很长的路要走。中国尊重不同的信仰。至于政治制度，各国之间不尽相同。我坚信：有什么样素质的人民，就有什么样素质的政府。学术和新闻的自由、司法的独立是现代政治制度不可或缺的要素。对个体的尊重集中体现在对弱者的尊重上。纵观物种的差异，几乎所有其他动物群落都存在虐待老者和幼小的情况，人类是个例外，人类善待弱者。人类文明把"适者生存"的丛林法则修改成"弱者也能生存"的法则。医疗保险、养老金、无障碍通道、盲文标识，都是现代社会对弱者的照顾。文明社会甚至考虑了动物的权益。

对人的尊重。这个人，不是仁，而是人与人之间的关系。个体的人，指的是这几样东西：他的身体、他的个人空间、他的时间、他的思想、他的财产、他的权益。其中，身体、财产和权益是法律要保护的个人，我想说说剩下的三个。

如果你在空空的地铁上反感陌生人紧挨着你坐，那么，你在意的是你的个人空间。据研究，阿拉伯人的个人空间很小，北美人的个人空间很大，中国人的个人空间介于两者之间。如果你明白个人空间，那么你也会明白个人时间。让别人等，浪费别人的时间，虽然不等于谋财害命，但至少与现代文明有一步之遥。思想，则是一个大多数人不在乎的概念。抄袭是个新概念。维基百科上这样解释：没有注明某个语言表达、想法的出处，甚至把别人的想法当成自己的。这个界限是很难把握的。一个好的创意流传开了，一时说不清是谁的，好多民间创作的名言警句和幽默段子，有时被安在一些名人的名下，有时署"佚名"二字。佚名的作品太多了，有人问我："佚名很伟大，创作了好多作品，佚名是谁？"如果佚名是个人的话，那佚名是个悲剧英雄。为什么要在乎一个人的思想创作呢？从个体利益看，在乎思想创作的人都是小气的人，也都是有思想的人，更可能是靠思想吃饭和靠思想出名的人。从社会利益看，在乎一个人的思想创作，才能够促进科技和人文进步。专利法保护专利，但是专利法不保护思想。在这个互联网时代，人人都不能自保。人工智能只能查出那些生搬硬套的抄袭，并不能解决对思想的抄袭，也很难区分抄袭和英雄所见略同的巧合。

第二个维度：对理性的发挥。具体表现为普及教育，开启民智。

就科学精神而言，中国传统文化既有劣势也有优势。劣势是离科学比较远。优势是中国人大多坚信唯物论。

宗教，对于人类福祉而言，利大还是弊大呢？仁者见仁，智者见智。我认为越现代化，无神论越盛行。我有幸看过一篇研究报告，说的是一个国家的平均智商和不信上帝的人的比例成正相关（相关系数是0.6）。报告中有137个国家，中国的平均智商为105，美国的为98。我终于明白为什么中国能在内部和外部都不利的条件下迅速发展了！

所以，以我们的智商水平，我们的现代化速度应该很快。不过需要指出，社会进步是多种因素共同作用的结果。人口基数庞大的中国人中间，一直不乏为国家和社会发展作出卓越贡献的杰出人物。

幸福有公式

从2012年4月开始，每一年（2014年除外），联合国教科文组织全球幸福委员会（UNESCO Global Happiness Council）都会推出一个全球幸福感报告。基于盖洛普民意测验数据，这个报告把各国人民的主观幸福感以色彩标记，画成了幸福地图。中国人的主观幸福感，比上不足，比下有余。

什么决定一个人是否幸福？加利福尼亚大学的心理学教授索尼娅·柳博米尔斯基根据研究画了一个饼图。我们的幸福首先是由 DNA 决定的，她称之为设定值（占比50%），其次是主动行动（占比40%），环境的作用相对较小（只占10%）。

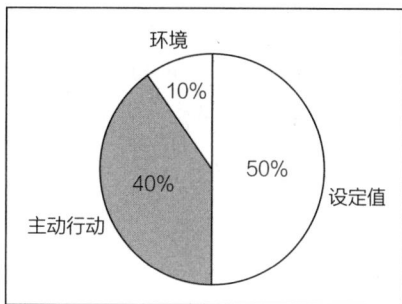

决定幸福感的三个要素

柳博米尔斯基认为，人们对于幸福有三个误区。第一个误区：幸福要去外面寻找。事实是，幸福来自我们的内心。第二个误区：改变环境才能幸福。事实是，幸福不取决于环境，而在于我们自身。第三个误区：幸福与不幸福是基因决定的，我们无法改变。事实是，我们可以通过行动让自己幸福。

我理解的所谓设定值就是我们每个人的"出厂设置"，它是基因决定的幸福感的基线水平，对我们来说非常重要。一个人的主观幸福感会围绕这个基线水平而上下波动，但是不会偏离基线太远。那么，我们能不能上调这个出厂设置呢？我不知道，但是我相信出厂设置可以微调，并一直在探索向上微调出厂设置的方法。现在终于有了初步的答案——幸福公式。

关于幸福公式，我分享三个版本。

第一个版本：塞利格曼的幸福模型 PERMA。

领导力虽然事关成功，却与幸福关系不大。预测一个人能不能幸福，其实只需要一样：一种叫作乐观主义的性格。心理学家塞利格曼的幸福模型一共有五个要素，乐观心态（Positive Emotion）是其中一个。我认为这是最重要的一个，其他四个可以相对容易地实现自我管理，而这个乐观心态我认为与其说是一种状态，不如说是一种性格。这种性格比其他四个要素重要太多，而且很难实现自我管理。

P：Positive Emotion 乐观心态

快乐的情绪状态，有人常有，有人不常有。这种个体差异很大程度上是由基因决定的。情绪的起伏，是人生的必然，有人大起大落，有人波澜不惊。起伏太大、太频繁，就接近双相了；文艺过头，就是双相人格障碍。

乐观心态绝对可以学习。我学了这么多年心理学，最大的收获就是初步学会了如何使自己幸福。行动、运动、认知都可以改进情绪状态。行动通过解决问题改进情绪状态，上策！运动通过体内物质的变化改进情绪状态，中策！认知通过改变对事情的看法改进情绪状态，下策！

E：Engaged 忙

忙起来，有事做。无所事事就会郁闷。不要经常思考人生，经常思考人生有两个问题：第一，想不清楚。第二，发现人生其实没什么意义。有事做就可以少想人生的意义。

R：Relationship 关系

第一，亲密关系很重要。你可以不结婚，不要孩子，但是你不能没有亲密关系。第二，重要关系很重要。例如，顶头上级怎么对待你会影响你的生活质量。第三，弱关系很重要。我觉得现在的微信群就是弱关系集中的地方。外向的人喜欢关系，内向的人需要付出额外的精力管理关系，所以关系策略很重要。关系太重要了，以至于关系几乎可以作为心理健康的表征。朋友多的人，其心理不会太不健康；没有朋友的人，心理大多有些问题。

M：Meaning 意义感

意义可能没什么特别的，但是意义感必须有；就像成就可能没什么特别的，但是成就感必须有。做自己喜欢的事情是快乐的，能以此谋生是幸运的。

A：Accomplishment 成果

我在想 Accomplishment 这个词跟 Achievement 有什么不同。Achievement 侧重外在标准、成就。Accomplishment 侧重内在标准，完成了什么，收获了什么，我喜欢把它翻译成"成果"或"完成感"。例如，我在 2016 年学会了用吉他弹《爱的罗曼史》的第二部分，这是我的一个 Accomplishment，但是我还不能登台弹奏这首曲子，所以这不算是我的 Achievement。有时候，把凌乱的书桌整理一下也会带来 Accomplishment，一天下来完成了许多 To Do List 上的事情，也是 Accomplishment。它的反面是：挫折感，就是做不完或者做不成。那你肯定会不开心。

PERMA 模型没有放进去两个东西：健康和财富。这两个是保健因素 ①，没有健康肯定不快乐，但是并不是越健康越快乐。没有钱肯定不快乐，但是并不是越有钱越快乐。

研究发现，富裕国家的人比贫穷国家的人平均而言更幸福。贫穷有两个指标：绝对贫穷的指标是恩格尔系数，它衡量的是温饱满足的程度；相对贫穷的指标是基尼系数，它衡量贫富分化的程度。大量研究发现，贫富分化与犯罪率成正相关。

普林斯顿大学健康与幸福中心的丹尼尔·卡尼曼（Daniel Kahneman）和安格斯·迪顿（Angus Deaton）分析了 45 万个盖洛普调查样本，发现收入和教育水平与对生活的满意度有很强的相关性。健康、赡养负担、孤独感与幸福感有更高的相关性。幸福感随着收入而增加，但是在年收入在七万五千美元以上的人群中，幸福感不因收入不同而有变化。对生活的满意度，则一直跟收入有相关性。他们的结论是：高收入的人买得到对生活的满意度，但是买不到幸福感。低收入的人既没有对生活的满意度，又没有幸福感。

幸福心理学的研究告诉我们怎么花钱可以买到更多幸福感。花钱购买物质不如购买体验和自我提升。举个例子，10 万元可以换辆新车，可以买好多包和衣服，但是新车、包、衣服带给我们的幸福感很短暂。如果这 10 万元用于去某个地方度假半个月，那么所体验到的幸福感可以持续很久。如果这 10 万元用于学一门技能，那么技能带来的幸福感也会持续很久。

---

① 赫茨伯格的双因素论：保健因素是指那些影响员工工作环境和工作条件的因素，这些因素如果不足或缺失，会导致员工的不满，但即使员工得到了满足，也不会显著提高满意度或激励他们的工作表现。激励因素是指那些能够激发员工积极性、提高工作满意度和员工表现的因素。这些因素能引导员工追求更大的成就和更强的工作动力。

第二个版本：康德的三有。

哲学家康德是个极其内向的人。当然我也是。内向的人有个最大的优点：有很多时间独处，所以有很多时间思考。作为哲学家，康德当然要思考人生。他说，人有事做、有人爱、有盼头就幸福。

第三个版本：三无 + 三有，康德改进版。

这个版本是我的版本。我提出这个模型的时候，还真不知道康德早就想到了，我跟他想到一起去了。我讲课时常说，幸福就是三无三有：无病痛、无仇敌、无负债；有事做、有人爱、有期盼。有病可以但不能有痛，长期痛着生不如死。人可以有公敌，但不能有私敌。一个人的生活成本要跟他挣钱的能力相称。如果挣小钱、花大钱，只能啃老了，那样会幸福吗？关于有期盼，大的期盼叫梦想，小的期盼其实更重要，可以天天有。例如，期盼跟同事吃午饭，网购之后期盼快递员上门……同学们经常问我，有人爱更幸福，还是被人爱更幸福？我不知道康德会怎么回答，我觉得最好是你爱的人也爱你。被爱很幸福，爱一个人也很幸福，如果只能有一样，哪个更幸福呢？我不知道。

性格怎样决定命运？

有一句俗话：性格决定命运。性格是怎样决定命运的？我的理解是这样的：基因决定性格，性格决定行动，行动决定机会，机会决定命运。《从历史看人物》中叱咤风云、改变历史的人物，从吴起到乾隆，无一不是性格决定命运。例如商鞅，许倬云的原话是，"商鞅做起事来，所有的人情摆一边"，最后"死在自己制定的法令之下"。

从心理健康的角度看性格，我觉得心理学中的 ABCD 四种性格特质的说法很有用。

我精选了9个A型性格的测评标准:

1. 嫌某人做事太慢;

2. 讨厌排队;

3. 说话快,走路快,吃饭快;

4. 工作上不甘落后;

5. 同时做好几件事;

6. 打断别人,抢话;

7. 看某人不顺眼;

8. 爱生气;

9. 没时间享受生活。

关于A型性格和B型性格的研究是健康心理学的经典研究。A型性格,或者叫A型行为,跟A型血毫无关系。A型性格的具体表现是抱负远大、争强好胜、对人有敌意、疲于奔命,以及易怒。说到敌意,跟争强好胜有关,高效人士喜欢竞争,所以他们视很多人为竞争对手。我的一位美国前同事有一句名言:"Beat them in their best."意思是,在别人最卓越的领域击败他们。这类人在中国被称为"职场圣斗士"。高效人士总是急匆匆的,因为他们的紧迫感很强。这种快节奏让他们高效的同时,也让一般人跟不上。高效人士讲话快,吃饭快,上厕所快。心理学研究发现,一个人的成就动机跟睡眠时间成反比。高效人士睡觉少,更有甚者能在睡梦中继续工作。高效人士酷爱同时忙几件事,他们每天的日程排得满满的,有一个待办清单,每完成一项就划掉一项,每划掉一项就获得满足感。我的一位客户,是某集团公司的创始人,他上午从深圳飞到上海跟我见面,探讨高层领导力发展,晚上就飞回深圳。他告诉我,他经常一天去三个城市。我的一位朋友经常飞国际航线,他的书就是在飞机上写完的。

心理学研究曾经认为，A 型性格容易引发心血管系统的疾病。后来发现，性格与疾病并没有一一对应的关系，性格不好，各种病都可能得。研究发现，真正对健康有害的是对人有敌意和易怒这两个特质。在企业里，A 型性格人高效的代价是健康。A 型性格的反面为 B 型性格，表现为与世无争。

同样，我精选了 9 个 B 型性格的测评标准：

1. 不紧不慢；

2. 任何结果都可以接受；

3. 知足常乐；

4. 不担心未来；

5. 不在意别人怎么看自己；

6. 没有远大志向；

7. 生活悠闲；

8. 多一事不如少一事；

9. 没有强烈的爱憎。

B 型性格的人非常"佛系"，生活中招人喜欢，工作中让领导无语。虽然 B 型性格有助于延年益寿，但是这类人不容易取得世俗意义上的成就。

此外，我精选了 9 个 C 型性格的测评标准：

1. 愤怒却不表达；

2. 任劳任怨；

3. 觉得很多人不喜欢自己；

4. 对自己的能力没信心；

5. 有时觉得活够了；

6. 不喜欢的事也尽力做好；

7. 喜欢的东西不舍得买；

8. 完美主义；

9. 希望所有人都满意。

据说很多 C 型性格的人从事会计、编程等严谨的工作。他们做事认真、细心、靠谱，不用监督也会尽职尽责。但是他们压抑负面情绪，屈己徇人；忍气吞声，逆来顺受。他们的忍，往往是习惯性的，因而是无意识的。用精神分析学派的术语说，就是压抑。这种人格的标签之所以被冠以 C，是因为这种人容易得癌症（Cancer）。

我还精选了 9 个 D 型性格的测评标准：

1. 总是闷闷不乐；

2. 跟人保持一定的距离；

3. 跟人聊天不知道该说什么；

4. 难以释怀别人对自己的伤害；

5. 经常惴惴不安；

6. 会因为一点小事就不高兴；

7. 认为人生就是一场苦难；

8. 命运坎坷；

9. 认为这个世界变得越来越糟。

D 型性格的特征是有满满的负面情绪，看事情只看阴暗面，非常悲观。字母 D 是 Distressed（痛苦）的字头。这个概念由荷兰的医学心理学教授约翰·德诺尔特（Johan Denollet）提出，他认为 D 型性格的人容易得心血管系统疾病，是荷兰版本的 A 型性格。

在主流心理学界，类型学早已被特质理论取代。我宁愿把 ABCD 四种性格作为两个维度来看。受 ABCD 四种性格的启发，我用两个维度构成一个四象限。一个维度是从 A 到 B：急或慢。另一个维度是从 C 到 D：忍或怨。C 型性格的人表面风平浪静，实际上负面情绪已经被无意识地压抑了。D 型性格的人则表现为一脸的不高兴。在组织中，这种焦虑和烦躁会瓦解团队士气。

第一象限：A 和 D 都高，急性子加坏脾气。敢作敢为而不犹豫，对人和事看不惯，当场就翻脸，在公开场合直接跟人对骂。

第二象限：A 和 C 都高，急性子加忍辱负重。这类人一般会事无巨细，亲自操劳，鞠躬尽瘁，死而后已。

第三象限：C 和 B 都高，不急且认真，慢工出细活儿。B 高的人很难出名，我遇到的修理工几乎都是这样的。

第四象限：D 和 B 都高，负能量多却不用行动去改变现状。这个象限里面的人应该非常少。

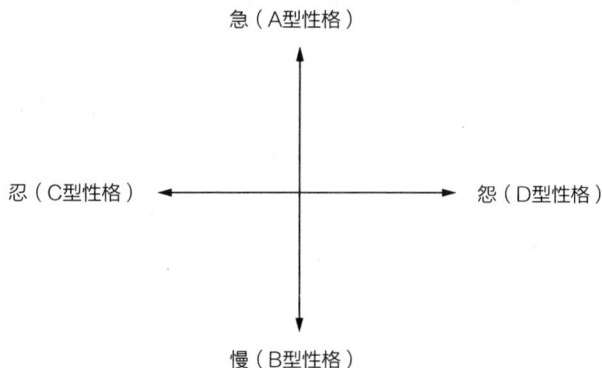

急（A型性格）

忍（C型性格） ◄─────────────► 怨（D型性格）

慢（B型性格）

我建议 A 高的人慢一点，欲速则不达；B 高的人动起来，人生不可虚度；C 高的人自信果敢一些，把自己的想法和不满表达出来；D 高的人多看事物好的一面。

中国古代的阴阳人格理论很有用。

其实我对传统医学既无兴趣又无研究，但是传统医学涉及人格心理学的内容，让我很感兴趣。例如，希波克拉底的基于体液的四种人格类型。

与西方传统医学类似，中国传统医学中有本书叫《黄帝内经》，里面描述了五种人格：太阳、少阳、太阴、少阴、阴阳和平。从其行文语气来看，既有褒贬，又有健康的含义。阴阳和平的人不仅被称为君子，而且不容易生病。

"阴阳和平之人，居处安静，无为惧惧，无为欣欣，婉然从物，或与不争，与时变化，尊则谦谦，谭而不治，是谓至治。"

以上文字我望文生义，一知半解，终不得其解。看了看译文，大概的意思是，阴阳和平之人，不以物喜不以己悲，不去争权夺利，却能与时俱进。如果做管理者，那是无为而治啊！

这种人简直是完美的人类。我只能说，这是一种理想境界，是大家努力的方向。根据我对人性的理解，这种人是不存在的。

我想从自我认知、情绪基线、情绪稳定性、外倾四个维度诠释一下这五种人格。坚决去掉道德这个维度。本来阴阳五种人格属于被主流心理学抛弃的类型学，现在我从四个维度描述它们，等于把这五种人格类型当成特质视角下的五个个案。

阴阳和平之人，自我认知客观且精准，待人接物不卑不亢，情绪基线不高不低，情绪稳定性极好，不外倾也不内倾，或者说该外倾的时候外倾，该内倾的时候内倾。

我再说说其他四种有缺欠的人格。

太阳之人。从面相来说，他们满面红光，气宇轩昂，说话直来直去，直觉很准。他们声音洪亮，自我极其膨胀，喜欢自吹自擂。所到之处，一定是被关注的焦点。他们经常口无遮拦，夸下海口，时常说完就忘。因为自我膨胀，所以很少顾及他人的感受，平时做了很多出风头之类的事情，对于事情的结果和他人的感受毫无觉察，接收反馈的通道完全是堵塞的。他们的情绪基线高涨，情绪稳定性在高位徘徊，大有躁狂症的特征，见人自来熟，热情洋溢，爱替别人做主，因为极其外倾，好交际，所以无法静心思考。他们见多识广，但思想较肤浅，一般没有什么硬技能。

太阴之人，《黄帝内经》中说，他们面色阴暗，身材高大却佝偻着。自我评价不高，悲观、抑郁、内向、心思很重。《黄帝内经》甚至把这种人形容成阴谋家。其实倒不一定是阴谋家，只是太重算计了而已。他们整天阴着脸，惶惶不可终日，给人的感觉好像有什么阴谋诡计，其实不一定，可能就是性格有点内向。

少阳之人，就是具体而微的太阳之人，自我很大，但是没有太阳之人那么大。太阳之人是吹牛，少阳之人是沾沾自喜，外显行为是嘚瑟。他们有点儿小外倾，但是没那么夸张，偶尔也能顾及别人的感受。远不如太阳之人那么热情，但也不如太阳之人那么招人讨厌。

少阴之人，就是具体而微的太阴之人，有点自卑，但是没有太阴之人那么抑郁，看自己缺点多些，看自己优点少些。他们走路低着头，谨小慎微，是小心眼的人。根据《黄帝内经》的描述，这种人看到别人成功，就感到自己很失败；看到别人失败，幸福感就油然而生。不知感恩，总觉得别人欠他的。内向，但是比太阴之人略微开朗。情绪基本低落，但是也有好的时候。

以上内容，是否有你自己的影子呢？自我修炼可以让人向阴阳和平之人靠近。具体方法如下。

第一，多接收反馈，多换位思考，多设身处地为别人思考，你会更加清楚自己是谁，就不会那么招人讨厌。不要人家夸你，你就当真。

第二，管理负面情绪，成为开心、情绪稳定的人，自己舒服，让别人也舒服。

第三，提升人际沟通技能，该内倾的时候收得住，忍住少说，多倾听；该外倾的时候能八面玲珑，有影响力。

总之希望大家都能成为阴阳和平之人。

关注大便和睡眠

生活事件

人类面对的世界无非两种情况：有事和没事。有事叫作应激，没事叫作无聊。刺激太多，叫感觉过载；刺激太少，叫感觉剥夺。

心理学家发现，只要有事，无论好事、坏事，也无论大事、小事，人类都会承受不了，这是人类得病的一个原因。好事，心理学家叫作"积极应激"。坏事，心理学家叫作"消极应激"。大事件，心理学家将其叫作 Life Events，而且编订了量表，把每件事情对健康的破坏作用进行了量化。例如，结婚是 50，配偶死亡是 100，离婚是 73。小麻烦，心理学家将其叫作 Daily Hassles，日积月累，其对人的健康的影响不亚于大事件。

造成烦恼的大事件与小麻烦

大事件	小麻烦
配偶死亡（100）	客户找麻烦
离婚（73）	找不到急用的东西
亲人死亡（63）	揽了太多事
结婚（50）	正在忙着做事，有电话打进来
退休（45）	出错
性功能障碍（39）	手机或电脑故障
改变工作种类（36）	开会太多

大事件	小麻烦
与上级有矛盾（23）	对自己外貌不满意
搬家（20）	排队
过年（12）	任务截止期临近

注：左边一栏括号中的分值，代表对造成疾病的作用力，选自应激问卷，也叫作社会再适应量表；右边一栏参考了坎纳的小麻烦量表

战斗或逃跑

应激的出现是生理学对于人类健康及自我认知的一个里程碑式的贡献。著名生理学家沃尔特·坎农（Walter Cannon）用"战斗或逃跑"描述人体对于应激的生理反应。想象你是原始人类中的一员，当你独自在丛林中撞见一个陌生的同类，他充满敌意地觊觎着你手中的猎物，你当时的状态就是应激。根据坎农的理论，你身体的第一反应是激活交感神经系统。交感神经系统的激活，等于整个有机体全面进入备战状态：肾上腺素和去甲肾上腺素的分泌让你处于高度警觉状态，血液从内脏和皮肤被调集到骨骼肌，心跳和呼吸加快，心脏收缩更加有力，存储糖原转变成葡萄糖。你的身体把所有力量集中起来，蓄势待发。你的头脑做出判断：战斗或逃跑。无论战斗还是逃跑，你都用得上这瞬间汇集起来的巨大能量。这种能量远远超出平常状态下一个人的能量。

交感神经系统和副交感神经系统是自主神经系统的阴阳两面。前者负责战斗和逃逸，后者负责休养生息：消化、排泄、交配。在应激状态时，交感神经系统被激活，副交感神经系统被抑制。在非应激状态时，交感神经系统被抑制，副交感神经系统被激活。这是自然之道。反之，则成灾难。在应激状态下，如果有机体的副交感神经系统被激活，跑也跑不动，打也打不过，那么只会被对手干掉。

自主神经系统
副交感神经vs交感神经

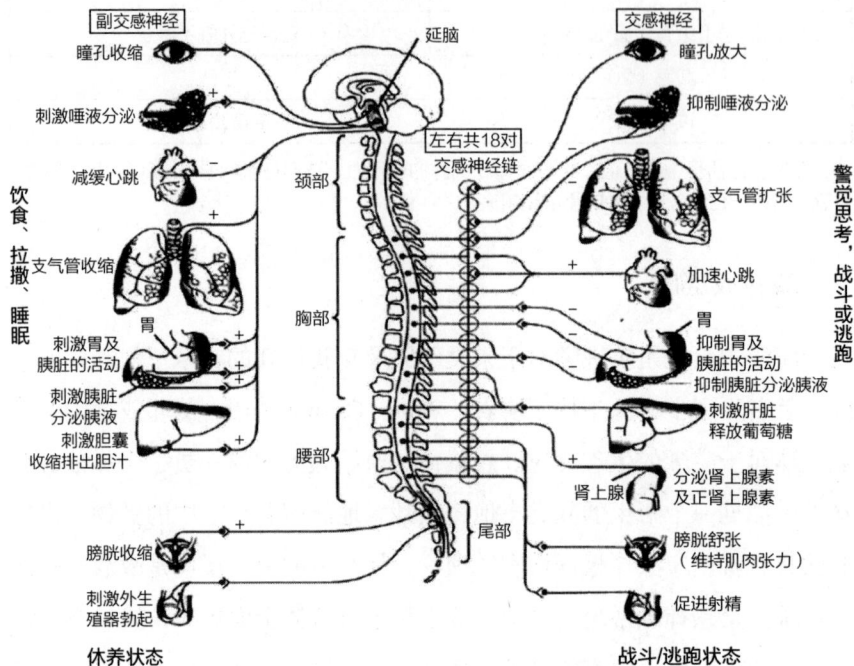

副交感神经

瞳孔收缩

刺激唾液分泌 +

减缓心跳 −

饮食、拉撒、睡眠

支气管收缩 +

胃
刺激胃及胰脏的活动 +

刺激胰脏分泌胰液 +

刺激胆囊收缩排出胆汁 +

膀胱收缩 +

刺激外生殖器勃起

休养状态

延脑

颈部

左右共18对
交感神经链

胸部

腰部

尾部

交感神经

瞳孔放大

抑制唾液分泌 −

支气管扩张 −

加速心跳 +

胃
抑制胃及胰脏的活动 −
抑制胰脏分泌胰液

刺激肝脏释放葡萄糖

肾上腺　分泌肾上腺素及正肾上腺素

膀胱舒张（维持肌肉张力）

促进射精

警觉思考，战斗或逃跑

战斗/逃跑状态

内分泌学家汉斯·塞利（Hans Selye）认为，战斗或逃跑能够解决动物遇到的挑战，但是无法解决现代人类遇到的大多数挑战。他的应激反应模型有三个阶段：第一阶段，警戒期；第二阶段，抵抗期；第三阶段，衰竭期。人类的身体反应跟其他哺乳动物其实是一样的：遇到威胁，就会立即进入警戒期，身体处于战斗或逃跑状态。可是现代人所遇到的威胁会一直存在，且很多威胁不是一天两天能够解决的，所以，人的身体处于持久战阶

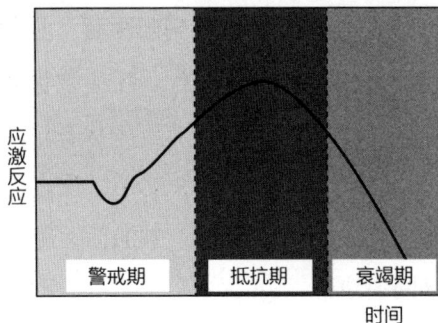

应激反应

警戒期　抵抗期　衰竭期
时间

塞利的应激反应模型

段，时间太久，实在撑不过去了，人体免疫能力全面瓦解，于是就生病了。真是"一鼓作气，再而衰，三而竭"。人类社会的问题大多不可以一鼓作气而解决，身体一直不能放松，处于战斗或逃跑状态，时间一久肯定撑不住。

应激反应，其实不只这两个 F（Fight or Flight），还有另外两个 F：Freeze（石化了——不知所措，僵住了）和 Fawn（讨好）。想象这样的场景：上级暴怒，大声斥责下属，不同的下属可能有不同的反应。有的下属跟上级对骂，这就是战斗模式；有的下属赶紧躲得远远的，这就是逃跑和回避冲突；有的下属太害怕以至于说不出话，这就是石化了；还有一种下属预感到上级要发飙，立即表现出很乖的样子，哄上级，让上级的火发不出来，这就是讨好。

应激的来源

人类的应激有五个来源：挫折、冲突、变化、压力、自我。前三个对所有哺乳动物都适用，后两个可能只对人类适用。

挫折就是得不到想要的，或者得到了不想要的，或者失去了珍爱的。挫折导致愤怒和攻击行为，就算当时不发作，也会在其他场合发作。一个人受挫折太多，结果会很严重：要么怀疑人生，要么出现习得性无助。

人的心理就是这么脆弱，人会怀疑人生，固有 ABCD 疗法[①]。A 是Activating Event，诱发事件。B 是 Beliefs，信念。C 是 Consequences，后果。D 是 Dispute，质疑，指的是质疑不合理的信念。例如，一个小伙子失恋，A 是女朋友离他而去，B 是他觉得他失去了最宝贵的关系，而且他觉得自己不好，不值得爱，他觉得这段关系能够挽回，C 是他对

---

① 一种理性情绪疗法，由美国心理学家阿尔伯特·艾利斯（Albert Ellis）提出。

女孩子纠缠不休，甚至以死相逼。治疗师可以挑战他的错误信念和逻辑。如果我是治疗师，我希望让他质疑自己的假设，建立新的假设：第一，失恋不完全是坏事，旧的不去新的不来。第二，自己的确有不好的地方，能改的要改进，改进了就成长了。不能改的要接受，增加自我认知。第三，这个女孩子不喜欢你了，不代表其他女孩子不喜欢你。第四，关系有可能挽回，但是可能性很小，而且挽回的关系已经不是曾经的关系了，所以不一定值得。

普通人的烦恼来自普遍存在的三个错误信念：

1. 我必须做好，否则我就没有价值。
2. 你必须对我好，否则你就不好。
3. 生活必须公平、轻松、没有麻烦，否则生活就很糟糕。

心理学里所谓的冲突，指的不是人和人之间的冲突，而是内心的矛盾。例如，一个人既想炒股挣钱，又担心亏本，这种冲突，心理学称之为"趋避式冲突"。又如，有人出去吃饭，喜欢莜面，也喜欢牛排，但是一个晚上只能吃一次晚饭，鱼与熊掌不可得兼，一般人很难判断什么是鱼什么是熊掌，也很难判断自己喜欢鱼还是喜欢熊掌。这种冲突，心理学称之为"双趋式冲突"。再如，有人牙疼，想去看牙医，却害怕治牙过程中的痛苦。牙疼和看牙医这两样都让他很不爽，这种冲突，心理学称之为"双避式冲突"。再如，有人一下子得到了两个工作机会，很多人羡慕他，而他却陷入了选择的痛苦。每一份工作都有利有弊，A公司品牌好规模大，岗位级别高，待遇高，但是这个岗位是专业技术岗位，没有下属，与他希望走管理路线的职业生涯目标不一致。B公司虽然品牌、规模、待遇、级别都不如A公司，但是会让他带领一支团队。这种选A选B都有利有弊的冲突，心理学称之为"双重趋避式冲突"。人类希望有选择的自由，但是有了选择的自由却产生了焦虑。

无论其他动物还是人本性都不喜欢变化，至少身体反应是反感变化的。号称"拥抱变化"的人，完全是理性使然。因为情感上，人类抗拒变化。身体不会撒谎。最简单的变化就是环境改变，如搬家。动物实验表明，经常变换居住环境的大白鼠容易生病（胃溃疡）。人所生活的环境的改变，往往伴随着人际环境的改变，每一次搬家、转学、换工作、移居新城市或新国家，人们都需要重新适应环境，而为此付出的巨大代价是健康。

现代社会对于个人来说，最有影响力的变化来自四个方面：合称PEST（是 Political，Economic，Social，Technological 四个词的首字母缩写），即政治、经济、社会、技术，我称之为"四大金刚"。政治上的变化，大至战争，小至政策法律的改变，都会对个人的生活产生极大影响。经济上的变化，如经济危机和大萧条，几乎影响了每一个人的生活。社会上的变化，移民的体验最深刻，第一代移民其实很难融入当地社会。技术上的变化，生生把人区分成两类：使用新技术的人和不使用新技术的人。现在在银行排队取款的，多为身心已老化的人，他们不仅不会使用手机银行，甚至连 ATM 机都不会或不敢使用。

对于个体而言，年龄是一个影响很大的变量。年龄意味着身体的成长和衰老。青少年的身体发育之快，让他们的心理几乎跟不上身体的变化；成年以后，他们的心理则跟不上身体状态的下降速度。一个人往往刚刚学会使用今年的身体，到了明年，身体就已经不是去年的状态了。

更重要的是，在不同的年龄段，人们必须扮演不同的角色。借用职业生涯管理专家唐纳德·舒伯（Donald Super）的彩虹模型，我们看到人生在不同阶段需要扮演各种角色，每个角色的权重因阶段不同而不同。扮演这些角色可不是容易的事。就算是幼儿园和中小学阶段，孩子所承受的应激也绝不亚于养家糊口的成年人。青年踌躇满志，前途未卜，为了职业生涯疲于奔命。人到中年，上有老下有小，应激从四面八方扑面而来。到了老年，应激并没有减少。人到老年，各项身体机能几乎都会退化：视力退化、记忆力退化、心肺功能退化、骨骼肌肉退化，行动吃力，容易受伤。能够生活自理（上厕所、洗澡、做饭）的高龄老人，已经算幸运的了。

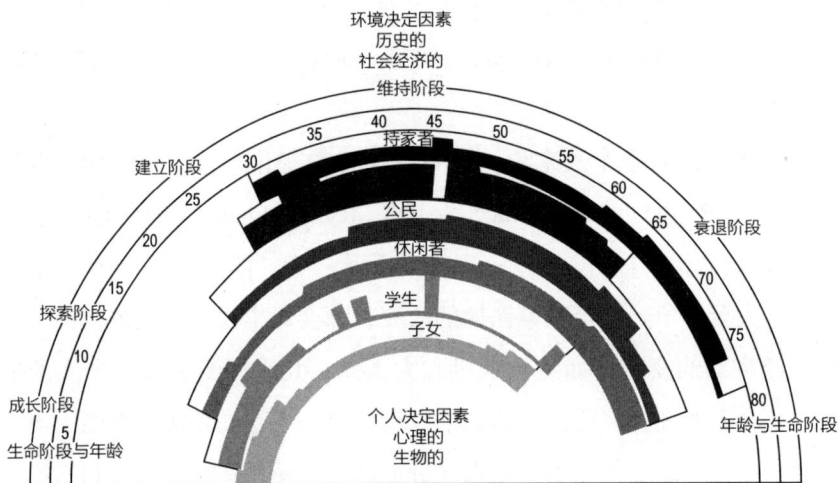

舒伯的彩虹模型

在不同年龄段，人们对外扮演角色，对内要完成心理成长任务。心理学家埃里克·埃里克森（Erik Erikson）把人生的心理成长分成八个阶段：第一阶段的成长目标，是建立对世界的基本信任，如果没有完成这个成长任务，人就会敏感多疑，无法有效地生活在社会之中。第八阶段的成长目标是死可瞑目——觉得一生圆满，没有太大遗憾，至少没白活一辈子，如果没有完成这个成长任务，人在晚年就会沉浸在失望中。听起来像是闯关游戏，只是游戏结束就真的结束了，想重玩一把是不可能的。

埃里克森的八个阶段，以及每个阶段成长任务完成与未完成的结果如下：

1. 信任与不信任（婴儿期0～1岁）；

2. 自主与羞怯、怀疑（幼儿时期2～3岁）；

3. 主动性和内疚感（学前时期4～5岁）；

4. 勤奋与自卑感（学龄时期6～11岁）；

5. 认同与角色混淆（青少年期）；

6. 亲密与孤独感（青年期或成年早期）；

7. 关注后代和关注自我（中年期或成年期）；

8. 完善与绝望（成熟期或老年期）。

压力和自我，是人类独有的应激源。压力是别人的期望给一个人造成的紧张感。当一个人的能力不足以满足他人预期的时候，这种应激就是灾难性的。

自我，是大脑发达的一个副作用。高度发达的大脑让人有了概念思维，对于自我形成的概念叫自我概念。麻烦来了，人类发达的大脑虽然让人类征服了地球上的其他动物，但是，人类却很难战胜自己。大脑不足以让人想开，给人平添烦恼。

人本主义心理学的奠基人之一罗杰斯认为，如果理想自我、人生体验及自我形象不一致，会导致神经症，如果三者之间的反差太大，会导致精神病。例如，《东施效颦》故事里面的东施，自我形象应该是美女，至少不丑。理想自我是人见人爱，至少回头率很高。但是现实给她的人生体验是被人耻笑。

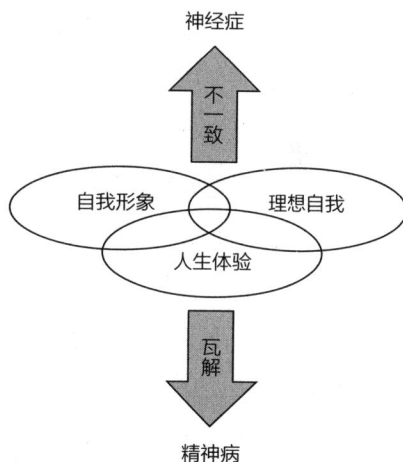

罗杰斯的神经症和精神病模型

人是唯一能预知自己死亡的动物，德国哲学家海德格尔紧紧抓住了人的这一特点，可谓一语道破人性。我把对死亡的焦虑称作"基本焦虑"。我们之所以觉得生命有意义，是因为我们忙于一些事情，赋予这些事情意义感，从而暂时忘记了"基本焦虑"。

身心自诊

人类不善于了解自己的身体和心情。人类对饥渴、冷暖非常敏感，因为那是活命所必需的，但是对慢性紧张非常迟钝。好在有一些指标，它们就像身心状态的晴雨表，只要你去读就很容易读懂。简单说：一看大便，二看睡眠。

第一个指标是大便。大便跟小便有实质区别：大便属于哺乳动物的消化系统，小便属于哺乳动物的泌尿系统。膀胱有压力，必须排尿，否则憋得难受。但是大便就不同了，一个人紧张的时候，交感神经系统兴奋，同时抑制副交感神经系统，导致胃肠蠕动停滞。食物在消化道的后段滞留，水分流失，变得越来越干燥，从而形成便秘。紧张的人几天不大便一次。一个人放松的话，那么一天至少大便一次。如果一天两次，那就是良好。一天三次，则为优秀。这说明身体处于高度放松状态。当然，大便太多次就是腹泻了。

第二个指标是睡眠。睡眠相当于重启手机和电脑，甚至重装系统。手机和电脑，修起来非常麻烦，就算是高手，想要诊断问题、解决问题也往往非常耗时。但是，只要重启，好多小问题就能被解决。实在不行还有一招：重装系统。人类的睡眠就是这样。所以，如果一个人睡不好，那身心健康也没法好。睡眠是身心健康的最后一道屏障。长期睡眠不好的人，应激管理不可能好，最后导致心理和生理健康受损。睡眠有问题，心理健康可能就有问题；睡眠没有问题，心理健康基本没问题。所以，心理治疗把睡眠问题解决了，心理问题基本也就解决了。

除了大便和睡眠，还有一些指标可以用来自诊身心状态，请见下表。心理—行为症状或生理症状出现三个及以上，就要注意了。

心理—行为症状	生理症状
对人发脾气	没胃口或猛吃东西
优柔寡断	经常消化不良或烧心（胃灼热感）
失去幽默感	便秘或拉肚子
生闷气	失眠
注意力不集中	无故出汗
事情应接不暇	抽搐或咬指甲
感觉被人讨厌	迷糊头晕或头疼
生活的无力感	抽筋
一点小事就有想哭的感觉	恶心
下班后什么都不想做	喘不上来气
一早醒来感觉疲惫	阳痿或性冷淡
长期感觉疲劳	湿疹

人的心理状态就像车的变速箱，有五个挡位：行动挡、焦虑挡、自欺挡、等死挡、休闲挡。

行动挡的行为表现：解决问题、学习、反思、计划、运动。行动挡的情绪状态：适度紧张和兴奋，大脑高度活跃且肢体放松。

焦虑挡的行为表现：面对挑战想象各种失败的结局、制造紧张气氛、抑制其他活动、抱怨、攻击。焦虑挡的情绪状态：高度紧张、愤怒、焦虑。

自欺挡的行为表现：喝心灵鸡汤、启动各种自我防卫机制（例如：无视问题、扭曲现实、粉饰太平、知足常乐）。自欺挡的情绪状态：满足、平和。

等死挡的行为表现：没有任何自发行动、不处理日常例行事件、对外界变化不反应。等死挡的情绪状态：麻木、淡漠。

休闲挡的行为表现：愉悦自己、放下功利。休闲挡的情绪状态：轻松、快乐。

有人会自动换挡。如果这个人的自动变速箱很好，不仅换挡柔顺，而且在不同情况下该用什么挡就用什么挡，人生之路就会走得顺畅。如果这个人的自动变速箱不好，那么他就会用不合适的挡开很长一段人生路。举个例子，年轻人本该经常用行动挡，却偏偏用自欺挡，喝了太多心灵鸡汤，所谓少年丧志就是这个样子。

人生如开车，你常用哪个挡位？你会适时变挡吗？我觉得不是人人天生就配备了一个很棒的自动变速箱。所以，时常要用手动模式换挡。这就是学习怎样生活。一个抑郁的人，如果不主动手动换挡，遗传的倾向性会让他长期处于等死挡。一个脾气急躁的人，如果不主动手动换挡，遗传的倾向性会让他长期处于焦虑挡。一个成就动机低下的懒人，如果不主动手动换挡，遗传的倾向性会让他长期处于自欺挡。一个成就欲超强的人，如果不主动手动换挡，遗传的倾向性会让他长期在行动挡和焦虑挡之间来回切换，很少用休闲挡，极不利于身心健康。

心理健康的人的特质是：能够第一时间发现自己的状态不好，并且很快从这种状态中走出来。他们除了善于与身心对话，还善于运用以下应对策略：情绪策略、行动策略、认知策略。

情绪策略

情绪的力量巨大，就像洪水一样。大禹治水之所以有效，是因为他的策略是疏导。大禹的前任治水之所以失败，是因为他的策略是封堵。情绪来了，就要释放出去。表达负面情绪，就是说出来。说给谁听呢？你需要一个善于倾听的、有同理心的朋友。如果你没有这样的朋友，那么赶紧找一个，一个可能还不够，你要建立一个由三五个可以倾诉的朋友构成的心理支持网络，这是一项重要的工程。

如果你找不到这样的人倾诉，你也可以写出来，如果你是文艺青年，这一招特别有效。在心理治疗领域，这叫作日志疗法。

情绪除了疏导，还要管理。最需要管理且最难管理的情绪是愤怒。愤怒的神经生理学，用戈尔曼的说法，就是大脑新皮层被杏仁核绑架。戈尔曼的这个概念，让脑科学家约瑟夫·勒杜博士（Joseph Ledoux）的研究结果得到了科普。勒杜博士是个奇才，他既是脑科学家，又是写歌和唱歌的人。在由纽约大学的四位神经科学家组成的杏仁核摇滚乐队中（The Amygdaloids），他是主唱。他们的歌也都是关于脑科学的，例如，一首歌叫作《情绪化的大脑》。歌中唱到："在我脑海深处，远古的记忆在细胞中永驻，我的焦虑不会消失，它们在等待中壮大，伺机一触即发。"

我个人感觉他们的曲子平平，表演不温不火，但他们的歌词是非常好的科普。勒杜的主要观点是：杏仁核的反应是生存本能，它先于情绪，而情绪是大脑新皮层加工信息的产物。人在没有产生情绪的时候就已经有反应了。

戈尔曼所谓的杏仁核绑架，说的是人在愤怒的时候，负责理性思考的前额叶根本没机会发表意见，因为它被海马体中的杏仁核绑架了。前额叶号称理性脑，杏仁核号称情绪脑或者非理性脑，里面储存着过去的记忆。一般情况下，海马体会接收两方面的意见：一方面是感知觉刺激和记忆系统的本能反应，另一方面是感知额叶的理性思考，前者的神经通路比后者的神经通路快几毫秒。如果情绪脑由于本能或者过去的经历形成对于特

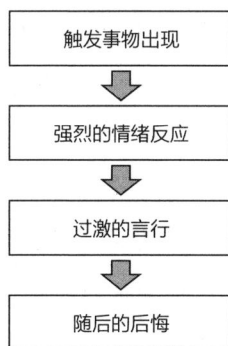

触发事物出现
↓
强烈的情绪反应
↓
过激的言行
↓
随后的后悔

定感知觉刺激的反应模式，例如，看到一张熟悉的仇人的面孔，听到他恶意的话语，激起了痛苦回忆，杏仁核就不会让前额叶参与了，直接产生愤怒反应。流程如下：第一步，触发事物出现；第二步，强烈的情绪反应；第三步，过激的言行；第四步，随后的后悔。

勒杜充分认识到杏仁核的任性：情绪反应一旦建立，就无法消除，但他认为人们可以通过学习让自己的理性脑抑制情绪脑。心理治疗就是干这个的。

我有一个龙之逆鳞的比喻。相传，龙是一种温顺的动物，可以让人随意抚弄，像猫一样。但是，龙一身的鳞片中，有那么一两片是逆着长的，叫作逆鳞。如果有人无意中触碰逆鳞，龙就会疼痛难忍，瞬间变得暴虐，后果严重到要吃人。每个人都像龙，都有逆鳞。那些触发愤怒的事物就是逆鳞。而管理愤怒，其实就是要做到两件事。第一，找到逆鳞。第二，切断前两个连接：第一个连接是从触发事物出现到强烈的情绪反应之间的连接；第二个连接是从强烈的情绪反应到过激的言行之间的连接。千万不要切断第三个连接——过激的言行到随后的后悔之间的连接。第一个连接切断的方式比较复杂，那就是建立新的情绪反应模式，把愤怒的触发物变成中性的触发物。例如，路怒症，我遇见过一个经理人，在开车的时候，每当其他司机按喇叭，他就会暴怒。然后从后备箱拿出高尔夫球杆，跟人家"火拼"。心理治疗的目标是让他对按喇叭做出中性的甚至愉悦的情绪反应。他自己也可以治疗自己，例如，在车上放最爱吃的零食（如巧克力），每当听到汽车喇叭声，就吃一块。久而久之，他听见喇叭声就会开心。第二个连接切断的方式主要是深呼吸、自我暗示（说一些自己开导自己的话）或者做一些事情分心。例如，测血压，看看自己的血压升到多高，或者做俯卧撑。

运动是一种好的情绪疏导方式。运动之所以能够有效疏导情绪，我认为有两个浅显的原因：第一，运动相当于战斗或逃跑，让人类可以像其他动物一样解决问题。第二，运动让身体产生多巴胺，多巴胺让人产生愉悦的感受。所以，运动会上瘾。有时间的人，做做有氧运动；没时间的人，做做拉伸和无氧运动。

行动策略

人适应环境的方式，无非两种：初级控制和次级控制。前者改变环境以适应自我，包括"三十六计走为上"策略，后者改变自我（对现实的看法、价值观等）以适应环境。行动策略指的是初级控制，认知策略指的是次级控制。

心理学研究者做了一个实验，情况大致是这样的：让两只猴子构成命运共同体，一只猴子可以通过一些动作避免电击，另一只猴子做什么都没用。我们姑且称第一只猴子为"疲于奔命猴"，第二只猴子为"逆来顺受猴"。不停地（每 20 秒一次，每天持续 6 小时）实施电击，一段时间（23 天）后，疲于奔命猴死于胃穿孔，逆来顺受猴没事。我觉得是身体上没事，心理上应该得了抑郁症，可以参考习得性无助。

这个实验说明的是动物适应环境的策略问题。过于操心还不如听天由命。

认知策略

为什么人们会买票看恐怖片？花钱潜水、蹦极、跳伞？这不是自找罪受吗？人类会主动让自己陷入应激状态。有些应激让人享受，有些应激让人痛苦。前者叫正应激，后者叫负应激。两者之间，一字之差，其实是一念之差。生活中的麻烦事来了，不要烦恼，你把它当成游戏闯关不就行了？很多人游戏上瘾，每一关都是正应激。把负应激看成正应激，是我能想到的最好策略。

心理学一直在讲应对策略的建设性。什么叫建设性？我的理解就是，过程和结果都好的行为。人的一生做的事情无非四类：过程好结果也好（最典型的就是沉浸于自己热爱的事业并取得巨大成就），过程不好结果好（最典型的就是十年寒窗考取功名），过程好结果不好（最典型的就是酗酒），过程不好结果不好（最典型的就是得病）。

　　一个建设性的应对策略，就算最终没能解决问题，至少也能使我们学到东西和成长，能提高下一次解决问题的成功率。根据心理学的研究结果，我把各种应对策略按照建设性的高低排了个序，由高到低为：

1. 努力

2. 计划

3. 关机：停止无关活动

4. 求助（工具性和情感性）

5. 乐观：看到坏事的好的一面并学习、成长

6. 运动

7. 等待：让时间解决问题或者伺机行动

8. 放弃

9. 认命：归外因

10. 花钱：奖励自己

11. 玩物养志：沉溺于兴趣爱好

12. 酒：何以解忧，唯有杜康

13. 被自己感动：沉溺于负面情绪

14. 扭曲现实

　　应激管理是追求幸福感的重要方式，需要每个人发挥创造力。应激管理分三步：第一，找到应激源；第二，选择最佳策略；第三，行动。

负能量是一种伟大的力量

"你们知道自己是谁吗？你们是一群白痴！"这是乔布斯当年在主持会议时的典型开场白。的确，乔布斯的内心充满负能量，而恰恰是负能量，为他改变世界注入了澎湃动力。

不要被心灵鸡汤灌醉。珍惜和善用你的负能量吧！负能量能改变你的生活，成就你的事业！

正能量的风靡几乎让负面情绪所代表的负能量尽失根据地。那些嘴上宣扬正能量的人，往往遭遇了太多的挑战，内心压抑了太多的负能量以至于无法面对，他们的正能量已经演变成一种过度使用的心理防卫机制。不当使用正能量的负效应包括：因过度知足常乐而缺乏危机意识和进取心，因盲目自我肯定而错失成长机会，以及因能量不足而避重就轻。

负能量的破坏性往往大于正能量的建设性，或者说，负能量的强度更大。负能量如核聚变，用作核武器可以毁灭人类，用做核能源可以造福人类。世上很多惊天动地的事情，都是在负能量的推动下做出来的。刘备曾告诫儿子"勿以善小而不为"，但是好多人不仅不做小善事，而且明知一件事如果做了就是功在当代利在千秋，但就是没有勇气去做。美国总统西奥多·罗斯福（Theodore Roosevelt）发明了一个词Muckraker（扒粪记者），用来称呼那些专门暴露社会阴暗面，现在看来是充满负能量的媒体人。他对这类人爱恨交织。罗斯福的政绩之一，是大力整治食品安全，并取得显著效果。他之所以有此作为，跟他的负能量——恶心感有直接关系。他被扒粪记者厄普顿·辛克莱（Upton Sinclair）的小说《屠宰场》里的描写恶心到了。据说罗斯福当时把盘中的香肠扔出了窗外。

负能量管理者的代表人物，如通用电气前董事长兼 CEO 韦尔奇。韦尔奇的刚性领导风格有诸多表现：入职不久即生离意，此其一。抱怨公司战略，自大、本位主义、跨部门合作差，已经被人力资源部记录在案，此其二。痛恨表面的凝聚力，痛恨官僚主义，此其三。强制推行末位淘汰制，此其四。只并购并持有行业内数一数二的企业，休整、出售或关闭第三名以后的子公司，导致大批员工下岗，此其五。在推行六西格玛之前开除思路不一致的高管，而不花时间沟通、说服，此其六。

人们适应环境的心理素质可以分为五类——以雌性激素（爱、尊重和包容）为基础的素质只有一类（与人为善），以雄性激素（成就导向、权力导向、目标导向、自信和勇气）为基础的素质有四类（战略思维、知人之智、自信果敢、追求卓越）。

如何应对执行不力的下属？正能量思维是发展他们，负能量思维是开除他们。拉姆·查兰（Ram Charan）和杰弗里·考尔文（Geoffrey Colvin）在《财富》撰文指出，企业执行力不佳，根源在于 CEO 不敢开除执行不力的人。"失败的 CEO 经常无法对付几个关键下属，任由他们以持续不佳的工作表现深深损害企业利益。令人震惊的是，许多CEO 告诉我们，他们通常知道问题所在，他们知道这些人有问题，但是他们不去面对。CEO 身边的人经常最早发现这些问题，但是 CEO 听不进去不同渠道的声音。正如一个 CEO 说的'问题扑面而来，我却视而不见'，他们败在没有勇气。"

消极情绪的正效应

"我们的社会偏爱正向思维，人们相信永远要正面看待问题，这导致了很多心理问题。"《科学美国人》专栏作家托里·罗德里格斯（Tori Rodriguez）撰文如是说。其实，坦诚面对内心的消极情绪，往往能够获得积极的负能量。

通过以下几个负能量情绪释放的案例，看他们是如何产生与之相反的正效应的。

创伤体验：星巴克创始人霍华德·舒尔茨（Howard Schultz）的父亲因为受伤而失去福利保障的悲惨遭遇，成为舒尔茨幼年的阴影。后来，舒尔茨不仅成功地打造出星巴克商业王国，还让每一个星巴克员工都拥有公司股份。

变态人格：当自我被负能量淹没的时候，人格就会发生结构性变异。即使变态人格中的负能量也可能产生正效应。心理学家发现强迫症患者对于细节过分关注，因此我们不难理解乔布斯表现出的完美主义。心理学家发现抑郁症患者比正常人有更加客观的知觉，因此我们不难理解林肯抑郁症中的现实主义。偏执是一种被负能量绑架的人格偏常，核心症状是多疑。偏执的上级最难追随，偏执的下属最难领导。即使偏执这种负能量，也并非无一利。心理学家研究发现，以梵高为代表的偏执型人格的人，内心的负能量蕴含着丰富的创造力。

自卑感：自卑感会产生成就动机。英俊使人自信，丑陋使人自卑，自信成就人，自卑又何尝不能成就人？如果认真地读一读阿德勒的《自卑与超越》，我们就会明白自卑感会源源不断地提供前进的动力。几乎所有人都得益于内心的阴影——自卑感，因自卑而超越。这就是阿德勒对世人的启迪。

恐惧与焦虑：马云说过，所有的创业者都必须时刻警告自己，从创业的第一天起，每天要面对的就是无穷无尽的失败和痛苦，而不是成就和辉煌。马云还说过，阿里巴巴离倒闭永远只有 3 个月！其实这句话比尔·盖茨早就说过："微软离倒闭永远只有 18 个月之遥。"危机感就是负能量，愤怒和憎恨可以转化成进取心、竞争心理及勇气。韦尔奇曾用末位淘汰制提升经营业绩。著名管理咨询公司麦肯锡实施"升不上去就走人"（Up or Out）的狼性文化；没人可以与之合作第二次的乔布斯对非完美产品设计者十分残酷，这些都是负能量产生的正效应。

拖延症：拖延貌似一无是处，其实不然。没有什么情绪状态比拖延更能催人反思自己的事业选择。拖延告诉你，你的激情不在你正在做的事情上。那么，你是否做了你内心深处不认同的事？或者，你是否在与你内心深处不认同的人为伍？

如何让负能量产生正效应

发挥负能量的积极作用，可以通过四个步骤实现。第一步，关注负面情绪，并努力理解负面情绪的真实含义，包括对自我的发现，以及对问题的发现。第二步，筹划。筹划一个举动容易，但是一连串的建设性举动需要从长计议，否则，冲动之后将是懊悔或茫然。第三步，积累负面情绪。负面情绪的积累，实际上是在帮助你储备下一步行动的能量。这一步骤所需的时间可长可短，完全取决于能量积累的速度。第四步，引爆革命性的行动。

下面我以两个改变命运的变革创新例子，进一步说明这四个步骤。第一个例子是乔布斯辍学创业。乔布斯的辍学，是从"不爽"开始的。他认真面对自己的不爽，对比读完大学与辍学的利弊。期间，他不断深挖自己内心的需求。此为第一步。接下来他开始筹划创业。此为第二步。之后，他积攒了六个月的负能量，基本上足够引爆他的辍学，并足以抵抗周围人的反对。此为第三步。这一步，比尔·盖茨用了两年。终于有一天，乔布斯采取了辍学行动，这让周围人震惊并且惋惜。但是乔布斯自己坚定地应对来自环境的压力，并以足够的能量实施行动和计划。此为第四步。

以上毕竟是基于有限事实的分析，我无法走进乔布斯的内心。下一个例子是我自己。在 2008 年，我做出了一个让我至今仍感到自豪的决定：脱离雇主，不再打工，成为自雇者。这对于一向保守稳健的我来说，是一个破釜沉舟的举动。

我的破釜沉舟源自对自己"不爽"的关注。一些对于打工者来说常见的不快，却让我的内心十分痛苦。我开始分析自己：我是一个痛恨被指使的人，我十分需要自主（Autonomy），我渴望自己决定做什么、不做什么、怎么做。这让我想起著名的 SHL 公司的 OPQ（职业性格测评），测评报告说，我是一个难以管理的员工。我的自我分析的结论是：我不能有老板。另一个结论是：我不适合创业，因为我缺少冒险精神。那么，基于我这样的心理结构，我能做什么呢？结论是自由职业者，我似乎可以成为一个不错的独立顾问。我开始构建我的商业模式。为了稳定现金流，我甚至卖了房子。但是，保守的我还是不敢下海，不敢抛弃高薪稳定的跨国公司的职位。我要感谢负能量。一次多任务并行的时间冲突，让我的身体和精神有一种崩溃的感觉，我内心有一个声音在警告我：不改变现状会累死。那时我内心积累的负能量终于引爆，我提出辞职申请，并坚定地婉拒了老板的真诚挽留。前期积累的负能量，也让我说服了其他利益相关者（包括家人），并赢得了他们的支持。

所以，想改变命运，请参考这几个步骤：第一，关注负面情绪并分析负面情绪背后的深层含义，发觉你和你所处环境的冲突的根源；第二，筹划变革之后的生存方式；第三，积累负能量；第四，自豪、勇敢地抉择。

乔布斯能，我能，你也能。

关系盘点

关系作为人生的重要资产，需要定期盘点。

按照对生活质量的影响力的排序，人生最重要的关系首先是两性之间的亲密关系，其次是与子女和父母的关系，再次是与上级的关系，最后是其他关系。

外向人的一个核心特征是喜欢经营关系，擅不擅长不一定。擅不擅长取决于智商。因为喜欢，所以擅长，也是可能的。但也有喜欢但不擅长的。心理学研究发现，外向的人更加适应社会。外向有诸多好处。但是内向并非一无是处。一般而言，外向的人交往多，往往机会也多。内向的人独处多，往往思考多，练技能的时间也多。

智商水平和内向、外向程度作为两个轴交叉，构成一个四象限。第一象限：智商高、外向，适合当领导。第二象限：智商高、内向，自有其活法，如果有一技之长，当个专家名匠也不错。只是与人相处比较不谙世故。第三象限：智商低、内向，比较郁闷，不要过于挑战自己。第四象限：智商低、外向，此类人爱交际，在约定俗成的场景里说一些套话能够应付过去，但是办事能力并不强，找一些与人打交道但不需要解决复杂问题的工作，应该也能生存。

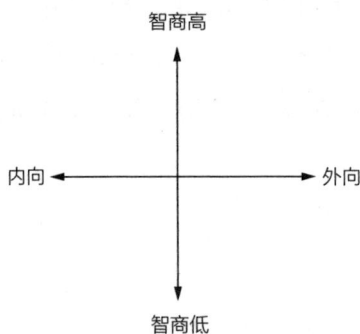

```
                        智商高
                          ↑
                          │
                          │
         内向 ←───────────┼───────────→ 外向
                          │
                          │
                          ↓
                        智商低
```

对于外向的人，我建议把关系作为一种资产，盘点一下，看看哪些是真正的资产，哪些是不良资产，哪些是负债。近朱者赤，近墨者黑。你看那些贪官被抓，总有一些人被牵连。外向的人有一千个朋友，他有需求，理论上有一千个人帮他，但是反过来如果这一千个人有了问题，他也有义务帮他们。所以，关系广有利有弊，完全看个人选择。

对于内向的人，我建议建立一个贵人清单，其中是能真正帮助你成长、成功，或者令你愉悦的人，是你的贵人。多数内向的人对于帮助过自己的人是懂得回报的，但是贵人开口之前，内向的人并不表达，所谓大恩不言谢。正因为内向的人不喜欢主动表达，所以容易让贵人误以为薄情甚至忘恩。所以内向的人要用一个清单来提醒自己善待贵人，真诚表达谢意。

无论内向还是外向，管理关系都是件操心的事，不仅牵扯精力、时间，还需要花费金钱。所以，我用一个四象限，按照有用（Utility）和喜欢（Liking）区分四群人。每一群人都应该有恰当的关系管理策略。这里的有用是广义的，如父母，这个关系的用处太大了，事关个人幸福。经济没有独立的子女靠父母抚养，年迈的父母是子女最大的牵挂。这里的喜欢，是真心喜欢。有的人不见得真心喜欢自己的父母。我们遇到的上级也是这样，可能在第一象限，也可能在第二象限。

第一象限：喜欢且有用的人。对于这类人，谈钱伤感情，谈感情既伤感情又伤钱。例如，某女粉丝真心爱上了某已婚影视巨星，一开始她只要爱，巨星给了她爱，她就会进一步要时间；巨星给了她时间陪伴，她就会进一步要钱；巨星给了她钱，她就会要名分。巨星离了婚娶了她，她就会跟所有婚姻关系里面的一方一样，成为最能伤害他的人。第一象限的关系的重点是：不要不分你我，要只如初见。这是个可望而不可即的境界。

第二象限：不喜欢但是有用的人。对于这类人，你要诚信交易，投桃报李，不要把交换关系变成亲情。要一单一结，不要互欠人情账。免费最贵。你不喜欢人家，不要装喜欢，一则你累，二则人家会感觉到。可以暂时委屈自己，迁就他们，但是长此以往，影响自己的身心健康。

第三象限：不喜欢又没用的人。这类人本不该出现在你的人际世界，但是要知道，你在人家的四象限里面没准是第一象限，至少是第二象限。这种关系的管理策略是拒绝。有时婉拒往往不灵，必须坚定拒绝。人们感叹应酬劳神，指的就是这种关系。遇到莫名其妙约你见面的人，不妨直接问他：有什么事？貌似没用，也许有用。不存在对他有用对你没用的交往，因为谁也不愿意被剥削。当然，偶尔做些利他的事情也挺好。

第四象限：喜欢但没用的人。人生如果没有几个这样的朋友，那也太无趣了。正是因为这种关系没用，所以没有利益冲突，可以无所顾忌地倾诉。

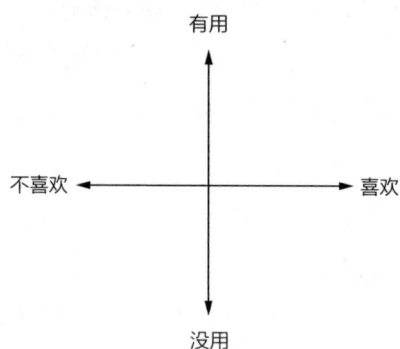

```
                          有用
                           ↑
                           |
                           |
                           |
         不喜欢 ←——————————+——————————→ 喜欢
                           |
                           |
                           |
                           ↓
                          没用
```

对于比较传统的人，我有一个建议：重视弱关系。弱关系就是不那么频繁互动、不那么熟悉的关系。例如，经常上门送货的快递小哥，各种微信大群，大家有基本的信任，但是并不特别熟。商业不发达的乡土社会是由强关系主导的社会，很多事情，如婚丧嫁娶，没有同村人的帮助，根本无法完成。一个家族如果人丁不旺，地位不高，就会被欺负。但是在现代商业社会，强关系之间的互相帮助，不仅很少发生，而且一旦发生，代价很大。人情债也昂贵。从成本和效率来讲，远不如购买服务划算。传统社会，现用人、现交往肯定效果很差；现代社会，大多数情况下，需要什么掏钱就好。有数据说明，加拿大人找工作，80%是通过弱关系找到的。心理学家把人际关系分成共有关系（Communal）和交换关系（Exchange），共有关系的游戏规则是互相关爱，交换关系的游戏规则是互惠互利、投桃报李。我觉得互相关爱的背后依然有一本人情账，我还以这个主题完成了博士论文研究。这两种关系都很重要，但是共有关系应该局限在亲朋好友之间，数量不可过多，因为欠人情债很累。

婚姻关系

人生最大的决策有两个：第一，结不结婚，跟谁结婚？第二，要不要孩子？我现在回答第一个问题。注意，我说的是婚姻，不是爱情。没有完美的婚姻，每个人的婚姻都有问题。我研究的问题是，什么样的两个人在一起生活痛苦会比较少。我总结心理学研究成果，提出婚姻和谐的模型，叫作"三个一致，一个互补"。一致更重要还是互补更重要？在我的模型里，一致有三个，互补只有一个；实证研究也证明，一致性原则压倒互补性原则。

第一个一致：智力要在一个水平上。否则聪明的会气死，笨的会累死。你如果比他聪明，你说三遍他不懂，天天在一起的上下级都受不了，更不要说伴侣了。

第二个一致：价值观要一致。这个概念太笼统，可以说价值观体现在花钱方式和偶像上。花大钱体现价值观，有100万元闲钱，你想攒钱，她要炒股；你要孝敬父母，她想买车。这是价值观不一致。花小钱也体现价值观，你们逛街走得很累，她看到环境非常温馨的咖啡厅想喝一杯猫屎咖啡，要350元，你让她回家冲咖啡。这是价值观不一致。偶像和"呕"像——你欣赏和鄙视的人物，体现价值观。你的"呕"像是她的偶像。这是价值观不一致。

第三个一致：能量水平一致。人就像发动机，功率是不同的。夫妻一起做事，你这边意犹未尽，她那边偃旗息鼓。想象一个场景：你们一起看电视，你要分享感悟，蓦然回首，那人却在沙发上打呼噜。

一个互补是支配欲互补。一个愿意支配，另一个愿意服从。竞选美国总统的希拉里是心理学界公认的支配欲强的人，姚明是大家公认的十分随和的人。夫妻不能都支配欲很强，也不能都很弱。都很强的话不共戴天，都很弱的话很难生活。

两个人一起旅行，这"三个一致，一个互补"一目了然。

工作关系

对于高层管理团队的亲密关系，盖洛普的观点是，亲密无间的关系，对于团队和员工个人的敬业度是件好事。前文提到盖洛普著名的Q12工具，其中一个问题就是：我在工作单位里有一个非常要好的朋友。

社会计量学（Sociometry）中有个计算团队凝聚力的公式，将团队里互相喜欢的数量做分子，将团队人数做分母，暗示亲密关系的正面价值。

然而常识却告诉我们，过于亲密的关系，不利于团队整体士气的提升和业绩的发展。在刺猬效应下，靠得太近刺伤的不仅是个体成员，还有整个团队。

心理学家把人际关系的亲密程度分了等级。有分五级的，还有分七级的，七级的不作详细说明了，五级的以双方交流的内容为标志：

第一级，交流客观信息。例如，谈天气，谈新闻，一般情况下交流这些内容是安全的，不会造成情感伤害；

第二级，引述，客观陈述其他人的观点；

第三级，交流个人对问题的看法；

第四级，交流个人感受和经历；

第五级，交流个人需求、情绪，甚至欲望。作为婚姻关系和亲密友情，走到第五级是必要的，也是必然的。

性关系是一种亲密关系，但是性关系并不一定达到了第五级。同事之间的性关系有两种：正当的和不正当的。有的组织鼓励正当的性关系，如恋爱、婚姻。这些组织认为，这样的亲密关系有助于提升凝聚力。有的组织则反对甚至限制工作中的性关系。我的观点是，高层团队里面的性关系，无论正当与否，都会让团队内人际关系的性质变异，都会对团队领导者构成更大挑战。

高管之间可以交流他们的人生梦想吗？我认为当然可以。信任到了一定程度，可以无话不谈。信任永远是好事。但是，这种交流只能是偶尔为之。偶尔为之的自我暴露，可以拉近关系。以上分级说的是常态的沟通。一般来说，高管之间的关系，以第三级为最佳。如果他们之间停留在第一、第二级，则过于疏远；如果到了第四、第五级，则过于亲近。

高层管理团队成员之间成为密友、死党，是否属于太近，以至于刺伤团队？我认为死党的形成有可能导致结党营私。虽然挚友不一定结党，结党不一定营私，但是，要做到挚友不结党，或者结党不营私，团队领导者的领导力和成员的职业操守必须非常强。实际上，同事之间的纯粹友谊很难建立。我经常说一句话：同事很难成为朋友，前同事则很有可能成为朋友。因为同事之间，有着微妙的竞争—合作关系。

我认为，高层管理团队成员之间必须做到：第一，共享组织的核心价值观；第二，包容彼此的个性；第三，接纳彼此的弱点；第四，信任彼此的能力和品德。在这四个维度上，强度越大越好。其中，最重要的是信任。

相互信任的团队有两个特征。第一，团队成员敢于承认错误，愿意相互求助，不怕相互提问、质疑，会互相交换反馈，相互接受道歉，一个重要的标志是他们喜欢一起开会。第二，团队成员不怕冲突，他们会开诚布公地讨论问题。

在合理范围内，团队领导者的个人领导力，微调着团队成员之间关系的最佳距离。伟大的领导者，关系的最佳距离稍近一些。普通的领导者，关系的最佳距离稍远一些。无论领导者伟大还是普通，总的原则是距离均等。不同人之间的吸引力不同，领导者应该努力避免让有的成员成为孤岛，有的成员之间结党。

人生三关

人生在世，心理上有三关要过。不过，则纠结；过，则坦然。

哪三关？金钱关、情欲关和生死关。

过了金钱关的人，将获得财富自由。财富自由有三种：

第一种，心理财富自由。

第二种，相对财富自由。

第三种，绝对财富自由。

获得三者之中任何一个，都算是过了金钱关。

心理财富自由，就是驾驭金钱的心态。无关财富，亦无关财商，纯粹是一种心态。

心理财富自由关没过的人，不能驾驭金钱，不会花钱，而是"被钱花"。有些人辛辛苦苦挣钱，省吃俭用攒钱，却从未学会花钱。本来，钱是实现目的的手段而不是目的本身。他们却本末倒置，把钱当成目的。对他们来说，钱不是解决问题的手段，钱就是问题本身。很多有钱人不会花钱，特别是那些穷苦出身，经过艰苦奋斗而获得财富的人，他们的钱是血汗钱，他们的消费习惯延续了早年的习惯，他们的生活还不如穷人。所以，除非一个人努力改变自己，否则，只要他20岁以前穷过，他发了大财也富不起来。

心理财富自由关没过的人，把钱看得太重，钱成了他们的禁忌。他们不好意思承认自己喜欢钱，羞于谈钱讲价，被人欠账也不好意思开口要钱。

过了心理财富自由关的人，他们不一定很有钱，但是他们是钱的主人，而非钱的奴隶。拥有心理财富自由的人，谈钱就像谈天气一样自然，催人还债就像跟人问路一样从容。

相对财富自由，指的是一个人的积蓄相对于他的生活所需是足够的。

没有达到这个境界的人，必须不断工作。对他们来说，工作是养家糊口的手段。

达到这个境界的人不再需要挣钱，因为他们挣到的钱，足以用来支撑他们的生活。他们的生活方式非常简单，不需要很多钱。这样，哪怕他们的积蓄微薄，也足以过他们想要的生活。因此，他们不再担心钱的问题。他们可能依旧热爱工作，但是工作的主要目的不是挣钱，而是获得意义感。

绝对财富自由，就是极端富裕。对于获得绝对财富自由的人来说，只要是人类社会标了价的商品和服务，他们都买得起。

没有获得绝对财富自由的人，他们的生活不敢太任性。而达到绝对财富自由的人，常说一句话：能用钱解决的问题，就不是问题。全世界只有极少数人才敢说这句话，这里面又只有极少数人真的能够做到。

过了情欲关的状态，我用十二个字概括：不伤己，不伤人。不压抑，不纵欲。这十二字真言，说起来简单，做起来难。第二关比第一关难过。金钱可以是一个人的事情，情欲基本上是两个人的事情。一般人，要么陷入感情漩涡伤害自己，要么无法回报他人的感情而伤害别人。要么压抑情欲，要么纵欲无度。我们很难见到情欲过关的人。很多人钱的事情想开了，情或者性的事情还是想不开。年轻时难过情欲关，年老了也未必能过。

可能人生最难过的是生死关。哪怕是过了百岁的老人，也不愿意死去。人类可能是唯一能预知死亡的物种。死亡焦虑是人类独有的焦虑。我称之为"基本焦虑"。人们如此热爱生命，畏惧死亡，以至于死亡是一个禁忌话题。

过了生死关之后的境界是：珍惜生命但是不怕死，也不因担心亲人的安危而焦虑。人生有几件事情，实际上是看清生死的机会。一个是痛失亲人，一个是濒死体验。有人过了生死关，往往顺带连金钱关和情欲关也过了。能够选择安乐死的人是过了生死关的人。濒临死亡而死里逃生的人，往往走两个极端：更加不怕死，或者，更加怕死。我想起两个被"刀下留住"的人，韩信和岳飞，濒临死亡，等于活了第二辈子。他们会更加勇猛，更加珍惜生命。我认识一位仁兄，他在一次车祸中死里逃生，此次经历过后，他每次出差都自费升头等舱。他把每一天都当成最后一天。我觉得他至少过了金钱关。

古希腊神话中有这么一段：阿基里斯问他那海神母亲，自己要不要帮人跟特洛伊打仗。他母亲说，你去打仗很可能会死，你不去打仗就能活很久，你会有很多儿孙。当你死去，你的儿女们会记得你，你的孙辈们会记得你，当你的孙辈们也死去，这世界上就没人记得你。可是如果你去打仗，你会成为英雄，人们会永远记得你。于是阿基里斯就决定去打仗。这种对生死的理性选择，就是过了生死关之后而拥有的从容和坦然。谭嗣同说："各国变法，无不从流血而成，今中国未闻有因变法而流血者，此国之所以不昌也。有之，请自嗣同始！"这样的悲壮行动，也是一种对生死的超然态度。

把死亡看开了，就不会患得患失。乔布斯就是这样的人。

他说:"17 岁那年,我读到过这样一段话,大意是'如果把每一天都当作生命的最后一天,总有一天你会如愿以偿。'我记住了这句话,从那时起,33 年过去了,我每天早晨都对着镜子自问,假如今天是生命的最后一天,我还会去做今天要做的事吗?如果连续多天我的回答都是'不',我知道自己应该有所改变了。"

我能够做出人生重大抉择的主要办法是,记住生命随时都有可能结束。因为几乎所有的东西——所有对自身之外的渴求、所有的尊严、所有对困窘和失败的恐惧——在死亡来临时都将不复存在,只剩下真正重要的东西。记住自己随时会死去,这是我所知道的防止患得患失的最好方法。你已经一无所有了,还有什么理由不跟着自己的感觉走呢?

对于一个成年人,在任何时间生命突然结束,人生都不会有太多遗憾。这也许算是过生死关的最低标准。

贪钱、好色、怕死,是人性的三大死穴。我没有统计数据,但是我相信,包括我自己在内的大多数人,没有过人生的这三道关。但是只要能想一想自己对于金钱、情欲,以及死亡的态度,我们就向坦然迈进了一大步。

结　语

这本书的全部内容，就是一个人性说明书。人性说明书的意义，在于提升生命的质量。在这本书的结尾，我提几个建议。

第一，以第三人称看自己。"我"是第一人称，"你"是第二人称，"他"是第三人称。以"他视角"看自己，就不那么容易情绪化，就不会那么容易以自我为中心，就容易客观看待他人的评价，就容易接纳自己。甚至你可以尝试从讨厌自己的人的角度看自己，接受这个不完全公平、不完美的世界。

第二，选择人际关系。地球上有八十多亿人口，在生命有限的时间内只能用来与少数人交互，这些人构成了你的生命质量。不要怕别人不高兴。断交不是大恨，长期交往才可能有大恨。善待身边人，对于无法选择的人——父母、子女、亲戚，要精准调整关系的远近亲疏，让每个重要关系都更有意义。

第三，大事用心，小事动脑。大事要思考，甚至反复思考，最终要听从内心的召唤。事业和生活伴侣是大事，其他事情都可以当成小事。有些小事要放（"抓大放小"的"放"），有些小事要认真做好，所以要用脑。计划有时是必要的。计划由目标和实现目标的方法构成。目标比方法更重要，也更容易被忽视。

第四，学硬性技能。个体的努力不能完全改变环境，不能完全改变关系，但是能够提升自己的知识和技能水平。投资回报率非常高的一件事就是，没有任何功利心地学一项硬性技能，如运动、乐器、某个特定领域的知识。在学习的过程中会有乐趣，学会之后人会变得更有吸引力。

第五，正念做事。无论大事还是日常琐事，都要放松并且专注，心无旁骛，比如正念开会、正念对话、正念吃饭、正念洗碗、正念打扫房间。专注的前提是放松，身心放松。心流是我们追求的状态。

第六，尝试新事物。每天都尝试可能不现实，不过，每年至少要尝试一种新事物。

第七，百无聊赖的时候，从最容易的事做起。抑郁情绪的特点是提不起兴趣做事，而做事偏偏又是最能缓解抑郁情绪的方法。所以，从有兴趣做的事情开始做起，无论这件事多么小。最容易带来满足感的是打扫和整理。例如，洗澡，让自己的身体干净。例如，打扫卫生，让居住的环境干净。这世界上想做成和做好很多事情往往很难，成就感来得最快的就是清洁工作。